Jennifer Louden

Dein Leben – mach was draus!

Jennifer Louden

Dein Leben – mach was draus!

Das Wohlfühlbuch der Lebenskunst

Illustrationen von Cleo Papanikolas

Verlag Hermann Bauer
Freiburg im Breisgau

Die Deutsche Bibliothek – CIP-Einheitsaufnahme

Ein Titeldatensatz für diese Publikation ist bei
Der Deutschen Bibliothek erhältlich.

Die amerikanische Originalausgabe erschien 2000 bei
Harmony Books, 201 East 50th Street, New York, New York 10022, USA,
unter dem Titel *The Comfort Queen's Guide to Life*.
Create All That You Need With Just What You've Got
© 2000 by Jennifer Louden

Aus dem Amerikanischen von Martina Penz-Koch

2. Auflage 2000
ISBN 3-7626-0780-X
© für die deutsche Ausgabe 2000 by
Verlag Hermann Bauer GmbH & Co. KG, Freiburg i. Br.
Umschlag: Berres/Stenzel/Werner, Freiburg i. Br.
Umschlagfoto: Bavaria Bildagentur
Satz: CSF · ComputerSatz GmbH, Freiburg i. Br.
Druck und Bindung: Freiburger Graphische Betriebe GmbH, Freiburg i. Br.
Printed in Germany

Für Doyle Louden,
meinen Vater,
Gestalter des eigenen Lebens,
wie er im Buche steht

Inhalt

Danksagung

Ich möchte allen danken, die dazu beigetragen haben, daß dieses Buch zustande gekommen ist und zu dem wurde, was es ist.

Danke, Marcie Telander. Bei dir habe ich zweimal in kritischen Phasen Unterschlupf gefunden. Du hast mich unterstützt und mir ermöglicht, die Botin der Lebenskunst kennenzulernen. Ich bin mir nicht sicher, ob ich ihr ohne dich begegnet wäre. Danke, Mark, für deinen guten Schweinebraten und die Gespräche, die wir führten. Danke, Ranger, ich werde dich immer von Herzen lieben.

Danke, Carol Flinders, Marion Woodman, Stephanie Dowrick, Sue Monk Kidd, Caroline Casey und Robert Johnson, für die weisen Bücher, die ihr geschrieben habt. Sie waren für mich von unschätzbarem Wert auf meiner Suche.

Danke, Carolyn Atkinson, Jennifer Freed, Saral Burdette, Domenica Bianca und allen anderen, die ich interviewen und von denen ich lernen durfte; allen, die mir geschrieben und über ihr Leben berichtet haben; allen, die einen der Entwürfe zu diesem Buch gelesen haben; und allen, die die Übungen auf meiner Homepage immer wieder ausprobieren.

Danke, Cleo Papanikolas für die vielen Inspirationen, die ich von dir bekommen habe, und für deinen Witz und deine praktische Lebensklugheit. Du bist eine wundervolle Künstlerin, und dieses Buch verdankt dir viel.

Ich danke den Frauen in meiner Frauengruppe, die es jetzt schon seit fünf Jahren gibt. Ihr helft mir, mich zu verankern, und ihr erinnert mich daran, daß ich aufhören soll, mich zu beschweren, und anfangen soll zu sehen, wieviel Gutes es in meinem Leben gibt.

Danke, Patti Gift. Wie schön, im Verlagswesen eine Frau anzutreffen, die viele der Dinge, die sie publiziert, auch praktiziert. Danke für deine Unterstützung und deine guten Tips. Danke auch allen anderen Mitarbeiter/inne/n des Verlags, die am Zustandekommen dieses Buchs beteiligt waren.

Danke, Linda Loewenthal und Joan DeMayo, ihr Botinnen der Lebenskunst, für eure liebevolle Unterstützung und Anteilnahme.

Danke, Barbara Moulton. Wir haben wieder einmal ein Stück unseres Weges gemeinsam zurückgelegt. Deine Geduld und deine liebevolle Unterstützung während meiner schweren Krise waren für mich die Rettung, denn sie halfen mir, wieder daran zu glauben, daß mein Name bereits auf dem Rücken von vier Büchern stand.

Danke, Chris! Danke, Lilly! Ich weiß, es ist nicht leicht, mit einer Schriftstellerin zusammenzuleben. Und manchmal ist es sogar eine Strafe. Was habt ihr bloß in euren früheren Leben angestellt, um diese Strafe zu verdienen? Eins ist sicher: Dieses Mal tragt ihr viel Karma ab. Ich liebe euch!

Danke Papa! Endlich ein Buch, das ich dir gewidmet habe. Du bist für mich eine Quelle der Inspiration, und du wirst es immer sein! Und du hältst meine Hand, wenn ich stolpere oder an mir zweifle. Ich danke dir. Und dir auch, Mama!

Es begann mit einer Frage

Ich bin in Massachusetts und gebe ein Seminar für Frauen. Das Thema: Sei gut zu dir. Achte auf deine Bedürfnisse, und gib dir oder hol dir, was du brauchst. Ich hätte fast abgesagt, denn ich bin weit davon entfernt, das zu leben, worüber ich seit neun Jahren rede und schreibe. Ich fühle mich wie ausgehöhlt – leer und windschief wie ein alter Schuppen. Was tue ich für mich? Schokolade essen und mich beklagen, wie schlecht es mir geht. Aber auch das gibt mir nicht mehr viel.

Was ist los mit mir? Ich stecke in einer ernsten spirituellen Krise. Ich fühle mich wie gelähmt, mitgenommen und verbeult, wie ein alter Eimer. Ich bin ausgebrannt. Und das Schlimmste ist: Es ist nichts Schlimmes oder Tragisches geschehen. Niemand ist gestorben, außer meinem Hund Atticus. Niemand hat seinen Job verloren. Ich verdiene zwar nicht viel, und das macht mir manchmal Sorgen, aber es fühlt sich eher wie ein Symptom an, nicht wie die Krankheit selbst. Mein Zustand erinnert mich an einen Küstensumpf, der täglich einmal überflutet wird und bei Ebbe seine schlammige Konsistenz preisgibt. Ich bin weit entfernt von festem Boden.

Eine Freundin erzählte mir vor kurzem, was eine keltische Geschichtenerzählerin macht, wenn sie eine Geschichte oder Teile davon vergessen hat oder wenn sie spürt, daß ihre Zuhörer sich langweilen. Sie geht zur nächsten Weggabelung und legt sich auf den Boden mit einem Stein auf dem Bauch. Sie bleibt so lange liegen, bis ihr eine neue, interessantere Geschichte einfällt. Sie liegt mitten auf dem Weg, und die Leute steigen über sie oder treiben ihre Schafe um sie herum. Sie wissen, warum diese Frau da liegt, und sie lassen sie in Ruhe. Sie murmeln ein paar Worte der Anerkennung: »Oh, eine Frau mit einem

Stein auf dem Bauch. Das ist eine Geschichtenerzählerin, die versucht, ihre Geschichte in den Griff zu bekommen.«

Ich frage mich, wie die Seminarteilnehmerinnen reagieren würden, wenn ich mich (in Ermangelung eines Steins) mit dem Diaprojektor auf dem Bauch auf den Boden legen würde. Blätter rascheln, und die Frauen beenden die schriftliche Übung, die ich ihnen vor ein paar Minuten aufgegeben habe. Ich nehme meine Notizen zur Hand und bereite mich darauf vor, über ein Thema zu sprechen, das mir besonders am Herzen liegt: achtsames Hören. Ich gehe auf und ab und beginne: »Gleichgewicht beginnt dort, wo ich in mich gehe und mich frage: ›Was denke ich? Was fühle ich? Was brauche ich?‹ Erst danach gehe ich nach außen und überlege mir, was die anderen denken, fühlen oder brauchen. Wir verlieren die Balance, wenn wir nicht auf das hören, was *in* uns ist. Wir verlieren die Balance, wenn wir den Herausforderungen, die uns das Leben stellt, nicht etwas entgegensetzen, das aus unserem Inneren kommt. Aber leider geben wir uns oft zuwenig Zeit, um herauszufinden, was *wir* denken und fühlen.«

Während ich das sage, wird mir bewußt, daß ich das schon seit Monaten nicht mehr praktiziere. Oder ist es noch länger her? Ich kann mich nicht erinnern, wann ich zum letzten Mal innehielt, um in mich hineinzuhören. Mir wird ganz weh zumute bei dem Gedanken, daß ich wieder einmal einem spirituellen Weg nicht treu geblieben bin. Das Unangenehmste daran ist, daß ich diese Methode selbst entwickelt habe. Ich würde mich am liebsten unter dem Lesepult verkriechen. Ich starre auf die Fragen, die mir von der Leinwand entgegenleuchten und spüre, wie das Rauschen, das die Lüftung des Diaprojektors verursacht, in meinen Ohren widerhallt, während ich laut weiterlese: »Was brauche ich in den nächsten Tagen am nötigsten?« Eine Stimme sagt: »In dich hineinhören«, so als ob diese Antwort an mich gerichtet wäre. Aber niemand scheint etwas gesagt zu haben. Mein Herz schlägt schneller. Was ist los mit mir? Es ist mir bisher immer leichtgefallen, mich zu konzentrieren, wenn ich vor einer Gruppe sprach. Mein Blick wandert durch den Raum in der Hoffnung, diejenige zu finden, die »In dich hineinhören« gesagt hat, und ich hoffe, wenn schon nicht brillant, so doch bei klarem Verstand zu erscheinen. Aber niemand hat die Hand erhoben, niemand wartet, daß ich sie um Antwort bitte.

Ich drücke auf den Knopf des Diaprojektors und mache weiter, und dabei frage ich mich, ob es sein kann, daß diese Stimme, die ich so laut und deutlich hörte, in meinem Inneren gesprochen hat.

Normalerweise ziehe ich mich am Abend nach einem Seminar zurück. Ich lasse mir das Essen aufs Zimmer bringen, sehe fern und schalte ab. Das ist für mich zu einem Ritual geworden. Aber heute Abend bin ich unruhig und will nicht in meinem Zimmer bleiben. Ich gehe ins Freie und schlendere über den Hauptplatz dieser lebendigen College-Stadt. Ich sehe, wie Studenten aus den Semesterferien zurückkommen, wie sie einander begrüßen und sich auf den Stufen der Bibliothek niederlassen, um das Geschehen zu beobachten. Während ich so gehe, bin ich abwechselnd ärgerlich, weil ich das, was ich lehre, selbst nicht befolge, und enttäuscht darüber, daß alles, was ich höre, wenn ich frage, was ich in den nächsten Tagen brauche, ein undeutliches Gebrabbel ist. Ich brauche doch so viel: innere Ruhe, wieder schreiben können, mehr Geld, Vertrauen in meine mütterlichen Fähigkeiten, eine neue Intensität mit meinem Mann Chris oder zumindest, daß ich ihm wieder mit mehr Toleranz begegnen kann.

Ich gehe in eine Buchhandlung und denke, daß eine Stunde schmökern vielleicht das ist, was ich jetzt brauche. Und vielleicht setze ich mich später in ein Café und schreibe eine Liste der Dinge, für die ich dankbar sein sollte. Oprah wäre sehr mit mir zufrieden.

Ich gehe zu den Kinderbüchern und sehe mich nach einem Geburtstagsgeschenk für eine Freundin meiner Tochter um. Ich nehme ein Buch zur Hand und plötzlich fällt mir der Titel von Sue Monk Kidds Werk ein: *When the Heart Waits*. Ich hatte dieses Buch vor Jahren geschenkt bekommen, aber ich gab es weiter, ohne es zu lesen, weil

ich es »zu christlich« fand. Es gibt keine logische Verbindung zwischen diesen beiden Büchern, denke ich, aber ich mache mich auf den Weg in die Abteilung Religion. Heute scheint ein Tag zu sein, an dem ich meiner gebieterischen inneren Stimme folge. Ich finde das gesuchte Buch und schlage es auf. »Lebe die Fragen« lese ich dort. »Eine Möglichkeit, das neue Selbst in uns zu unterstützen, ist, die Fragen zu leben, die der dunklen Seite in uns entstammen, und uns auf kreative Weise mit dem Ungelösten in unserem Inneren zu beschäftigen.« Und eine Seite später heißt es: »Deine Fragen zu leben ist eine Kunst. Du ›schälst‹ sie. Du hörst ihnen zu. Du läßt dich durch sie zu neuen Fragen inspirieren. Du beschäftigst dich mit dem Unbekannten in deinem Inneren.« Und ein paar Abschnitte weiter unten: »Die Spannung, die durch das bloße Stellen der Fragen ausgelöst wurde, schien mich zu öffnen und zu verändern. Sie lenkte meine Aufmerksamkeit auf mich und meinen Weg.«[1]*

Ich lasse mich zu Boden sinken und halte das Buch fest. Ich bekomme eine Gänsehaut, die meine Arme und Beine überzieht.

Fragen. In mich hineinhören. Ist das ein neues Thema?

Später liege ich im Bett, in meine Decke eingehüllt, und lausche dem heftigen Frühjahrsregen, der auf das Hoteldach niederprasselt. Wie es wohl ist, sich mit dem Unbekannten in sich zu beschäftigen, frage ich mich. Wie wäre es, wenn ich mir die Sumpflandschaft in meinem Inneren einfach einmal anschauen würde?

Ich liege ganz still und versuche loszulassen. Was nicht leicht ist, wenn man, so wie ich, dazu neigt, immer alles kontrollieren zu wollen. Ich versuche, das Unbekannte in mir anzunehmen und die Enttäuschung darüber, daß sich Tag für Tag ein bißchen mehr von dem, was der frische Morgen meines Lebens mir zu verheißen schien, in Eile, Sorgen und Inkonsequenz zu verwandeln scheint. Selbst der Versuch zu akzeptieren wird mir zuviel, und ich versuche, auch damit aufzuhören. Und irgendwann, als ich schon ganz entmutigt bin, gelingt es mir:

Einen Atemzug lang bin ich in der Frage: »Was brauche ich in den nächsten Tagen am nötigsten?« Einen Atemzug lang macht es mir nichts aus, daß ich keine Ahnung habe, wie die Antwort lautet.

---

* Anmerkungen und Zitate siehe Seite 284 f.

Begegnung mit der Botin
der Lebenskunst

W as brauche ich am nötigsten?« Als ich wieder zu Hause war, fing ich an, dieser Frage nachzugehen. Ich stand als erste auf, noch vor meinem Mann und meiner Tochter, machte es mir auf der Couch bequem und versuchte, in mich hineinzuhören. Manchmal schaffte ich es sogar, ein paar Minuten lang loszulassen und in den Zustand des Nicht-Wissens zu gelangen, den ich in meinem Hotelzimmer erlebt hatte. Was für ein Gefühl! Aber an manchen Tagen sprang ich schon nach zwei Minuten wieder auf. Ich hatte Angst, still zu sitzen, weil ich gar nicht wissen wollte, was in mir los war. Nach und nach begann ich, etwas zu hören, kleine, zaghafte Botschaften, wie eingeflüstert, zum Beispiel: »Laß deinen Ärger gegenüber Chris los«, oder: »Sieh zu, daß du was schreibst, bevor Lilly aufwacht.« Aber so konkret war es nicht immer. Oft war es nur ein Gefühl, eine Ahnung, so wie eine zarte Hand, die dich sanft berührt.

Und dann geschah es: Eines Morgens, als ich gerade zwischen dem Bedürfnis aufzustehen und dem Verlangen, mich zu öffnen, hin- und hergerissen bin, höre ich: »Wieso machst du nicht ein paar Tage Urlaub von der Familie und fängst an zu schreiben? Nimm dir doch mal Zeit für dich!«

Ich mußte laut lachen, so laut, daß ich meine Tochter weckte. Wie oft hatte ich anderen Frauen das geraten! Wie oft hatte ich gesagt: »Wenn du dich sagen hörst: ›Ich kann nicht mehr‹, dann brauchst du Zeit für dich. Nie brauchst du sie so dringend!«

Ich mußte lachen, weil die Lösung so offensichtlich war. Die Tür des Gefängnisses, in dem ich seit Monaten gefangen saß, war plötzlich aufgesprungen. Ich trat hinaus ins Freie und sah mich um. O ja, ich konnte mir ein paar Tage Zeit nehmen, um zu überlegen, worüber ich schreiben wollte. Und um zu überlegen, was ich aus meinem Leben machen wollte. Das *war* möglich.

Mein innerer Kritiker fing natürlich sofort an, Einwände zu erheben: »Du hast kein Geld. Wo willst du hin, so auf die Schnelle? Warum wartest du nicht noch ein bißchen? Verschieb das Ganze doch auf später!« Je mehr er sagte, desto klarer wurde mir, daß ich fahren mußte, und zwar bald.

Zwei Wochen später sitze ich in Colorado in Marcie Telanders kleiner Gästehütte in den Rocky Mountains. Marcie ist eine vielseitige Frau: Sie ist Therapeutin und Geschichtenerzählerin, sie veranstaltet Rituale, und manche halten sie für ziemlich komisch. Ich habe sie vor zehn Jahren auf einer Kanu-Tour kennengelernt, als ich mich gerade an einer anderen schwierigen Stelle meines Lebenswegs befand. Was mich so an ihr faszinierte, war ihre liebevolle Sprache. Nie zuvor hatte ich jemanden so mit sich und anderen reden hören, so voller Selbstachtung und Wertschätzung. In ihrer Nähe war es mir möglich, mir selbst so liebevoll zu begegnen, wie ich es nie für möglich gehalten hätte. Als mich Jahre später eine Freundin fragte, wann ich mich zum ersten Mal als Frau gefühlt hätte, dachte ich an diese Woche mit Marcie.

Marcies Gästehütte stammt aus den zwanziger Jahren, und sie ist zum Bersten vollgestopft mit allen möglichen Erinnerungsstücken. Unter anderem gibt es hier zwei ehrwürdige Eisenbetten, einen Ofen aus Urgroßmutters Zeiten, eine präparierte Eule, einen Indianerteppich, einen Webrahmen, ein weißes Büffelfell, Kinderbücher aus vier Generationen, ungefähr 50 Pferdebilder und einen alten Nachttopf.

Ich sitze mittendrin in diesem Sammelsurium und versuche, etwas über das Sich-gefangen-Fühlen zu Papier zu bringen. Ich habe schon fünfzig Seiten geschrieben, doch das meiste erscheint mir unbrauchbar. Eigentlich möchte ich nur schlafen, nichts als schlafen, dem Gefühl der Müdigkeit nachgeben, das die Höhenluft auslöst, und meinen Ängsten, daß ich es nie mehr schaffen werde, ein Buch zu schreiben.

Draußen vor der Tür glitzert das Sonnenlicht auf den parkenden Autos. Meine Stimme durchdringt die rauhe Luft: »He, du bist hergekommen, um ein Thema zu finden. Du hast dir Urlaub von deiner Familie genommen. Du hast Geld für die Reise ausgegeben. Du bist hier, um zu schreiben. Mach dich also an die Arbeit!«

Schreiben oder schlafen? Aufgeben oder hineinknien? Ich schwanke zwischen Unentschlossenheit und Selbstverachtung, aber ich schaffe es: Ich stecke mein Notizbuch und einen Kuli ein und mache mich auf den Weg zum Bach, wo Marcie einen Tisch unter den Weiden aufgestellt hat. Ich versuche, das zu tun, was man in Seminaren zum Thema »Kreativität« lernt: »Fang einfach an zu schreiben. Laß es fließen. Halte deinen Stift immer in Bewegung. Vertraue! Der Rest geschieht von ganz allein. Fang an zu schreiben, und der schöpferische Geist wird durch dich sprechen.« Ich kann diese Ratschläge nicht mehr hören! Vielleicht kann ich sie nicht mehr hören, weil ich nicht *hören* will. Aber ich schreibe. Ich schreibe 1000 Gründe auf, warum ich nie mehr schreiben werde.

Mit einem Mal spüre ich einen Luftzug im Nacken und einen herben Geruch, der sich aus sauberem Schweiß, frisch gemähtem Gras und backofenfrischen Schokoladenplätzchen zusammensetzt. Ich halte das gewissenhaft fest, damit mein Stift in Bewegung bleibt. Die Brise wird stärker, und die Seiten des Notizbuchs, das ich vor mir habe, geraten in Bewegung. Ich beuge mich über den Tisch und versuche, sie mit der linken Hand und dem linken Ellbogen festzuhalten.

Plötzlich kommt von hinten eine Stimme: »Hör auf, Kleine! Hör auf zu schreiben, und fang an zu springen.«

Ich fahre herum und sehe hinter mir eine Frau wie aus einem Märchen, mit einer Krone auf dem Kopf und im schimmerndsten Pyjama, den ich je gesehen habe, einem Pyjama, der mich an kuschelige Regentage vor dem Kamin erinnert. Sie ist sehr groß, und sie trägt einen Umhang aus Rosenblättern. Die Strahlen der Mittagssonne, die von einer Gießkanne zurückgeworfen werden, fallen auf ihr Gesicht, so daß ich ihre Züge nur verschwommen sehe.

»Wer bist du?« krächze ich, weil es mir die Stimme verschlagen hat.

Sie hebt die Hand zu einer Geste, die meine Frage beiseite wischt, und ich höre kleine Glöckchen läuten. »So, so. Du gibst dich also mal wieder der Verzweiflung hin. Wann lernst du endlich loszulassen? Wann hörst du auf, dich ängstlich festzuhalten? Du schaffst deinen Körper an diesen wunderbaren Ort, aber wo ist deine Seele? Die hast du daheim gelassen, im Keller. Was soll ich nur mit dir machen?«

Ihr Umhang streift meinen Arm, als sie an mir vorüberschreitet. Sie legt sich auf den Boden, und die Erlenzweige unter ihr verströmen einen Duft, der sich mit ihrem mischt. Noch immer kann ich ihr Gesicht nicht deutlich sehen.

»Weißt du, warum ich hier bin? Ich bin hier, um dich zu fragen, ob du den Mut, die Mittel und die Entschlossenheit hast, das zu tun, was dir jetzt weiterhilft. Hast du genug Vertrauen, um mal mit dem Schreiben aufzuhören? Wie wär's mit einer Pause? Laß den Vorhang fallen! Wie findest du die Vorstellung?«

Ich will ihr sagen, daß sie sich widerspricht, aber ich kriege kein Wort über die Lippen.

»Wer hat dir beigebracht, dir so wenig zu vertrauen? Wer hat dir beigebracht, dich nicht zu lieben? Aber das ist jetzt nicht mehr wichtig, denn jetzt bin ich hier, um dir die geheime Offenbarung der Lebenskunst zu überbringen, die Sutren deiner Muse. Du hast schon vielen Frauen etwas beigebracht. Doch wer unterrichtet dich? Jede Frau ist eine Lehrerin, und jede Frau braucht eine Lehrerin, die sie lehrt und die sie hält. Das erste, was du lernen mußt, ist: Hör auf, so kopflastig zu sein.« Sie kichert über ihren Scherz. Ich höre ein Geräusch. Es klingt, als ob sie ein Feuerzeug entzündet und Eiswürfel in ein Glas gegeben hätte. Raucht sie eine Zigarette? Macht sie sich einen Drink?

»Ich sage dir, welche Frage du dir stellen mußt: ›Wie kann ich Essen kochen, Betten beziehen, putzen, bügeln, waschen und trotzdem mit der großen Energiequelle *in Verbindung bleiben*?‹ Mit deiner Einstellung schaffst du es *nicht*! Was machst du aus deinem Leben? Gestaltest du es oder vermasselst du es?«

Ihre Worte treffen mich, und als ich den Mund öffnen will, um etwas zu erwidern, berührt sie meinen Nacken mit ihrer kühlen, etwas rauhen Hand und führt meinen Kopf nach vorne, bis er auf den Tisch sinkt und ich daliege wie ein eingeschlafenes Kind. »Ich weiß, daß es dir weh tut, was ich sage«, flüstert sie, »aber manchmal braucht man ein Gegengift, um gesund zu werden. Homöopathie des Geistes sozusagen. Was tust du, wenn du mit der Wahrheit konfrontiert wirst? Du verurteilst dich, du bestrafst dich, du knirschst mit den Zähnen, du reißt dir die Haare aus. Ich bin hier, um dir zu helfen. Ich will dir helfen, alles anzusehen, was du an dir nicht magst. Aber voller Mitgefühl, verstehst du? Voller Mitgefühl! Was du mit Liebe ansiehst, macht dich stark!«

Sie beugt sich über mich: »Wer hat dir gesagt, daß du nicht weinen darfst?«

»Wer bist du?« flüstere ich in meine Unterarme und frage mich, wieso sie weiß, daß ich mit den Tränen kämpfe.

»Ich bin die Botin der Lebenskunst, mein Schatz. Ich bin gekommen, um dich aufzuwecken!«

Ich rieche Zigarettenrauch. Ich richte mich auf und sehe sie an. Sie sieht jetzt kleiner aus, und immer noch ist ihr Gesicht von diesem Schimmer verhüllt. Sie tritt ein Stück zur Seite, und plötzlich sehe ich nicht mehr sie, sondern Marcie, die mir entgegenkommt. »Jennifer, ich gehe noch ein bißchen spazieren, bevor es anfängt zu regnen. Kommst du mit?«

Verwirrt wische ich meine Tränen fort. »Marcie, ich glaub, ich hab geträumt.«

Marcie setzt sich auf den Boden und schlingt die Arme um ihre Beine: »Erzähl!«

Ein paar Tips zu diesem Buch

Ich habe dieses Buch für all diejenigen unter uns geschrieben, die, so wie ich, jeden Dezember in den Regalen der Schreibwarengeschäfte die schönen, noch jungfräulichen Terminkalender bestaunen, die ihnen so vielversprechend entgegenlachen. Für diejenigen, die jede Menge Geld für Zeit-Management- und ähnliche Seminare (mit ihren ach so komplizierten Organisationsmodellen) ausgeben, in der Hoffnung, daß sie ihr Leben ein für allemal in den Griff bekommen. Ich habe dieses Buch geschrieben, als ich begriff, daß das Gleichgewicht, von dem heute überall die Rede ist, sich erst dann in unserem Leben einstellt, wenn wir aufhören, es außerhalb von uns zu suchen.

Ich habe jahrelang danach gesucht, und ich habe folgendes herausgefunden: Um ins Gleichgewicht zu kommen, muß man nach innen gehen. Es wird in meinem Leben wohl kaum eine Woche geben, in der ich alles tun kann, was ich gerne tun würde: in der ich meiner Tochter genug Zeit und Liebe gebe, in der ich mit voller Kraft an meine Arbeit gehe, in der ich mich meinem Partner, meinen Freunden, meinem Körper und meinen spirituellen Bedürfnissen gleichermaßen widme. So was gibt es nur im Film, nicht im wirklichen Leben. Die Frage ist: »Was ist *möglich*?«, und die Antwort lautet: »Mach langsam, geh in dich und höre.« Stell dir konkrete, sinnvolle Fragen, dann findest du einen Weg, dich ganz zu fühlen und ins Gleichgewicht zu kommen – in ein Gleichgewicht, das realistisch ist und für jede von uns anders. Und ich habe noch etwas herausgefunden: Es hängt weniger von unserem Terminkalender ab als vielmehr davon, ob wir mit dem Göttlichen, dem Allerhöchsten, oder wie immer du es nennen magst, in Kontakt sind. Die alte Management-Maxime: »Tu das Wichtigste zuerst« gewinnt hier auf einer höheren Ebene an Bedeutung.

Wenn wir auf das hören, was die vielen Stimmen in uns sagen, und auf die Erfahrungen, die wir im Laufe unseres Lebens gesammelt haben; wenn wir unseren X-Chromosomen folgen, unserem Instinkt und unserem Spürsinn; wenn wir lernen, der Führung zu vertrauen, die uns allen zur Verfügung steht: dann können wir ein Gefühl dafür entwickeln, worum es in unserem Leben geht. Und dann wissen wir, was der nächste Schritt ist, den wir zu gehen haben. Noch etwas ist mir und vielen Frauen, die ich interviewt habe, klargeworden: Wir machen Pläne, wir setzen uns Ziele, und das ist wichtig – aber auch wenn wir es noch so präzise machen: Wir kommen selten dort an, wo wir hin wollten. Das klingt nicht sehr ermutigend, aber es kann uns eine große Hilfe sein, wenn wir lernen wollen, dem nachzugehen, was unser Leben uns zeigen möchte.

Das Gleichgewicht, von dem hier die Rede ist, nenne ich das »göttliche (oder höchste) Gleichgewicht«. Die Fragen, die du in 42 Abschnitten in diesem Buch findest, helfen dir, dich ihm zu nähern. Sie sind eine Mischung aus spiritueller Lebensplanung, göttlichem Zeitmanagement und einer Methode, die dir helfen soll, dich mit deinem Innenleben zu befassen. Sie helfen dir, das in dein Leben zu integrieren, was der bekannte buddhistische Mönch Thich Nhat Hanh so formuliert: »Zu lieben bedeutet zuzuhören. Zuhören ist etwas sehr Wichtiges. Da gibt es eine Stimme, die uns ruft, und sie will, daß wir sie hören. Vielleicht ist es unser Körper, der uns etwas sagen möchte. Vielleicht sind es unsere Gefühle. Vielleicht ist es unsere Wahrnehmung. Es ist wichtig, daß wir diese Stimme hören. Unsere Fähigkeit, uns selbst zuzuhören, ist die Grundlage unserer Fähigkeit, anderen zuzuhören. Unsere Fähigkeit, andere zu lieben, hängt ab von unserer Fähigkeit, uns selbst zu lieben.«[2]

Am meisten profitierst du von den Fragen, wenn du . . .

dir bewußt machst, daß es keine »richtige« und keine »falsche« Art gibt, mit ihnen umzugehen. Eines wollen sie auf keinen Fall: ein weiteres »Muß« auf deiner Liste. Es geht hier nicht darum, dein Leben zu verändern, ein Patentrezept zu finden oder ein für allemal alles in den Griff zu bekommen.

Es geht darum, zu *lauschen* und dem zu folgen, was du hörst. Darum:

Arbeite in deinem eigenen Tempo! Und vertrau darauf, daß dein Tempo für dich das richtige ist.

Manch ein Ratgeber arbeitet mit Schuldgefühlen, und du fühlst dich schlecht, wenn du nicht jeden Tag zweimal ein Kapitel durchkaust. Du mußt dich an gewisse Regeln halten. Du darfst keine losen Blätter verwenden, du mußt alles ordentlich aufbewahren, und wenn du das nicht tust, dann . . . Hier darfst du alles, auch schlampig sein! Und, bitte, mach dir keinen Streß! Hier noch ein paar Tips:

- *Schreibe, wenn du das Bedürfnis danach verspürst.* Schau dir etwa einmal pro Woche eine Seite Fragen an, und schreibe auf, was dir dazu einfällt. Oder mach dir bloß ein paar Notizen in dein Tagebuch. Du kannst dir auch am Morgen nach dem Aufwachen ein, zwei Fragen stellen. Vielleicht möchtest du die Fragen auch in eine spirituelle Übung einbeziehen, die du regelmäßig durchführst. Vielleicht ist Schreiben nicht so deine Sache. Macht nichts. Du kannst die Fragen auch einfach auf dich wirken lassen, vielleicht auf dem Weg zur Arbeit, wo du sonst die Zeitung liest oder Walkman hörst. Nimm dir nicht zuviel auf einmal vor. Wenn dir eine ganze Seite Fragen zuviel erscheint, dann konzentriere dich auf eine oder zwei, die dich besonders ansprechen. Du kannst mit den Fragen auch spazierengehen, du kannst sie tanzen, malen, singen oder modellieren. Du kannst sie mit in deine Meditation, in dein Gebet oder in deine Yoga-Übung nehmen. Es gibt keinen richtigen und keinen falschen Weg. Aber eins ist ratsam:
- *Versuch nicht, alle Fragen auf einmal zu beantworten.* Das ist zuviel des Guten. Nimm dir von Zeit zu Zeit ein paar Fragen vor, alle paar Tage oder alle paar Wochen. Mach die Zeit zu deiner Verbündeten. Die Fragen brauchen Zeit zum Reifen. Dann entfalten sie ihre geheimnisvollen Kräfte. Laß dir ruhig ein halbes oder ein ganzes Jahr Zeit, sie in Ruhe durchzugehen. Lies ein paar Seiten, nimm dir ein paar Fragen vor, dann laß das Ganze auf dich wirken – so lange, wie du willst. Noch ein paar Tips, die hilfreich sein können:
- *Mach dir das Lauschen zur Gewohnheit.* Beschäftige dich regelmäßig

mit den Fragen, am besten zu einer bestimmten Tageszeit, zum Beispiel:

- vor der Arbeit oder bevor deine Familie aufwacht
- im Auto, wenn du vor der Schule auf die Kinder oder an der Ampel wartest
- im Bett am Sonntagabend
- immer montags in der Mittagspause
- gemeinsam mit den Frauen in deiner Frauen- oder Gymnastik-gruppe
- bevor du Samstag abends ausgehst
- nach deinem Morgensport

● *Mach es nicht mit dem Kopf, mach es mit dem Herzen.* Vertrau dich deinem Herzen an, bevor du dich den Fragen zuwendest. Mir fällt es leichter, mich den Fragen und dem, was sie mir zeigen wollen, zu überlassen, wenn ich gleichzeitig eine Körperübung mache – zum Beispiel Yoga oder eine Atemübung, bei der ich mir vorstelle, wie die Liebe Gottes mich mit jedem Atemzug durchströmt –, wenn ich ins Freie gehe und ein paar Minuten den Himmel anschaue, wenn ich einen kurzen Spaziergang mache oder spirituelle Gedichte lese (Rumi, Kabir usw.). Das hilft mir, mich in den Zuhör-Modus zu begeben. Die Astrologin Caroline Casey empfiehlt, sich eine Linie vorzustellen, die entlang der Wirbelsäule verläuft, und eine zweite Linie, die Bauchnabel und Rücken verbindet, und sich auf den Schnittpunkt der beiden Linien zu konzentrieren. Dort befindet sich dein Zentrum, der Ort der Nicht-Angst.

Meiner Freundin Kim hilft es, wenn sie Aufnahmen von spirituellen Büchern oder Vorträgen anhört, während sie im Auto sitzt, um Besorgungen zu machen. Diana geht in die Badewanne, oft um 3 Uhr morgens, »wenn sie nicht schlafen kann, weil sie nicht zugehört hat«. Meine Freundin Marcie sagt, sie muß sich vorher ein paar nette Dinge sagen, denn: »Hören kannst du nur, wenn du in einem Zustand emotionaler Ruhe bist. Ich sage mir Dinge, die mich innerlich zur Ruhe bringen. Ich achte darauf, wie ich mit mir rede. Treibe ich mich zur Eile an? Verliere ich die Geduld mit mir? Fange ich an, mich zu beschimpfen? Dann behindere ich die leise, sanfte Stimme, die mir mit ihrem weisen Ratschlag zur Seite stehen möchte. Mir hilft es, mich liebevoll anzusprechen, mit Worten, die viel für mich bedeuten. Egal, was ich zu mir sagen will, ich beginne den Satz mit ›Meine Liebe‹ oder ›Meine Liebste‹. Dann mache ich eine kurze Pause, in der ich mich besinne. Dann sage ich mir: ›Es ist okay. Egal, was ist, es ist okay. Es ist in Ordnung. Ich bin da. Ich höre.‹ So lade ich mich ein, mich dem zu öffnen, was in Erscheinung tritt. Ohne diese Einladung tut sich unser innerer Richter schwer. Und auch die Stimmen und die Aspekte unseres Selbst, die wir uns in unserer Innenschau zunutze machen wollen, wollen vorbereitet sein.«

Wenn du möchtest, kannst du gleich beginnen. Wie wär's mit einem Brief an dich selbst, in dem du dich einmal so richtig lobst, in dem du dir alles Schöne sagst, was dir nur einfällt, und in dem du über den Reichtum schreibst, der in deinem Inneren verborgen liegt? Du kannst diesen Brief beliebig oft ergänzen.

Laß deine Hand über die kühle Buchseite gleiten. Mach dich frei von deinen Ängsten, deinen Sorgen, deinem Streß. Mach dich frei von allem, was du in Selbsterfahrungskursen über dich gelernt hast. Oder glaubst du, daß du gar nichts weißt? Mach dich auch davon frei.

Übrigens: Ein gutes Mittel gegen Streß und wenn du das Gleichgewicht verlierst ist, in dich hineinzuhören, wenn du mittendrin steckst.

Ein anderes gutes Gegenmittel: Laß deinen Anspruch los, alles perfekt machen zu wollen.

Erinnere dich daran: Es gibt keinen richtigen und keinen falschen Weg. Es gibt nur *deinen* Weg. Es gibt dir sehr viel Kraft, wenn du das verinnerlichst, wenn du wirklich daran glaubst, daß es »den einen, richtigen Weg« nicht gibt. So ging es Harriet am vierten Tag eines fünftägigen Retreats. Plötzlich fiel es ihr wie Schuppen von den Augen: »Es gibt ihn nicht, den *einen* Weg.« Wie sie das sagte, ich werde es nie vergessen. Sie sah so erstaunt aus.

Steig in dein Bett, klettere aufs Dach, oder setz dich im Garten auf die Schaukel; such dir einen ruhigen, netten Ort in der Natur.

Nimm dich bei der Hand. Sei gut zu dir.

Fragen zum Leben

Was brauche ich jetzt am nötigsten?

- Stille
- Energie
- Gesundheit
- Ruhe
- Zeit für meinen Partner oder eine/n gute/n Freund/in
- Zeit für mein/e Kind/er
- Zeit für mich
- Kreativität
- spirituelle Unterstützung
- gesundes Essen
- frische Luft
- Bewegung
- Friede am Arbeitsplatz
- einen ruhigen Tagesablauf
- Geld
- oder: _____

Wähl *eine* Sache aus. Oder hast du das Gefühl, daß du alles brauchst? Wenn wir anfangen, auf uns selbst zu achten, haben wir mitunter das Gefühl, völlig ausgehungert zu sein. Als ich mir zum erstenmal diese Frage stellte, schrieb ich: »Daß es mir besser geht, einen klaren Kopf, eine Arbeit, Geld, ich will nicht so aufbrausend sein, ich möchte was für meine Ehe tun, ich möchte mehr Zeit für (meine Tochter) Lilly haben, ich möchte, daß es mir besser geht . . .« Ich fühlte mich von meinen Bedürfnissen erdrückt. Die Süßigkeiten, die ich eben eingekauft hatte, kamen mir in den Sinn. Sie flüsterten mir zu: »Komm, iß uns, und alles ist wieder gut.« Aber ich ging nicht in die Küche. Ich hielt inne, nahm einen tiefen Atemzug und sprach ein Gebet – was mich sehr erstaunte. »Lieber Gott, was kann ich tun? Ich halte es nicht länger aus. Bitte, gib mir einen Rat.« Ich sitze und warte. Kein Engel tritt an meine Seite, aber meine innere Stimme meldet sich und sagt in ruhigen, klaren Worten: »Wähl dir *eine* Sache aus. Wähle Gesundheit.«

Mystiker und Heilige sagen, wir haben eine Führung, die uns immer zur Verfügung steht. Ist es wirklich so?

Welchen kleinen Schritt bin ich bereit zu tun, um mehr _____ zu bekommen?

Überleg dir zunächst, ob es wirklich das ist, was du jetzt am meisten brauchst, oder ob es etwas gibt, das du noch dringender benötigst. Der zweite Schritt ist: Stell dir vor, daß du es wirklich haben kannst. Wichtig ist auch hier, daß du *kleine* Schritte machst. Und was nahm ich mir vor? Johanniskraut-Präparate zu nehmen, auf Weizen zu verzichten, Meditationskassetten zum Thema »Gesundheit« zu besorgen, jeden Tag vor dem Einschlafen eine anzuhören und regelmäßig Vitamintabletten zu schlucken.

Wovon brauche ich weniger in meinem Leben?

- Angst
- Sorgen
- Arbeit
- Ärger
- Lärm
- die Glucke spielen
- Essen
- Bedenken
- Unordnung
- Fernsehen
- ehrenamtliche Tätigkeiten
- schlechten bzw. Arbeits-Lesestoff
- E-Mails
- Nachrichten auf dem Anrufbeantworter
- Oder: _____

**Welchen bescheidenen Schritt bin ich bereit
zu unternehmen, um eines dieser Dinge zu reduzieren?**

Wichtig ist auch hier: Nimm dir nicht zuviel auf einmal vor. Und nimm dir nichts vor, wozu du nicht wirklich stehen kannst – und mag es noch so klein sein. Schreib sie dir auf, diese eine, kleine, praktikable Sache, die du leicht loslassen kannst.

Das genügt fürs erste. Laß das ein paar Tage auf dich wirken. Am besten läßt du das Buch offen liegen, an einem Platz, wo du es immer wieder siehst.

Der Anstoß, den wir brauchen

Die Botin der Lebenskunst oder BL, wie ich sie in Zukunft nennen werde (obwohl »Wohlfühlfee« auch nicht schlecht klingt!), wirkt auf mich wie ein Mischung aus einem Hippie und einer afrikanischen Prinzessin. Und ein bißchen hat sie auch von der Muttergottes. Anhänger von C.G. Jung würden sie meinen »inneren Führer« nennen, die alten Griechen meine »Muse«, die Schamanen meinen »Schutzgeist«. Eigentlich wünsche ich mir schon seit Jahren, daß jemand Ordnung in mein Leben bringt. Ich habe mich entschlossen, BL als Freundin anzusehen, die mir dabei helfen wird.

Ein paar Stunden sind vergangen. Draußen zieht ein Gewitter auf, und es wird zusehends kälter. BL und ich sitzen uns auf einem von Marcies Betten gegenüber, umgeben von kleinen Kissen. BL beginnt ohne lange Einleitung: »Das Problem, das du und Millionen anderer Frauen haben, ist eigentlich ganz einfach. Denk bitte nicht, ich würde den politischen Aspekt der Sache nicht sehen. Ich bin eine aktive Frauenrechtlerin! Natürlich liegt vieles am System, und nicht nur Frauen, sondern jeder, der sich um den Umweltschutz Gedanken macht, leidet darunter. Aber auf unserer jährlichen Lebenskunst-Konferenz, auf der wir Botinnen uns treffen, haben wir festgestellt, daß ihr Mädels allzu leicht vergeßt, daß es an *euch* liegt, euer Leben zu verändern. Was ihr auf jeden Fall verändern könnt, ist eure Einstellung. Wißt ihr, daß ihr den Schlüssel zu eurem Gefängnis schon in der Tasche habt? Ihr wollt euch befreien, aber es gelingt euch nicht. Weißt du, warum? Ihr habt vergessen, daß ihr ein Kanal seid und daß ihr mit der höchsten Energie des Universums in Verbindung treten könnt! Jede von euch! Ihr habt die Fähigkeit, Dinge zu erschaffen: aus einem Stück alten Leder ein Portemonnaie, aus ein paar Kräutern eine Suppe. Ihr seid voller Leben! Eure Einstellung und euer Glaube halten euch gefangen. Ich bin gekommen, weil ich meine, daß ihr einen Schubs braucht.«

Sie sieht meinen kritischen Gesichtsausdruck und legt mir eine Hand auf den Arm. »Ihr seht nicht, daß das Leben ein schöpferischer Akt ist. Weil deine Arbeit kreativ ist, glaubst du, dein Leben sei kreativ und von Sinn erfüllt. Aber da irrst du dich. Es geht nicht darum, was du tust, sondern *wie* du es tust.« BL sieht sich in der Hütte um. »Hier gibt es alles, nur keine Seifendose. Ich hätte gerne eine schöne Seifendose.«

BL sitzt halb im Schatten, und von da, wo ich sitze, sieht sie durchsichtig und fast körperlos aus. Sie wirkt wie eine Erscheinung, die manchmal stärker und manchmal schwächer wird.

»Du hast die Wahl, Jennifer. Du kannst darauf vertrauen, daß es eine Führung gibt, die dir immer zur Verfügung steht, oder du wendest dich ab und machst so weiter wie in den letzten Jahren. Wenn du ehrlich bist, geht es schon ein ganze Zeitlang so. Glaub mir: Führung ist immer für dich da. Sie ist neben dir, sie ist in dir, und sie hat dir unendlich viel zu sagen. Aber hören kannst du sie nur, wenn es in dir still wird und du ihr mit Respekt begegnest. Woran ihr glaubt, wird euch gegeben. Alles, was ihr tun müßt, ist zu glauben!« Beim Wort »glauben« läßt BL ihre Stimme machtvoll ertönen, wie ein Priester alten Schlags, der von der Kanzel predigt.

Jetzt hat sie meine volle Aufmerksamkeit. Sie ist deutlicher zu sehen, und ihre Krone wirft einen goldenen Schimmer in das Halbdunkel der Hütte. »Ich höre zu.« Als ich das sage, höre ich in einiger Entfernung ein Geräusch, so als ob ein Schlüssel ein Schloß aufsperren würde. Ich wiederhole meinen Satz, weil ich dieses Geräusch noch einmal hören möchte.

»Jede Frau und jeder Mann hat einzigartige Qualitäten mit auf den Weg bekommen. Ihr müßt diese Qualitäten erkennen!« BL hat plötzlich eine kleine Dose in der Hand. »Ihr müßt diese Qualitäten nützen und schöpferisch damit umgehen, statt darüber nachzugrübeln, was ihr *nicht* mitbekommen habt.« Sie öffnet die Dose und hält sie unter die Leselampe, die neben dem Bett steht. Unzählige Worte sind darin. Sie hüpfen herum und balgen sich wie junge Hunde. In diesem Durcheinander fallen mir folgende Worte auf: *zielstrebig, gut ausgeprägter Sinn für das Absurde, loyal, voller Ideen, klarsichtig.* BL schließt die Dose.

»Ich höre euch immer wieder klagen, daß ihr das Gleichgewicht verliert und daß ihr zuwenig Zeit für euch habt. Aber ich sehe kaum eine Frau, die begreift, daß sie ihr Leben selbst erschaffen kann. Es beginnt in deinem Inneren. Das Innere formt das Äußere, nicht umgekehrt. Und was machst du? Du rennst hin und her zwischen Parkhaus, Arbeit und deiner Frauengruppe und läßt zu, daß diese äußeren Faktoren dein Leben bestimmen. Und genauso machst du es mit dem, was andere von dir denken, von dir wollen oder was *du* glaubst, daß sie brauchen. Auch davon läßt du dich beeinflussen. Hör auf damit! Setz dich hin, hör in dich hinein und stell dir die Frage: ›Wie möchte mein Inneres mein Äußeres, mein Leben formen?‹ Das ist der Schlüssel. Aber wer verwendet ihn?«

Plötzlich überschwemmt mich eine Flut von Zweifeln und Schuldgefühlen. BLs Erscheinung wird wieder schwächer. Sie kann meine Gedanken lesen. Nein, sie ist *in* meinen Gedanken. »Du denkst: ›Wie soll das gehen, wenn Lilly gerade einen Wutanfall hat, wenn das Haus aussieht, als hätte eine Bombe eingeschlagen, wenn Chris mal wieder auf Geschäftsreise ist und die Deadline für mein neuestes Projekt immer näher rückt. Wie um Himmels willen stellst du dir das vor?‹ Das Erstaunlichste an der Sache ist aber: Es funktioniert! Es funktioniert tatsächlich.«

Ich notiere, was sie sagt, aber innerlich habe ich mich zurückgezogen und kann nur noch an eines denken: Vorhang zu und ein Glas Wein und nur nicht daran denken, was sie gesagt hat. Wie aus großer Ferne höre ich BL hinzufügen: »Fang an! Stell Fragen und lausche. *Lebe* die Fragen! Rilke hat es gut getroffen, als er sagte, daß es darum geht, *alles* zu leben. Lebe die Fragen! Jetzt! Vielleicht wirst du dann eines schönen Tages auch die Antwort leben. Mach es zu deinem täglichen Ritual. Und sei liebevoll zu dir, auch wenn die Antworten manchmal auf sich warten lassen.«

»Welche Fragen soll ich denn leben?«

»Für den Anfang gebe *ich* dir welche. Andere findest du auf deinem Weg, und wieder andere werden aus deinem Inneren an die Oberfläche kommen, wenn wir gemeinsam den Weg erforschen, der sich vor dir auftut. Keine Angst, Fragen gibt's genug.«

Ich schaue auf. Sie ist verschwunden.

Ich schlage mein Notizbuch zu und beschwere mich: »Oje, ich sitze in einer Folge von ›Verliebt in eine Hexe‹ fest und muß mir die klugen Ratschläge der Meisterin Endora anhören!« Ich denke kurz darüber nach. »Am besten hat mir eigentlich immer die Rolle der Endora gefallen.«

Sie konnte immer hervorragend auf sich selbst aufpassen.

Fragen zum Leben

**Was hält mich gegenwärtig davon ab, mich zu entspannen
und mir das zu gönnen, was ich brauche?**

- zuwenig Zeit
- zuwenig Geld
- Kind/er
- Arbeit
- Verwirrung
- Schuldgefühle
- ich will nicht
  egoistisch sein
- weiß nicht, wo
  ich beginnen soll
- fühle mich
  einfach zu hilflos

Schreib auf, was dich daran hindert, dir Ruhe und Entspannung zu
gönnen. Bitte faß dich kurz. Nenn die wichtigsten zehn, fünf oder am
besten nur drei Punkte. Gibt es eine Vorstellung oder einen Glaubenssatz, der dich daran hindern könnte? Und woran liegt's bei *mir*? An
meiner Einstellung zur Arbeit; an meinen Ängsten zum Thema
»Geld«; an mangelnder Energie; daran, daß Chris viel unterwegs ist;
daran, daß ich Mama bin.

**Wie viele dieser Hindernisse möchte ich beibehalten?
Von welchen möchte ich mich trennen?**

Wir müssen eines begreifen: Unser Leben zu erschaffen ist eine Entscheidung, ein Entschluß. Irgendwann war es bei mir soweit: Ich gab
mir die Erlaubnis, meine eigene Chefin zu sein und mein Leben selbst
in die Hand zu nehmen. Wenn wir anfangen, in uns hineinzuhören,
beschleunigen wir diesen Prozeß – dann sagen wir: »Alles in mir hat
seinen Wert, und ich bin bereit, es anzuhören.« Es erfordert Mut, uns
selbst so viel Wert zuzusprechen, daß wir auf unser Herz hören.

Woran erkenne ich, daß ich aus dem Gleichgewicht geraten bin?

- häufiges Klagen
- ständig gereizt
- das Gefühl, sich im Kreis zu drehen
- Eifersucht
- zuviel allein
- zu viel Geld ausgeben
- schnelles Sprechen und Sichbewegen
- häufige Rücken-, Nacken-, Kopf- oder Bauchschmerzen
- ein ungepflegter Garten
- Beinah-Zusammenstöße
- ein Anrufbeantworter, der so voll ist, daß er keine Nachricht mehr entgegennimmt
- immer in Eile
- Vergeßlichkeit, z. B. vergessen, daß heute Sonntag ist und daß deine Mutter auf deinen Anruf wartet

Sei für ein paar Tage Detektiv, und achte ganz genau auf derlei Indizien. Schreib alles auf, jedes noch so kleine Zeichen, daß du aus der Balance gerätst. Aber Achtung: Es geht hier nicht darum, dich zu kritisieren, sondern darum, einen Schritt auf dem Weg zu mehr Bewußtheit zu machen.

Kann ich das eine oder andere Anzeichen im Moment an mir beobachten? Was kann ich tun, damit ein Bereich meines Lebens harmonischer und entspannter wird?

Bitte beachte: Es geht hier um *etwas* mehr Harmonie auf *einem* Gebiet. Ein kleiner Schritt für deinen Körper, deine Seele, deine Kreativität, deine Familie, deine Lebenseinstellung, deine Arbeit, deine Lust, dein Zuhause, deinen Freundeskreis.

2

Atme Liebe ein,
atme Selbstkritik aus.

Laß das, was du aufgeschrieben hast, ein paar Tage auf dich wirken.

Warum Fragen?

Ich sitze in der Stille des frühen Morgens auf der Veranda, eine Tasse Tee in meinen Händen, und spüre den Fragen nach.

Aber warum Fragen? Die Autorin Maria Harris sagt, daß die Welt der Spiritualität »sich auf Fragen gründet«. In *Dance of the Spirit* schreibt sie: »Wenn wir unsere Spiritualität entfalten wollen, müssen wir den Grundton unseres Lebens ändern, um die Bedingungen zu schaffen, die uns erlauben, die Fragen zu leben, zu lieben und zu tanzen. Wir müssen innehalten, zur Ruhe kommen und in uns gehen, um in jenen Zustand zu gelangen, der durch Stille, durch Gebet oder durch Kontemplation erzeugt wird.«[3] Domenica Bianca, eine Heilerin und moderne Mystikerin sagt: »Ein Fragezeichen ist ein Zeichen dafür, daß Gott in der Nähe ist. Wenn alles schwarz auf weiß da steht, dann ist Gott fern.« Wenn wir uns Fragen stellen, wenden wir uns nach innen und treten mit unseren Bedürfnissen und Anschauungen in Verbindung. Wirkliches Lauschen führt zu wirklichem Hören. Und sobald wir hören, fangen wir auch an zu fragen: »Warum ist das so?«, »Warum ist das geschehen?«, »Wer hat entschieden, daß es so geschehen soll?«

Ich bin schon seit Jahren auf der Suche nach einem Weg, mein Leben in den Griff zu kriegen. Ich habe vieles ausprobiert: Ich habe meine Wünsche visualisiert, ich habe meine Ziele formuliert und sie auf kleinen, gelben Zetteln überall im Haus verteilt, ich habe die Techniken verwendet, die Stephen Covey in seinem Buch *Die sieben Wege zur Effektivität* beschreibt, und ich habe sogar eigene Methoden entwickelt. Aber es hat alles nichts genützt. All diese Methoden haben eines gemein: Sie geben uns etwas vor, etwas Äußerliches, etwas, das nicht unserem Inneren entspricht. Ich versuchte, mich dem anzupassen, was mir vorgegeben wurde, statt eine Form zu finden, die *mir* entsprach. 1926 schrieb Marion Milner in *A Life of One's Own* über ihre Versuche herauszufinden, was sie glücklich macht: »Ich wurde immer wieder dazu angehalten, den Sinn meines Lebens zu formulieren, aber ich begann mich zu fragen, ob das Leben nicht zu komplex sei, um es in *einen* Sinn hineinzupressen, ob es ihn nicht sprengen würde, oder, wenn dieser Sinn zu einengend wäre, ob er das Leben nicht verkrüppeln würde – so wie eine Eiche, deren Stamm in jungen Jahren mit einem engen Eisenband umschlossen wurde, sich nicht entfalten kann . . . *Ich begann mein Leben neu zu sehen: nicht mehr als langsames Verwirklichen eines vorgefaßten Entwurfs, sondern als ein stetiges Entdecken und Sich-Entfalten eines Sinns, den ich nicht kannte.*«[4]

Ich hatte versucht, mein Leben in eine vorgefaßte Form zu pressen. Aber da gab es noch etwas anderes, das mich lange Zeit beschäftigte. Aus meinem Interesse am Fragestellen hatte sich langsam eine Methode des In-sich-Gehens entwickelt, die ich jetzt seit Jahren unterrichtete. Aber ich hatte diese Methode für mich weder konsequent noch progressiv genug angewendet. Ich suchte den roten Faden meines Lebens immer noch außerhalb von mir und hoffte, ein Patentrezept zu finden, das mich aus meiner Verwirrung befreien würde.

»Vorsicht! Du betrittst gefährliches Terrain! Du fängst etwas Neues an und glaubst, es sei das Beste, was es je gegeben hat. Du steigerst dich in diese Sache mit den Fragen hinein und überforderst dich! Du hast den Gral noch nicht gefunden.« Ich blicke auf mein Tagebuch, woher die Stimme zu kommen scheint, und sehe BL, die die Form eines Fragezeichens mit einer Mini-Krone auf dem Kopf angenommen hat. Sie tanzt über das Papier, erhebt den Zeigefinger und ermahnt mich: »Du mußt langsam machen.«

Ich trinke einen Schluck von meinem Tee und spüre, daß meine Hände zittern. Vor zwanzig Jahren hätte ich gedacht, eine Halluzination dieser Größenordnung sei eine Folge von zuviel LSD. Jetzt frage ich mich, ob es von zuviel Yoga und grünem Tee kommt.

»Achtung, aufgepaßt«, sagt BL, hüpft über die Seiten meines Tagebuchs und blättert so lange um, bis sie eine leere Seite findet: »Du hast die Wahl, ob du dein Leben nach deinen eigenen, inneren Kriterien erschaffst oder ob du dich ständig nur beklagst: ›Ich Arme! Ich hab so viel zu tun!‹ Die höchste oder göttliche Intelligenz kümmert sich nicht darum, wieviel du zu tun hast, sondern darum, ob du achtgibst.«

»Okay.« Ich nehme einen tiefen Atemzug. »Ich höre. Du hast gesagt, ich sei auf gefährlichem Terrain.«

BL klappt den Punkt auf, der den Fuß ihres Fragezeichens bildet, und die Spitze eines Kugelschreibers fährt daraus hervor. Sie grinst. »Ich liebe Mehrzweck-Spielereien. Erinnere mich daran, daß ich dir später meine neue Armbanduhr mit Satellitentelephon zeige.« Sie wirbelt über das Blatt und zeichnet Spiralen mit leuchtend oranger Tinte.

»Hier, ich mach dir eine Liste. Du findest Listen doch so toll.« Sie schreibt:

● *Nimm dir Zeit.* Mach langsam. Hör auf, wenn es dir zuviel wird.

BL, der Kugelschreiber, sieht mich prüfend an, ob ich ihr noch folge. Ich nicke. Sie zeichnet eine große Spirale quer über die Seite und schreibt: »Das Leben kommt ständig dazwischen.«

● *Das Leben soll ständig dazwischenkommen.* Erwarte nicht das Gegenteil.

BL läßt mich nicht aus den Augen. »Beschäftige dich nicht jeden Tag mit den Fragen, hörst du? Und glaube nicht, daß du nachher eine andere geworden bist. Mach dich frei von deinen Erwartungen und deinem Perfektionismus, wenn du mit mir und den Fragen arbeiten willst. Oder laß dich von ihnen weiterhin belasten. Du hast die Wahl! Ich bin hier, um dir zumindest *eines* klarzumachen: Wir können das Leben nicht auseinanderdividieren. Wir können es nicht ändern. Widerstände, Unterbrechungen und Angst gehören ebenso dazu wie Verstehen, Fließen und Freude. Und das eine ist nicht besser oder schlechter als das andere. Es gehört alles zusammen.«

Mein Magen flattert. Ihre Worte sind aufregend, und gleichzeitig jagen sie mir Angst ein. »Wir können es nicht ändern . . .« Das klingt nicht sehr ermutigend.

BL ist nicht mehr zu bremsen. Sie zeichnet eine Spirale nach der anderen. »Darüber werden wir uns später unterhalten. Vorerst ist es genug, wenn du weißt, was du tun kannst, wenn Frau Widerstand an deine Tür klopft oder wenn du aus einem anderen Grund daran gehindert wirst, dich mit den Fragen zu beschäftigen. Sag dem Kritiker in dir, daß dieses Buch eines sicher *nicht* will: dir einen Anlaß geben, dir Vorwürfe zu machen. Sag ihm, daß es den ›einen, richtigen Weg‹ nicht gibt, und lade Frau Widerstand auf eine Tasse Tee ein.« BL fährt mit ihrer Liste fort:

○ *Mit Widerständen Freundschaft schließen.* »Ich hör schon, wie sie an die Tür klopfen, die Widerstände. Du auch? Bitte sie herein, und bewirte sie wie einen Gast. Lehne sie nicht ab, sondern hör dir an, was sie zu sagen haben. Dasselbe gilt für alte Gewohnheiten, lästige Termine und Menschen, die deine Hilfe brauchen. Manchmal treten diese Dinge in den Vordergrund, und vielleicht vergißt du dann sogar, dich mit den Fragen zu beschäftigen. So ist das eben.«

Was BL hier sagt, unterscheidet sich doch sehr von meinem Ansatz. Ich bin eher der Typ, der am liebsten alles unter Kontrolle hat. Ich nehme einen langen, tiefen Atemzug. BL schreibt weiter.

○ *Wohlfühl-Disziplin.*

»Disziplin! Bei dem Wort bekomme ich eine Gänsehaut!« bemerke ich.

»Hier haben wir es mit einem Paradox zu tun. Wir werden noch einigen anderen begegnen. Mach immer wieder Pause, arbeite in deinem Tempo, *und* folge einer gewissen Disziplin. Was *du* unter Disziplin verstehst, ist etwas völlig anderes. Deine Vorstellung von Disziplin ist geprägt von Angst und Mißtrauen gegen dich selbst. Die Disziplin, die nötig ist, damit du die Fragen leben kannst, hat damit *nichts* zu tun. Ich werde dir zeigen, wie du den schmalen Grat zwischen

deinem Wunsch, dich selbst besser kennenzulernen, und deinem Bedürfnis, im Gewohnten zu verharren, beschreiten kannst. Ich werde
dir zeigen, wie du deinen Ehrgeiz und deine Neigung, dich zu verstecken oder dich zu kritisieren, überwinden kannst.«

»Du sagst also«, versuche ich zusammenzufassen, »›mach langsam,
und mach dir keinen Streß.‹ Es läuft mir nichts davon. Ich soll mich
von meinen Widerständen ruhig dazu überreden lassen aufzugeben,
aber mich so sehr lieben, daß ich es dann doch nicht tue.«

Das Fragezeichen mit dem eingebauten Kugelschreiber dreht ein
paar Pirouetten, und dann steht BL in Lebensgröße vor mir, nimmt
mich bei den Händen und tanzt mit mir über die Veranda. Begeistert
ruft sie: »Ja, genau!«

Die Bäume drehen sich mit mir.

Fragen zum Leben

**Ich atme ruhig, denke an die nächste Woche und frage mich:
Was bereitet mir am meisten Streß? Wann verkrampft sich
mir der Magen? Wann gerate ich in Wut?**

Nenn zwei, drei Dinge. Drück sie so konkret wie möglich aus. Statt zu
sagen: »Wenn ich nicht genug Geld habe, die Rechnungen zu bezahlen«, zähle die Rechnungen einzeln auf. Statt: »Wenn ich an Julia
denke, die Frau, die mit mir das Yoga-Studio leitet«, sage: »Wenn Julia
die Termine meiner Yoga-Gruppen ändert, ohne mich zu fragen.«

Was streßt mich? Was ist mir unangenehm?

Erwarte nichts Bestimmtes. Denk nicht darüber nach, was du vielleicht unternehmen könntest. Schreib einfach auf, was kommt.

Was kann ich in den nächsten Tagen oder Wochen für mein Wohlbefinden tun?

Zum Beispiel:

Etwas Spielerisches: Verrückte Brillen; Henna-Tattoos; Spritzpistolen; ein Spuck-Wettkampf; E-Mail-Witze speichern, die du lesen kannst, wenn dir die Decke auf den Kopf fällt . . .

Für deine Seele: Schreib dir etwas von der Seele, über das du dich geärgert hast; such dir eine ehrenamtliche Beschäftigung; beende deine Therapie, oder beginne eine neue; dusch dich, und stell dir vor, wie der Schmerz an dir herunterrinnt . . .

Für deinen Körper: Ein Pfefferminz-Fußbad; eine Thermoskanne heißen Tee, die du mit zur Arbeit nimmst; Lavendelkissen für die Augen; zuckerfreier Kaugummi; ein Saunabesuch oder ein Besuch in einem Dampfbad; ein neuer Vibrator; ein Samba-Kurs; ein Yoga-Video . . .

Wie bin ich in letzter Zeit mit mir umgegangen? Genauso wie mit jemandem, den ich liebe? Wenn nicht, was kann ich Nettes zu mir sagen? BL schlägt vor: »Behandle dich wie eine Geisha ihren Ehrengast.«

Denk daran: Es geht hier nicht um »richtig« oder »falsch«. Es geht nur darum zu lauschen.

Was ist dir wirklich wichtig?

Während der letzten Jahre bin ich immer mehr Frauen begegnet, die wissen, was sie brauchen, Frauen, die jahrelang in einer Therapie gewesen sind, Frauen, die ganze Stapel von Selbsthilfe-Büchern verschlungen haben, die auf Retreats oder in Ashrams gewesen sind und die nicht länger suchen. Sie haben, oft nach schweren oder schmerzlichen Erlebnissen, einen Punkt erreicht, an dem sie sich und ihr Leben so akzeptieren, wie es ist. Sie haben für ihre Freiheit gekämpft, sie haben versucht, in einer von Männern dominierten Welt mehr Macht für sich zu gewinnen. Das Pendel ist sehr weit ausgeschwungen. Jetzt pendelt es sich langsam in der Mitte ein. Eine neue Art, Frau zu sein, ist dabei entstanden. Solche Frauen haben eine neue Art gefunden, ihr Leben zu erschaffen, und eine neue weibliche Kraft entwickelt. Sie sind keine Über-Frauen. Sie sind weder erleuchtet noch vollkommen, noch hundertprozentig »verwirklicht«. Sie sind normale Frauen, die ihre Schwächen, ihre Enttäuschungen und ihre Mißerfolge nützen, um − wie die Schriftstellerin und Lektorin Priscilla Stuckey es formuliert − »durch sie hindurch, wie durch ein Schlüsselloch, zu schauen und ihre grenzenlosen Möglichkeiten zu erblicken«.

»Diese Frauen haben Wege gefunden, wie sie ihr Leben von innen heraus erschaffen können.« BL sitzt auf meinem Monitor. Sie hat die Größe einer Barbie-Puppe. Ihre Beinchen baumeln vor dem Bildschirm. »Wahrscheinlich haben diese Frauen ihre Botin der Lebenskunst, ihre Wohlfühlfee, ihre Muse − oder wie immer sie sie nennen − bereits gefunden. Wenn du den roten Faden deines Lebens finden willst, den Weg, der sich dir eröffnet, dann lerne von diesen Frauen. Hör ihnen zu, und verbinde dich mit ihrem Wissen.«

»Das hört sich gut an, aber welche Fragen soll ich ihnen stellen?«

Die kleine BL macht große Augen: »Beobachte dein Leben! Womit hast du zu kämpfen? Wie erschaffst du dein Leben? Oder vielleicht solltest du dich besser fragen, wie du dein Leben *nicht* erschaffst!«

Ihre Bemerkung verletzt mich. Achselzuckend fährt BL fort: »Ich bin nicht nur Licht und Liebe, Schätzchen. Das gehört ins New Age der achtziger Jahre. Das ist passé. Ich liebe dich, und ich will dir und allen, die es hören wollen, helfen, besser zu leben. Aber ich bin wie eine beste Freundin: Ich sage die Wahrheit. Das ist der einzige Weg, eine beste Freundin zu bleiben.« Sie streckt ihre kleine Hand aus und streichelt mein Gesicht. Das erinnert mich an Lilly, die mich als kleines Mädchen auch oft so streichelte, und ich seufze vor Glück auf. BL streichelt mich noch einmal und schrumpft dann in sich zusammen. Ihre Stimme wird dabei jedoch lauter: »Dein Leben zeigt dir den Weg.« Ich stehe auf, um nachzusehen, was mit ihr geschehen ist. Oben auf dem Monitor liegt eine Briefmarke, auf der sie abgebildet ist. Als ich sie berühre, zwinkert sie mir zu. Dann verschwindet sie in einer kleinen, schimmernden Wolke.

Ich setze mich wieder hin. Mich von meinem Leben führen lassen? Das klingt nicht gerade vielversprechend. BLs Stimme ertönt von irgendwo: »Weißt du eigentlich, daß Leute, die sich selbst hassen, sich sehr viel Aufmerksamkeit schenken müssen? Es reicht nicht, dich manchmal zu beleidigen oder dir ab und zu eine spitze Bemerkung an den Kopf zu werfen. Es ist ein Full-time-Job! ›Es kostet dich alles, dich wie ein Nichts zu fühlen.‹ So heißt es in Naomi Newmans Stück *Snake Talk*. Geh jetzt an die Arbeit und hör auf, dich klein zu machen!«

Ich spreche zur Decke, weil ich nicht weiß, wo BL jetzt ist: »Das ist leicht gesagt. Du bist nicht diejenige, die jetzt hier sitzt und versucht, was zu Papier zu bringen.«

»Ich kenne niemanden, der so voller Selbstmitleid und Melodramatik ist wie ihr Schriftsteller. Denk daran: Führung und Inspiration stehen dir immer zur Verfügung. Laß dich nicht nur von deinem Willen leiten. Laß dir auch mal helfen. Jetzt geh ich aber wirklich.« Spielerisch versetzt sie der Tür meines Arbeitszimmers einen Stoß, so daß sie laut ins Schloß fällt.

Hilfe. Mir Hilfe holen. Die Vorstellung erschreckt mich. Eine

Freundin war eine Zeitlang mit drei indianischen Medizinfrauen in Kontakt. Sie sagten ihr: »Hilfe steht dir immer zur Verfügung, aber du mußt darum bitten.« Meine Freundin erwiderte: »Ich bitte darum, wenn es mir schlecht geht«, worauf eine der Frauen entgegnete: »Wenn dir die Schmalspur-Version genügt!«

Dasselbe gilt für mich. Domenica Bianca, eine Heilerin, bei der ich in Behandlung war, gab mir wiederholt den Rat: »Wenn du dich zum Schreiben hinsetzt, dann öffne dich, und bitte um Inspiration, bevor du konkrete Gedanken faßt. Laß dich von der allerhöchsten Quelle, vom Geist des Göttlichen, durchdringen, und spür, daß es das gleiche ist, wenn du dich später auf das Schreiben konzentrierst.«

Ich sitze an meinem Schreibtisch und halte mir die Ohren zu, damit ich nur meinen Atmen höre und nicht Lilly, die in ihrem Zimmer spielt, nicht Chris, der gerade telefoniert, und nicht die Motorsäge, die irgendwo in der Nachbarschaft kreischt. Vom Geist des Göttlichen durchdrungen. Was heißt das? Wie geht das? Ich will es richtig machen. Vielleicht ist das der Fehler. Vielleicht sollte ich gar nichts *tun*, nur bitten und mich öffnen, um diese Energie hineinzulassen. Ich sehe sie wie auf einem Bildschirm, die Ängste, die mir durch den Kopf gehen, und die Hilfe niedertrampeln, die versucht, sich wieder aufzurichten. Warum habe ich solche Angst? »Vertrauen«, höre ich. »Vertrauen«, wiederhole ich immer und immer wieder. »Vertraue deiner Arbeit!«

Meiner Arbeit vertrauen? Woher habe ich diesen Satz? Ein Zitat fällt mir ein, und ich suche nach der genauen Formulierung. »Solange wir unser Leben nicht danach ausrichten, was uns persönlich wichtig ist, sind wir von der äußeren Bestätigung abhängig, die wir in unserem Beruf bekommen. Wir alle wissen, welche Opfer wir ihm bringen, und solange wir uns nicht zu dem bekennen, was uns wichtig ist, wird die Arbeit immer an der ersten Stelle stehen . . . Wir können beides haben, wenn wir das an erste Stelle setzen, was uns wirklich wichtig ist, und darauf vertrauen, daß sich der Rest von selbst ergibt«[5], schreibt Elizabeth McKenna in ihrem Buch *Wenn Arbeit nur noch Arbeit ist*. Ich dachte an die vielen Frauen, die ich kenne, die ihre Arbeitssituation verändert haben, die sich selbständig gemacht oder eine eigene Firma gegründet haben oder die jetzt in einer Firma arbeiten, in der die

Arbeitszeiten und die Umgangsformen humaner sind und mehr der weiblichen Natur entsprechen. Ich habe mich immer gefreut, wenn ich hörte, daß es einer Frau gelungen war, sich bessere Arbeitsbedingungen zu schaffen. Aber ich habe das nie auf mich bezogen. Mir ging es doch gut: Ich liebte meine Arbeit, und ich war mein eigener Chef. Mit den Finanzen sah es nicht immer rosig aus, aber das war eben der Preis, den ich zu bezahlen hatte.

Ich liebte meine Arbeit, aber trotzdem verzweifelte ich manchmal fast daran.

Was war mir wirklich wichtig? Lebte ich danach? Die Frauen, die ich bewunderte, taten es mit Sicherheit. Sie hatten es herausgefunden, während ich immer noch nach äußerer Anerkennung suchte.

»Das gefällt mir!« BL erscheint auf meinem Bildschirm und dreht sich im Kreis. »Das ist ein guter Ansatz. Geh diesem Gedanken nach!« Dann springt sie auf das Pferd, das neben ihr erschienen ist, und galoppiert davon. Ich sehe ihnen nach, wie sie kleiner und kleiner werden, und wünschte, ich könnte mit.

Denn diesem Gedanken möchte ich lieber *nicht* nachgehen.

Fragen zum Leben

**Wann fühle ich mich gestreßt,
wann fühle ich mich unwohl?**

Was hast du auf Seite 40 aufgeschrieben? Entscheide dich für *einen* Punkt.

**Was will mein Streß mir sagen?
Kann ich daraus etwas lernen, das mein Leben
und meine Entwicklung bereichert?**

Judy zum Beispiel hatte großen Streß, wenn sie sich mit männlichen Kollegen traf, die auf demselben Gebiet arbeiteten wie sie. Als sie sich die Frage stellte, was ihr Streß ihr sagen wollte, schrieb sie: »Er fordert mich auf, meinen Geschäftssinn zu entwickeln, meine Arbeit wertzuschätzen und alte Anschauungen zu überdenken. Und was ich davon profitiere: Ich komme in engeren Kontakt mit mir, und je mehr ich mich solchen Situationen stelle, desto klarer sehe ich, ob ich mein Leben so erschaffen will.«

**Wen könnte ich um Hilfe oder um ein paar Anregungen
bitten, um den Streß oder das mulmige Gefühl
in meinem Magen zu lindern?**

Was hast du auf Seite 41 geschrieben? Anderen zu helfen fällt uns in der Regel leicht. Aber wie oft bitten *wir selbst* um Hilfe? Probier es einmal aus: Sag, daß du Hilfe brauchst. Sag es ohne Umschweife, ohne Schuldgefühle, aber ohne den anderen zu überfordern. Überleg dir vorher, wen du fragen möchtest. Ich habe oft den Fehler gemacht, Leute zu fragen, die selbst in einer Krise steckten. Aber die können dir nicht helfen. Fang klein an! (Das ist ein gutes Mantra!) Du kannst dich

auch an deinen Schutzengel, deinen geistigen Führer, die Telefonseel-
sorge oder an das Internet wenden. Wichtig ist, daß du dir immer
wieder sagst: »Ich *darf* um Hilfe bitten!«

Atme ein und denke: »Ich kann nicht alles können.«
Atme aus und sag dir: »Ich bin okay, so wie ich bin.«

Louden Lane

Ich bin in Indiana geboren, so wie vier Generationen meiner Familie väterlicher- und mütterlicherseits vor mir. Wir wohnten in einer kleinen Straße, die nach uns benannt war. Den Anfang dieser Straße schmückten drei Schilder: »Sackgasse«, »keine Wendemöglichkeit« und »Louden Lane«. In dieser Reihenfolge.

Die beiden ersten Schilder waren viel größer als der Straßenname.

Und so ähnlich ist es mir ergangen. Es begann in der Pubertät. Wie so viele Teenager fühlte auch ich mich minderwertig. Ich war dünn wie eine Bohnenstange, hatte unreine Haut und einen permanenten Sonnenbrand, den sich meine empfindliche schottisch-irische Haut unter Floridas heißer Sonne immer wieder zuzog. (Wir waren umgezogen, als ich zwei war). Ich war ein wandelndes Energiebündel ohne ausreichend Gelegenheiten, meine überschüssigen Kräfte umzusetzen, und so verbrachte ich viel Zeit damit, mir den Kopf darüber zu zerbrechen, was andere über mich denken mochten. Und noch etwas spukte mir ständig im Kopf herum: Jungs. Daran änderte sich auch im College kaum etwas – bis auf meine Haut, die reiner, und meine Backen, die runder wurden. Ich gab mir immer sehr viel Mühe, aber der große Erfolg blieb aus. Manchmal auch der kleine. Später machte ich dieselbe Erfahrung in der Arbeitswelt und noch später beim Drehbuchschreiben. Ich war talentiert, aber jedesmal, wenn ich nahe dran

Lausche

48

war, einen Volltreffer zu landen, kam etwas dazwischen. Meist ließ ich mich vom Gedanken verunsichern, was irgend jemand von mir dachte, und der Erfolg glitt mir durch die Finger.

Mit 25 fing ich an, in mich hineinzuhören. Ein paar Jahre zuvor hatte ich meine Ausbildung an der Filmhochschule abgeschlossen und mit dem Drehbuchschreiben angefangen. Es war nicht das erste Mal, daß ich das tat, aber dieses Mal ging es mir so schlecht, daß ich sogar befolgte, was ich hörte. Mit einem Mal gelang es mir, lang genug stillzusitzen, um die Stimme in meinem Inneren zu hören, eine Stimme, die sehr mächtig war und die mich in einem fort ermahnte, mit dem Schreiben aufzuhören. Das war schlimm für mich, denn ich hatte das Gefühl, ich würde es nicht überleben. Ich wußte nicht, wie ich ohne große Projekte und große Pläne existieren sollte. »Leer werden? Mir eine andere Arbeit suchen? Kommt nicht in Frage!« war die stets gleiche Antwort. Viel Schmerz war nötig, um mich dorthin zu bringen, wo ich anfing zuzuhören: ein Skiunfall, nach dem ich drei Monate lang nicht gehen konnte; ein Totalschaden, der mich meines Autos und meiner Mobilität beraubte, und schließlich die totale Schreibblockade, die mir keine Wahl ließ: Ich mußte einen Monat Pause machen, ob ich wollte oder nicht. In dem Moment, als es mir gelang, das zu akzeptieren, ohne mich auf irgendwelche faulen Kompromisse einzulassen und ohne heimlich zu hoffen, daß es vielleicht doch anders kommen könnte, fühlte ich mich mit einem Mal ungemein erleichtert, und in diesem wunderbaren Augenblick fiel mir der Titel meines ersten Buches ein: *Tu dir gut. Das Wohlfühlbuch für Frauen* – ein Buch, das Frauen helfen sollte, liebevoller mit sich umzugehen. Ich hörte ihn so klar und deutlich, als ob ihn jemand laut ausgesprochen hätte.

Ich gab es auf, meinem Leben meinen Willen aufzwingen zu wollen, und wagte es zum ersten Mal, meinen Ehrgeiz loszulassen. Das war mein erster Schritt in Richtung Tu-dir-Gut. Mein erster Sprung in Richtung Vertrauen. »Sei offen für die Bedeutung der Dinge, die du nicht gewollt hast«, schreibt Robert Hopcke in seinem Buch *Zufälle gibt es nicht*. Wir brauchen, so schreibt er weiter, »Offenheit, die Fähigkeit, einmal von unseren Plänen abzusehen«, damit wir die Bedeutung dessen, »was uns zunächst wie ein Mißgeschick erschien, sehen und begreifen können«[6]. Das erfordert auch eine große Portion Geduld und Mut, wie ich hinzufügen möchte.

Damals hatte ich natürlich keine Ahnung von diesen Dingen, und ich hatte mich selbstredend auch nicht willentlich in diese Situation begeben. Wenn ich heute zurückblicke, frage ich mich immer noch: »Gab es denn keinen leichteren Weg?« Die Antwort lautet: »Nein!« Der Teil in mir, der wußte, was ich am meisten brauchte, entschloß sich, daß ich in Zukunft Selbsthilfebücher schreiben würde.

Leider hat er mir nicht verraten, was mit dem Titel, der mir eingefallen war, eigentlich gemeint sein sollte. So ließ ich mich schließlich wieder auf das Drehbuchschreiben ein, in der Hoffnung, mir doch noch einen Namen auf diesem Gebiet zu machen. (Mein Wunsch, etwas zu tun, hatte sich nach ein paar Monaten zurückgemeldet, und so hatte ich wieder mit dem Schreiben angefangen, obwohl es mir dabei nicht gutging. Diese Art Gedächtnisschwund ist Teil des Prozesses, den wir alle durchlaufen!) Der Titel meines ersten Buches ging mir jedoch nicht mehr aus dem Kopf. Er ließ mir keine Ruhe. Langsam und in immer neuen Anläufen probierte ich, wie man ein Wohlfühlbuch für Frauen schreiben könnte.

Als das Buch zuletzt erschien, bekam ich, wonach ich mich immer gesehnt hatte: Anerkennung. Ich war mit mir zufrieden, weil andere meine Arbeit lobten. Ich fühlte mich wichtig und bedeutend. Das war das Gute an der Sache. Ich begann, an mich zu glauben und Selbstvertrauen zu entwickeln. Das, was mich ins Stolpern brachte, war, daß ich mich, ohne mir dessen bewußt zu sein, von Äußerlichkeiten leiten ließ – von der Reaktion der Leute und von dem Ergebnis meiner Arbeit –, und ich begann, mich mit meiner Arbeit gleichzusetzen. Ich hielt nicht nach dem nächsten Zeichen Ausschau. (Im Kreativen nennt man das

Achte auf den nächsten Auslöser

»sich inspirieren lassen«, bei den Feministinnen »bei sich sein«, im Christentum »sich dem Willen Gottes anvertrauen«, in den fernöstlichen Religionen »dem Weg folgen, der sich vor dir auftut«.) Statt dessen konzentrierte ich mich auf das Äußere. Ich wollte nur das eine: mit meinem neu errungenen Selbstwertgefühl Schritt halten und es möglichst noch vergrößern. Ich war eine erfolgreiche Schriftstellerin geworden, und das half mir, meine Selbstzweifel zu überwinden. Aber dann ging mein Erfolg zurück – die Verkaufszahlen meiner Bücher sanken, Schreiben wurde wieder zum Problem, ich zog mir einen schweren Fall von »professioneller Eifersucht« zu, bei der es nicht um das Talent, sondern um die Tantiemen der Konkurrenz geht, und schon kehrte mein Gefühl, nicht gut genug zu sein, zurück, und das stärker denn je.

Ich fragte die Astrologin und Therapeutin Jennifer Freed um Rat, und was sie sagte, linderte den Schmerz meines tiefgekränkten Ego zumindest etwas: »Immer mehr Frauen suchen nach der Muse in ihrem Inneren. Jede stellt sich natürlich etwas anderes darunter vor. Ich kenne Frauen, die immer gerne getanzt hätten, es aber nie getan haben. Und nun sind sie 40 und denken: ›Die Chance hab ich verpaßt.‹ Aber dann machen sie einen Kurs mit, und Tanzen wird für sie zu einem neuen Lebensinhalt. Es geht nicht darum, eine berühmte Tänzerin zu werden. Das ist vorbei. Es geht nicht darum, geliebt oder anerkannt zu werden. Es geht darum, die Dinge wiederzuentdecken, die sie in der Hoffnung, durch *etwas anderes* berühmt, geliebt oder anerkannt zu werden, aufgegeben hatten. Aber das hat nicht funktioniert. Und jetzt tun sie endlich das, was sie immer schon tun wollten. Weil sie es lieben. Das ist etwas ganz anderes. Sie haben aufgehört, ihre Sehnsucht gegen etwas einzutauschen, von dem sie sich Erfolg versprachen.«

Es ist also gar nicht so leicht, das eigene Leben zu erschaffen. Niemals hätte ich gedacht, daß ich meinen Herzenswunsch mißachten würde. Ich dachte, ich wäre ihm gefolgt.

Fragen zum Leben

**Was könnte ich in den nächsten Tagen tun (eine Sache),
um diejenige zu werden, die ich sein will?**

Denk an etwas Kleines, etwas, das dir leichtfällt, und prüfe, ob du es
wirklich willst. Ich habe geschrieben: »Mich in der Schule meiner
Tochter stärker engagieren, obwohl ich schüchtern bin.« Warum will
ich das, wenn es mir nicht leichtfällt? Weil ich eine Frau sein möchte,
die an der Gemeinschaft, in der sie lebt, Anteil nimmt. Und die besteht
nun einmal aus allen möglichen Menschen, und nicht nur aus denen,
die mir sympathisch sind.

**Wo oder wann bemerke ich, daß ich meine Aufmerksamkeit
zu sehr nach außen richte?**

Als ich anfing, darauf zu achten, bemerkte ich, daß ich das sehr oft tue.
Immer diese Vergleiche mit anderen. Immer die Frage: »Was kann ich
tun, um mich zu beweisen?« Aber gerade dadurch nähren wir in uns
die Vorstellung, nicht gut genug zu sein, und wir machen uns bezie-
hungsweise unseren Wert abhängig von dem Lob der anderen. Viel
besser wäre es zu fragen: »*Was kann ich aus den Fähigkeiten machen, die ich
mitbekommen habe?*« Das gibt uns innere Stärke. Wenn wir uns diese
Frage stellen, suchen wir nach kreativen Lösungen und konzentrieren
uns auf unser Potential. Stell dir diese Frage, wenn du an dir zweifelst,
wenn du dich nach Anerkennung sehnst oder wenn du das Gefühl
hast, daß dir alles zuviel wird.

Was kann ich heute aus meinen Gaben machen?

**Wie bin ich in letzter Zeit mit mir umgegangen?
Wie mit einem geliebten oder einem verhaßten Menschen?**

Auf welchen Kanal ist dein inneres Radio eingestellt?

BL wiederholt: »Wenn dir die Fragen zu anstrengend werden, dann leg das Buch zur Seite, und spür mich neben dir. Wenn du es zuläßt, nehme ich dich bei der Hand und zeige dir, was du jetzt brauchst, um dich zu entspannen und zu lauschen.«

Mehr als bloß Intuition

Ich liebe Geschichten von Menschen, die es wagen, *ihr* Leben zu leben, besonders wenn sie dabei viel riskieren: Sie geben ihren sicheren Job oder ihr gewohntes Dasein auf, manche verzichten sogar auf Rang und Ansehen. Sie setzen viel aufs Spiel, aber sie gewinnen etwas, das man mit keinem Geld der Welt kaufen kann: ein Leben mit neuem Sinn und neuer Ausrichtung – und oft auch ein ansehnliches Bankkonto. Sie sind die Gewinner der Bewußtseins-Lotterie. Vertrauen, visualisieren und unserer inneren Stimme folgen – so viel können wir damit erreichen!

Aber Achtung: Solche Geschichten können allerdings auch irreführend sein. Sie können eine Haltung nahelegen, die ich »spirituellen Materialismus« nenne (»Höre zu, und du wirst reich beschenkt«), oder die Vorstellung, daß es genüge, *einmal* zuzuhören, um für den Rest seines Lebens ein für allemal ausgesorgt zu haben. So ist es nicht! »Garantien werden uns nicht geboten«, schreibt Oriah Mountain Dreamer in ihrem Buch *Die Einladung.* »Was wir erringen können, sind Erkenntnisse über das Leben sowie uns selbst und – wenn wir wachsam sind – jene Geistesblitze, die die Geschichte unseres Lebens für uns in petto hält.«[7]

Göttliches Gleichgewicht bedeutet, *ständig* auf die Geschichte zu hören, die unser Leben der Welt erzählt. Saral, einer überkonfessionellen Geistlichen, ging es wie vielen von uns. Sie lernte zu lauschen, als sie in einer schweren Krise steckte. Aber sie lernte auch, daß es wichtig ist, auch dann weiter zuzuhören, wenn die Krise überwunden ist. »Ich lernte, meiner inneren Stimme zu folgen, weil ich keine andere Wahl hatte«, erzählt sie. An einem stürmischen Winternachmittag saßen Saral und ich in ihrem gemütlichen, kleinen Haus am Kamin und tranken Tee, während wir versuchten, ihren kleinen Hund abzuwimmeln, der uns ständig ablecken wollte. »Mein Leben war ein Leben voller Lüge. Ich wurde mißbraucht, aber nach außen hin waren wir die ›glückliche Familie‹ – eine Familie, die alles zu verbergen wußte, was nicht nach außen dringen sollte. Ich lebte ein ziemlich unbewußtes Leben bis ich so um die Dreißig war. Ich heiratete mir 18 Jahren. Ich tat alles, was von mir erwartete wurde. Bis ich 24 war. Da begann ich, mein Leben in die eigene Hand zu nehmen. Angefangen hat es mit einem Traum: Ich war in einem Käfig eingesperrt und wußte, daß ich mich befreien mußte. Drinnen war es dunkel, aber draußen war es hell. In der Folge litt ich acht Wochen unter Schlaflosigkeit. Der Doktor wollte mich ins Krankenhaus einweisen, aber ich faßte einen anderen Entschluß: Ich ließ mich scheiden. Eines Morgens wachte ich auf und wußte: ›Ich kann mit dir nicht länger leben.‹ Es machte scheinbar wenig Sinn, denn wir waren gute Freunde. Es war keine besonders tolle Ehe, aber doch weit von dem entfernt, was nach Scheidung aussieht. Er war der Lieblingsstudent meines Vaters, und er verehrte ihn. Ich hätte mich nie mit meiner Kindheit auseinandergesetzt, wenn ich bei ihm geblieben wäre. So fing es an, dieses Gefühl: ›In mir ist ein Wissen, und es besteht darauf, angehört zu werden.‹ Und ich fing an, bewußter zu leben. Einige Jahre später verfiel ich in schlimme Depressionen, aber meine innere Stimme war so laut, daß ich sie weiterhin hören konnte. Und ich folgte ihr. Ich setzte mich ins Auto, ohne zu wissen, wohin ich fahren sollte oder wie lang ich unterwegs sein würde. Ich wußte nur eines: Mir ging es so schlecht, daß ich mir nicht leisten konnte, der Stimme *nicht* zu folgen. Ich besaß genau 1000 Dollar. Ich dachte, ich würde weiter nach Norden fahren, aber dann kam ich in eine Stadt mit Namen Ashland, und ich wußte, daß ich hier richtig war. Gleich am ersten Tag fand ich eine Wohnung, einen Therapeuten und ein nettes Café. In der Zeit, die ich dort verbrachte, fühlte ich mich so frei wie nie zuvor. Ich konnte weinen, wenn mir danach zumute war, und das war das größte Geschenk. Bevor ich wieder zurückfuhr, verbrachte ich eine Woche im Wald. Nie zuvor fühlte ich mich so sicher und so nah bei Gott. Nach drei langen Monaten, in denen ich viel alten Schmerz durchlitt, fuhr ich zurück und machte Halt in San Francisco, um meinen Vater mit dem zu konfrontieren, was er mir angetan hatte. Die Nacht, bevor ich zu meinem Vater fahren wollte, verbrachte ich mit meiner Schwester, und in dieser Nacht brach jemand mein Auto auf. Alles wurde gestohlen, was ich nach Ashland mitgenommen hatte: meine Kleider, meine Bücher, meine Tagebücher, alles, was mir etwas bedeutet hatte. Am nächsten Tag fuhr ich zu dem Therapeuten, bei dem ich mich mit meinem Vater treffen sollte, und hatte nichts bei mir außer den Kleidern, die ich am Leib trug. Es war so komisch und so richtig! Als ich nach Hause fuhr, war ich ein neuer Mensch. Es begann für mich ein Leben, das viel weniger unter der Last der Vergangenheit stand. Für mich steht fest: Ich *will* diese Stimme in meinem Inneren, und ich *will* das Gefühl, das sie in mir auslöst. Trotzdem fürchte ich mich auch vor ihr! Denk an die beiden Dinge, die sie von mir gefordert hat! Es ist nicht immer leicht, ihr zu vertrauen. Aber nie war ich so glücklich wie damals. Seither versuche ich immer wieder, an diesen Punkt zurückzukehren. Ich frage mich: ›Was muß ich tun? Was ist der nächste Schritt?‹ Eine gesunde Portion Neugier und Hoffnung gehören natürlich auch dazu.«

Heißt das, wir sollen lernen, auf die Stimme unserer Intuition zu hören? Ja und nein. In den vielen Jahren, in denen ich mich mit diesem Thema beschäftigt habe, habe ich eines herausgefunden: Das, was wir Intuition nennen, ist nur *ein* Aspekt des Zuhörens, und zwar eines, das sich oft auf Künftiges bezieht. Das kann ganz praktisch sein, aber das, worum es hier geht, ist viel mehr. Wenn es nicht die Stimme unserer Intuition ist, der wir zuhören sollen, ist es dann vielleicht die Stimme des Unbewußten? Jungs Definition zufolge umfaßt das Unbewußte –

ich zitiere aus dem Gedächtnis – alles, was ich weiß, aber an das ich im Moment nicht denke; alles, was mir einmal bewußt war, was ich inzwischen aber vergessen habe; alles, was meine Sinne unbewußt wahrnehmen; alles, was ich fühle, denke, tue, will oder erinnere, ohne es bewußt wahrzunehmen; alles Zukünftige, was sich in mir formt und mir irgendwann zu Bewußtsein kommen wird – all das ist der Inhalt des Unbewußten.

»Damit ist so ziemlich alles abgedeckt, wie? Dieser Mann hatte einen wirklich systematischen Kopf.« Ich schaue von meinem Computer auf und sehe BL, die in der Tür lehnt.

»Kannst du mir helfen?« Bevor ich diese Worte ausgesprochen habe, fühle ich mich ungemein erleichtert. BL lächelt.

»Magische Worte, nicht wahr? ›Kannst du mir helfen?‹ Mit Vergnügen! Also, ich sehe es so: Du hörst Gott.«

»Wir hören jetzt also auf, uns selbst zuzuhören, und machen einen Abstecher in Gottes Territorium?« Das Wort »Gott« bereitet mir Unbehagen, aber ich versuche, es nicht zu zeigen.

BL bricht in schallendes Gelächter aus. »Du bist die schlimmste Dualistin, die ich je gesehen habe! Wie kommst du darauf, daß dein wahres Selbst und Gott zwei verschiedene Dinge sind? Oder daß ein Selbst ›wahrer‹ als das andere ist? Du wirst bald an einen Punkt gelangen, wo *Namen* nicht mehr wichtig sind. Nenn es, wie du möchtest: höchste Intelligenz, Ursprung allen Seins, Big Daddy, à la Allan Ginsberg – was auch immer. Wem du zuzuhören glaubst, hängt mit deiner Lebensgeschichte zusammen, mit deinen kleinen, schlauen Genen, die heutzutage so in sind, und mit einer Menge anderer Faktoren. Wichtig ist nicht, wie du es nennst, sondern daß du dich damit beschäftigst. Hör auf, dich zu verstecken. Öffne dich, und höre auf alle Stimmen in deinem Inneren, egal, woher sie kommen. Setz dich mit allen auseinander, laß dich auf den Prozeß ein, *jeden Tag*, und lerne, deine eigene Wahrheit von dem zu unterscheiden, was von außen auf dich einstürmt: die falschen Versprechungen, mit denen die Welt dich lockt; die Schuldgefühle, die dein Mathe-Lehrer dir in der fünften Klasse eingeredet hat; ja sogar die Forderungen, die deine liebe Familie an dich stellt. Die Stimmen, denen du zuhörst, laufen ineinander, wie Wasserfarben. Du mußt lernen, sie zu unterscheiden.«

Ich nicke nachdenklich. »Unterscheiden! Das erinnert mich an die Theologin Mary Davies, die die Frage aufwirft, ob es wirklich in die Tiefe geht, wenn wir auf uns selbst hören. Sie vergleicht es mit einem Teich, auf dessen blanker Oberfläche uns unser eigenes Spiegelbild entgegenschaut: ›Anstatt das zu sehen, was darunter liegt, sehen wir nur unser Gesicht, das sich im Wasser spiegelt. Das ist nicht genug.‹ «

BL geht zu einem meiner vollgestopften Bücherregale und zieht ein Buch heraus. Sie schlägt es auf und liest: » ›Sag nicht: *Ich bin mir selbst treu,* bis du weißt, welcher Stimme du die Treue hältst. Die beiden sind sich also einig. Dein Leben von innen her erschaffen – oder gestalten, oder leben – heißt, dir immer wieder klarzumachen, woher die Führung kommt, der du dich gerade anvertraust.«

»Und wie kann ich das lernen? In den letzten Tagen habe ich versucht, eine berufliche Entscheidung zu treffen, nämlich, welchen Partner ich mir für ein bestimmtes Projekt aussuchen soll. Ich habe versucht, in mich hineinzuhören, aber die eine Stimme sagte, ich sollte mich für den entscheiden, der bekannter ist und auf Messen den größeren Stand hat, und die andere Stimme, das brave Mädchen in mir, wollte nicht, daß überhaupt einer dem anderen vorgezogen wird. Und dann ist da noch diese laute, dominante Stimme, die sagt: ›Entscheide dich für den, der uns am meisten bringt. Sieh zu, daß du Geld verdienst, dann kannst du uns eine Menge kaufen!‹ Ich habe nur diese drei Stimmen gehört, aber nicht die authentische.«

»Ist das ein Problem?« BL geht auf den kleinen Rattan-Sessel neben meinem Schreibtisch zu, mustert ihn mit einem Blick, und schon steht an seiner Stelle ein riesiges, weiches, violettes Sofa. Sie macht es sich bequem und fährt dann fort: »Höre den Stimmen zu, statt sie zu kritisieren, dann spürst du, wie sie sich entspannen. Das ist wie mit deiner Tochter. Wenn du dich ihr bewußt zuwendest und dir anhörst, was sie dir sagen will, dann entspannt sie sich. Deinen inneren Persönlichkeitsanteilen geht es genauso. Weißt du, wer deine Aufmerksamkeit am meisten braucht? Die Stimmen, die dir am wenigsten sympathisch sind. Du solltest sehen, wie es ihnen geht, wenn du ihnen zuhörst. Sie seufzen vor Erleichterung und lehnen sich zurück. Höre *allen* Stimmen zu, das ist der beste Weg, aus der Verwirrung herauszukommen und zu erahnen, wohin dein Weg dich führen möchte.«

»Heißt das, es ist egal, welcher Stimme ich zuhöre, solange ich keine Urteile fälle?«

BL deutet mit der Hand auf die Chaiselongue, und ich setze mich neben sie. »Was ich sagen will: Überlaß dich deinem inneren Prozeß, und versuche nicht, ihn zu bewerten. Jung sagt sinngemäß: ›Was nicht zu Bewußtsein gebracht wird, widerfährt uns als Schicksal.‹ Wenn du einer Stimme mehr Beachtung schenkst oder ein Bedürfnis wichtiger findest als ein anderes, heißt das entweder: ›Ich trau mir nicht‹, oder: ›Ich höre gar nicht zu, weil ich mich bereits entschieden habe.‹ Beides trübt das Bild. Hier geht es um etwas anderes: um Hingabe. Und denk daran: *Zuhören* heißt nicht, daß du es auch befolgen mußt.«

BL sieht mich fragend an, aber mein Blick bleibt an ihrer Krone hängen. »Mit dem Thema hab ich Schwierigkeiten. Es wirkt auf mich so . . .«, ich suche nach einem passenden Wort, ». . . so passiv.«

BL berührt mich sanft am Arm. »Ich weiß, wie schwer das für dich ist. Das ist mit ein Grund, warum ich hier bin. Ich will dir helfen, etwas abzulegen, nämlich dein Bedürfnis, alles zu verstehen. Das macht es dir schwer zuzuhören. Hingabe ist alles andere als passiv. Du weißt doch wohl, wie anstrengend es auf die Dauer ist, flach im Wasser zu liegen und ›dich tragen zu lassen‹, oder?«

Ich nicke.

»Sich hinzugeben ist sehr ähnlich. Du bringst ständig kleine Korrekturen an, damit deine Beine oben bleiben und dein Kopf im Wasser. Und manchmal bringt dich eine kleine Welle aus dem Gleichgewicht. Aber trotz allem *wirst* du getragen. Vom Wasser. Es hat gleichzeitig etwas Müheloses.«

Ich lege meinen Kopf zurück und stelle mir vor, auf einem Gebirgssee dahinzutreiben. Ein wohliges Gefühl breitet sich in meinem Körper aus, doch wenig später fühle ich mich hilflos und verletzlich.

BL berührt mein Bein. »Das ist genug für heute. Wann hast du dich zum letzten Mal mit Lilly in die Hängematte gelegt und Kinderbücher angeschaut?«

Ich schließe meine Augen und versuche, mich zu erinnern. Als ich die Augen öffne, ist BL verschwunden. Dort, wo sie saß, liegt ein Stapel wunderschöner Kinderbücher, die mich sofort in ihren Bann ziehen.

Fragen zum Leben

Tue ich etwas für andere, das ich besser für mich selbst tun sollte?

Welche Dinge versagst du dir selbst, die du anderen aber mehr oder weniger gern gibst?

Was tue ich für mich, das ich für einen geliebten Menschen tun könnte?

Sei vorsichtig mit dieser zweiten Frage. Sie soll keine Schuldgefühle auslösen, sondern sie soll Frauen »aufrütteln«, denen es, wie mir, leichter fällt, etwas für sich zu tun als für andere. Mir hat sie geholfen zu erkennen, daß zwischen mir und meinem Partner in diesem Punkt ein krasses Mißverhältnis bestand. Weil es mir leichter fällt, für meine Bedürfnisse zu sorgen, habe ich mehr Zeit für mich beansprucht. Und da Chris sich schuldig fühlte, weil er beruflich so viel unterwegs ist, tat er wenig für sich, wenn er zu Hause war, auch wenn zwischen seinen Reisen Monate lagen. Um mit dieser Situation richtig umzugehen, mußte ich lernen, den schmalen Grat zu gehen zwischen gutgemeinten Ratschlägen (»Ach, du kannst es ja doch nicht – ich sag dir, was du tun mußt!«) und Egoismus. Was uns dabei geholfen hat, waren Vorschläge wie: »Ich würde am Samstagmorgen gern zum Yoga gehen. Wenn du Lust hast, dieses Wochenende etwas für dich zu tun, nehme ich dir Lilly Sonntag gern ab.« Es liegt an ihm, dieses Angebot anzunehmen oder nicht. An mir liegt es, darauf zu achten, daß ich nicht zuviel für mich in Anspruch nehme oder ihm unterschwellig zu verstehen gebe, er solle mehr arbeiten und weniger für sich tun. Sei also vorsichtig mit dieser Frage. Mach dir keine Vorwürfe, mach dir keinen Streß.

Eine Möglichkeit, um Führung zu bitten, besteht darin zu sagen: »Ich bin bereit zuzuhören«. – Bin ich jetzt, in diesem Augenblick bereit, das zu sagen? Was wäre das für ein Gefühl, mir plötzlich nicht mehr selbst im Weg zu stehen?

BL versetzt dir einen sanften Rippenstoß: »Der einzige Weg, dir nicht mehr im Weg zu stehen, ist, nicht mehr zu versuchen, dir nicht mehr im Weg zu stehen.«

Wie kann ich so tun, als glaubte ich, daß ich es wert bin, mein Leben zu gestalten oder zu »erschaffen«?

»Tu so, als ob, bis du es wirklich tust.« Dieser weise Satz kann dir helfen, die Anfangsschwierigkeiten zu überwinden. Noch ein paar kleine Anregungen:

Vorbilder: Meine sind BL, meine Freundin Marcie und die buddhistische Nonne Pema Chodron.

Liebevolle Selbstgespräche: Wie sprichst du mit den Menschen und den Tieren, die du liebst? Wie sprichst du mit einem kleinen Kind? Sprichst du mit dir genauso liebevoll?

Jahreszeiten: Sara setzte sich morgens ein paarmal hinaus ins Freie und fragte sich: »Wie kann ich die Jahreszeiten in mein Leben einbeziehen?« Sie erzählte mir: »Was mir einfiel, war nichts Besonderes, aber es war deswegen nicht minder wirkungsvoll: ›Mach einen Eintopf aus Herbstgemüse, geh mal auf den Friedhof . . . Es bewirkte, daß ich die Veränderungen, die rund um mich geschahen, bewußter wahrnahm. Ich fühlte mich verbundener und wacher.« Was du noch tun kannst: Steine sammeln und dir einen Zimmerbrunnen machen, im Regen spazierengehen, im Freien übernachten, Enten füttern, die Namen der verschiedenen Wolkenarten lernen.

Was ist eine Wohlfühlfee?

Wenn ich mich hinsetze und mich frage: ›Was brauche ich in diesem Augenblick?‹, lautet die Antwort fast immer: Kaffee, Schokolade oder ein heißes Bad. Aber in neunzig Prozent der Fälle ist es nicht das, was ich wirklich brauche.« Saral lacht und wirft ihren blonden Zopf zurück. »Ich brauche, was mir wirklich guttut, aber das ist nicht immer das, was im Moment am angenehmsten ist. Wir müssen lernen, das zu unterscheiden. Ich glaube, drei Dinge sind wichtig: Mut, Geduld und Disziplin, und die Frage: ›Trägt das, was ich jetzt tue, dazu bei, daß es mir in einem Jahr gutgehen wird?‹ Diese Frage hilft mir, mein inneres Wissen zu verifizieren.«

»Oft tun wir lieber das, was sich im Moment gut anfühlt, als das, was für unsere Entwicklung das Beste wäre«, sagt Jennifer Freed. »Das ist oft nicht dasselbe. Aber wenn wir mit unserem inneren Wissen, oder wie immer wir es nennen wollen, in Verbindung sind, dann wird bald beides der Fall sein: Es tut uns gut zuzuhören, *und* wir hören, was uns wirklich guttut. Im Anfang ist es jedoch wichtig, daß wir uns immer wieder fragen, was das Beste für uns ist.«

Der Unterschied zwischen Es-fühlt-sich-gut-An und Es-ist-das-was-mir-wirklich-Guttut ist wichtig. Wer ihn kennt, weiß, daß es nötig ist, die einfachen Antworten zu hinterfragen und zu lernen, die Spannung auszuhalten, die dann entsteht, wenn wir zwei einander widersprechende Dinge wollen – zum Beispiel uns vom Fernseher berieseln lassen *und* mit dem Partner in Verbindung treten, oder gut verdienen und trotzdem umweltbewußt und spirituell leben.

»Saral und Jennifer wissen, was ihnen guttut, und sie lassen sich nicht von den Ängsten irritieren, die auftreten können, wenn wir uns für unser Wohlbefinden entscheiden. Wenn wir das tun, was uns guttut, kann uns das daran hindern, unser Leben zu erschaffen, es kann uns aber auch zu einer Quelle werden, an der wir uns erfrischen und stärken und die uns unterstützt, wenn es schwierig wird – und schwierig wird es hier und da, weil unser Leben erschaffen oder gestalten bedeutet, uns voll aufs Leben einzulassen«, höre ich BL von irgendwo.

Ich sitze in einem Café in meiner Nähe, lese die Interviews, die ich aufgezeichnet habe, und mache ein paar Notizen in mein Tagebuch. Ich sehe mich um und bin schon darauf gefaßt, BL hoch erhobenen bekrönten Hauptes quer durch den Raum auf mich zumarschieren zu sehen. Statt dessen sehe ich eine Bekannte, und winke ihr halbherzig zu. Es ist mir nicht sehr angenehm, was hier geschieht. Vielleicht sollte ich jetzt, wo ich meine Muse gefunden habe, öffentliche Plätze künftig besser meiden. Dann sehe ich BLs Gesicht auf der Teekanne, die auf meinem Tisch steht. »Wie stellst du dir das vor?« zische ich sie an. »Wir sind hier nicht im Kino!«

Aber wie nicht anders zu erwarten, nimmt BL keine Notiz von meinen Bedenken und redet einfach weiter. Ich bin froh, daß niemand es bemerkt hat, denn ich glaube, die Leute würden mich für verrückt halten. »Ich habe keine Geduld mit Leuten«, fährt BL fort, »die ›Es-sich-gutgehen-Lassen‹ oder ›Gut-zu-sich-Sein‹ zu eng definieren. Nimm zum Beispiel meinen Namen, ›Botin der Lebenskunst‹ oder ›Wohlfühlfee‹. Manche Leute glauben, so könne nur eine Frau heißen, die nicht vor 10 Uhr aufsteht und sich von Lachs und Kaviar ernährt, oder eine Frau, die sich jeden Morgen zwei Stunden Zeit für Yoga, Fitneßtraining, Meditation und Körperpflege, Affirmationen, Tagebuchschreiben und andere wohltuende Dinge nimmt und die das Haus nur dann verläßt, eingehüllt in umweltfreundlich hergestellte Baumwollkleidung, wenn draußen die Sonne scheint und sie ein gesundheitsbewußtes Frühstück zu sich genommen hat: kohlenhydratarm, eiweißhaltig und ohne Weizen- und Milchprodukte.«

Ich muß lachen, und ein paar Leute sehen zu uns herüber. Ich lehne mich über die Kanne, als ob ich ihren Inhalt prüfen wollte, und flüstere: »Weil du gerade davon sprichst: Du entsprichst nicht gerade meiner Vorstellung von einer Botin der Lebenskunst oder einer Wohlfühlfee. Du bist so . . .«, ich suche nach einem passenden Begriff, ». . . so viel widerstandsfähiger.«

»Widerstandsfähig? Man hat mich schon einiges genannt . . .« Sie rollt die Augen, zumindest versucht sie es. Porzellan ist ihrem Mienenspiel nicht ganz gewachsen. »›Widerstandsfähig‹, das klingt nicht gerade überwältigend, aber eigentlich ist es ganz treffend. Weißt du, was Lebenskunst für mich bedeutet? Es heißt, sich stärken. Es heißt, sich entspannen, sich guttun und auftanken, und sich selbst eine gute Freundin sein. Eine Botin ist jemand, die von allerhöchster Stelle, von Gott, Göttin oder wem auch immer, den Auftrag bekommen hat, euch eine Botschaft zu überbringen und euch zu begleiten. Und sie ist nur ihm oder ihr Rechenschaft schuldig. Ich sehe es so: Ich habe das Recht, selbst zu bestimmen, was ich aus meinem Leben machen möchte, und was ich tue, habe ich nur vor einigen wenigen zu verantworten: Frau Heiligergeist zum Beispiel, und einigen anderen, die *ich* mir aussuche. Füge beides zusammen, und du weißt, wer ich bin. Schreib mit Großbuchstaben in dein Tagebuch:

Lebenskunst heißt mehr als sich verwöhnen. Es heißt, stark zu werden.

Lebenskunst heißt, zu deiner Stärke finden«, fährt BL fort, »oder widerstandsfähiger zu werden, wie du es nennst. Dann bist du in der Lage, es mit der Angst und den Unannehmlichkeiten aufzunehmen, denen du unweigerlich begegnest, sobald du dich entschlossen hast, dein Leben selbst in die Hand zu nehmen und es bewußt und selbstverantworlich zu gestalten.«

Langsam wird mir klar, daß es hier um mehr geht als um gesundes Frühstück und ein paar Körperübungen. »Und wie geht das?« frage ich vorsichtig.

BL sieht mich prüfend an, als ob sie überlegte, ob ich der Aufgabe gewachsen sei. »Stell dir in dem Moment, in dem du Angst hast und am liebsten flüchten würdest, die Frage: ›Was würde mir jetzt guttun *und* mir helfen, der Angst, mich voll und ganz aufs Leben einzulassen, standzuhalten?‹ Da sind wir wieder bei dem Thema ›Unterscheiden‹.«

»Unterscheiden, was mir wirklich guttut?«

»Ja, unter anderem. Wie oft hast du schon um Führung gebeten und warst enttäuscht von dem, was du gehört hast?«

»Ich glaube ziemlich oft«, gebe ich widerstrebend zu und spiele mit den Zuckertütchen, die ich zu meinem Tee bekommen habe.

Die Kanne beginnt über den Tisch zu wandern. Ich versuche, sie festzuhalten und zische: »Was sollen denn die Leute denken?«

Sie lächelt: »Ich möchte, daß du mir wirklich zuhörst, denn ich will dir etwas sagen. Ich habe das Gefühl, du willst weder zuhören noch unterscheiden. Du bittest um Führung, aber wenn dir nicht gefällt, was dir gesagt wird, wenn es nicht das ist, was du hören willst, oder wenn es dir nicht angenehm ist, dann beachtest du es einfach nicht. Oder du fällst ins andere Extrem und glaubst, was du gehört hast, sei unfehlbar. Einmal hörst du zu, einmal hörst du nicht zu, einmal läßt du dich von deinen Ängsten und deinen Widerständen ins Bockshorn jagen, und ein anderes Mal tust du so, als ob du dem, was dir gesagt wird, bedingungslos vertrauen würdest. Was für ein Hin und Her!«

Es fällt mir nicht leicht, es zuzugeben, aber ich fürchte, sie hat recht. »Und eines hast du noch vergessen«, füge ich hinzu, »ich vergesse einfach immer wieder, lange genug auf die Bremse zu treten, um wirklich zuhören zu können. Was habe ich aus meinen Fünfzehn-Sekunden-Gebeten und meinen unzähligen Versuchen zuzuhören gemacht? Endlos lange Listen, was ich nicht alles tun sollte.«

Der Deckel der Kanne beginnt zu wackeln, und BL winkt mir zu. »Wenn du dich auf das Leben einlassen willst, mußt du mit deinem Inneren in Berührung stehen. Und das tust du nur, wenn du gelernt hast, in dich hineinzuhören. Und das wiederum kannst du nur, wenn du dich wohl genug in deiner Haut fühlst, um die Stimmen, die du hörst, zu unterscheiden.« BL wackelt noch einmal mit dem Deckel. »Keine Angst, irgendwann kapierst du es!« Zum Abschied winkt sie mir majestätisch mit dem Henkel zu. Die Kanne ist wieder eine Kanne. »He, ich hätte noch ein paar Fragen!« rufe ich ihr nach.

Der Deckel hebt sich einen Spalt, und aus dem Inneren erklingt nicht eben leise BLs Stimme: »Frag weiter – darauf kommt es an!« Einige Leute in meiner Nähe sind auf uns aufmerksam geworden, und ich beschließe, daß es Zeit ist zu gehen.

»Ich glaube, wir können nicht immer mit unserem inneren Wissen in Einklang sein«, hatte Saral vor ein paar Tagen zu mir gesagt, als wir über dieses Thema sprachen. »Tief in meinem Inneren spüre ich, daß ich draußen leben sollte, irgendwo in der Natur, als Teil der Erde. Ich höre eine Stimme, die mir immer wieder sagt: ›Das hier ist auf Dauer nicht der richtige Ort für mich.‹ Aber es ist der Ort, an dem mein Mann zu Hause ist. Für ihn ist es in Ordnung, hier zu leben. Von Zeit zu Zeit sagt diese Stimme, ich sollte etwas unternehmen, und dann muß ich entscheiden, ob ich ihr folge oder nicht, obwohl ich weiß, daß sie authentisch ist. Nur weil die Stimme sagt: ›Das hier ist nicht der richtige Ort für dich‹, brauche ich nicht morgen umzuziehen. Das ist nur *eine* von mehreren Möglichkeiten. Es ist nicht immer leicht, dieser Stimme etwas entgegenzuhalten. Wenn ich ihr mit Vernunft begegnet wäre, wäre ich nicht nach Ashland gegangen. Aber das war ein wichtiger Schritt, denn mein Leben hat sich dadurch sehr verändert. Natürlich brauchen wir auch eine Stimme, die sagt: ›Ich entscheide!‹ Ich spreche mit der Stimme, die sagt, daß ich nicht in Santa Barbara wohnen sollte, aber ich halte ihr entgegen, daß ich nun mal mit einem Mann verheiratet bin, der hier wohnen will, und daß es eine Weile dauern wird, bis wir eine Lösung finden.«

Wenn wir den Stimmen, die wir in uns hören, blindlings gehorchen, geraten wir womöglich in den Sog altbekannter, aber ungesunder Verhaltensmuster. Wir müssen uns fragen: »Was bringt es mir auf lange Sicht, wenn ich diesem Gedanken, diesem Bild oder dieser Stimme folge?« Wohin führt es mich? Zu mehr Frieden, Freude oder Liebe? Zu mehr Geduld mit mir selbst und meinem Weg? Zu mehr guter Laune und mehr Verständnis für mich und andere? Oder verleitet es mich dazu, andere zu kontrollieren, die Augen vor der Wahrheit zu verschließen oder mich für mein schlechtes Benehmen zu rechtfertigen? Weckt es in mir die Gier? Hinterläßt es mir ein mulmiges Gefühl im Magen? Wenn das so ist, dann folgen wir der falschen Stimme, einer Stimme, die nur der Selbstbestätigung dient und die uns weismacht, wir seien auf dem richtigen Weg, nur weil wir das bekommen, was wir haben wollen. Das ist nicht die Stimme, von der hier die Rede ist. Das ist nicht die Stimme, die uns Hingabe lehrt.

Es ist nicht leicht, uns hinzugeben und das zu hören, was wir hören sollen. Es kann sein, daß wir Hilfe brauchen, uns dem Wissen zu überlassen, das größer ist als unser Bedürfnis, recht zu haben oder so zu tun, als ob wir es allein schaffen würden. Nora Gallagher, eine

Schriftstellerin, die demnächst in der episkopalen Kirche zur Priesterin geweiht wird, erzählte mir von einer Übung, an der sie als Vorbereitung auf die Priesterweihe teilnahm. Sie saß mit Priestern, dem Bischof und anderen kirchlichen Würdenträgern zusammen, und ein Stab, der sogenannte Zuhörstab, machte die Runde. »Jemand gibt dir den Stab und sagt: ›Geh in dich, und finde die Frage, die du stellen mußt.‹ Du stellst die Frage dem, der rechts von dir sitzt, und er gibt eine Antwort. Kurz zuvor war mein Bruder gestorben, und so fiel mir die Frage ein: ›Was war der schwerste Todesfall für dich?‹ Rechts neben mir saß ein Priester. Er ging in sich, um zu hören, was seine Antwort war. Es war der Tod eines jungen Mannes gewesen, der nach einer Herztransplantation gestorben war, als er, mein Nachbar, seine erste Stelle als Kaplan angetreten hatte. Alle hörten zu, bis er am Ende seiner Geschichte angekommen war. Wenn wir uns darauf konzentrieren, so lange zuzuhören, bis der andere am Ende angekommen ist, dann *kommt* er an. Er kann seinen Gedanken zu Ende führen. Das hat mich sehr beeindruckt. Und ich glaube, es ist sehr heilsam, sich die Zeit zu nehmen, eine Frage richtig zu beantworten. Es ist nichts Großartiges, aber es ist sehr wichtig. In der Regel geben wir weder uns noch den anderen die Gelegenheit dazu. Wir kommen nicht zum Schluß. Wir gelangen nicht an den Punkt, an dem alles gesagt, an dem alles abgeschlossen ist.«

Nora erzählte auch von einer Fragerunde, an der sie im Zusammenhang mit ihrer Priesterweihe teilnahm: »Wir saßen schweigend da, so lange, bis jemandem eine Frage einfiel, die er mir oder der Gruppe stellte. Es wurde nicht besprochen, warum die Frage aufgetaucht war. Nach einer Weile konnte man deutlich spüren, wann eine Frage hochkam. Es war eine wunderbare Erfahrung, so mit den anderen dazusitzen, in sich hineinzuhören und zu warten, bis eine Frage kam.« Stell dir vor, du würdest mit einer solchen Gruppe »zuhören üben« – egal, ob die Gruppe ein gemeinsames Thema hätte oder jede Teilnehmerin ihr eigenes, und die Gruppe nur als Verstärkung diente.

Es ist wichtig, daß wir auch das Wissen, das unserem Körper innewohnt, mit einbeziehen. Es kann uns weiterhelfen, wenn unser Verstand nicht weiterweiß. Wir spüren, welchen Gedanken und Bildern wir vertrauen können. Sie lassen eine Saite in uns erklingen, und wir nehmen das so deutlich wahr wie den Klang eines kleinen Glöckchens, dessen klarer, heller Ton mit unserem Körper in Resonanz steht. Achte darauf, was in deinem Körper vorgeht, während du sitzt und lauschst. Entspannt sich etwas in dir? Vielleicht im Bereich deines Solarplexus, deiner Stirn oder im ganzen Körper? Dann bist du auf der richtigen Spur. Spürst du, daß sich etwas in dir zusammenzieht, deine Schultern, deine Hände oder etwas in deiner Brust? Dann solltest du die Richtung ändern. Mit etwas Übung wird dein Körper zu einem feinen Instrument, das dir sagt, welchen Stimmen du Beachtung schenken und welche du sanft zur Seite schieben solltest.

Devon, eine Künstlerin im Graphikbereich, verwendet folgende Frage, um ihre Wahrnehmung zu prüfen: » ›Ändere oder umgehe ich eine Entscheidung, damit andere mit mir einverstanden sind oder um jemandem einen Gefallen zu tun?‹ Das ist für mich die Frage, auf die es ankommt«, sagt sie. »Sie zeigt mir, ob ich vom Kurs abgekommen bin und zurück zum Start muß. Natürlich tue ich manchmal etwas, weil ich weiß, daß ich anderen damit eine Freude mache. Aber wenn ich weiß, warum ich es tue, gibt auch das mir Kraft.«

Wenn du die gleiche Frage an verschiedenen Tagen stellst, kannst du verschiedene Antworten erhalten. So ist das nun einmal. Was letztlich getan werden soll, entscheidest du. Aber zur Sicherheit solltest du dich fragen: »Mache ich mir etwas vor? Ist es das, was ich wirklich will?« Saral sagt: »Wenn ich mir nicht sicher bin, ob das, was ich höre, das ist, was ich tun sollte, dann sorge ich dafür, daß ich mehr Information bekomme. Dann ziehe ich mich zurück, höre nach innen und frage mich: ›Was ist meine Wahrheit? Was ist mein Wissen? Und was ist von außen übernommen?‹ Oft dauert es einige Zeit, bis die Antwort kommt, die wir am liebsten in fünf Minuten hätten.«

Was ist, wenn du nur Dinge hörst, die keinen Sinn ergeben? Vielleicht liegt es an deiner Ernährung (zuviel Zucker, zuviel Kohlenhydrate, zuviel Koffein). Vielleicht ist diese anfängliche Verwirrung aber auch »eine Möglichkeit für dein wahres Selbst, in Erscheinung zu treten«, wie Robert Johnson es formuliert. Und weiter sagt er: »Statt zu versuchen, die Verwirrung zu verscheuchen und sofort wieder einen klaren Kopf zu bekommen, versuch einmal, sie anzunehmen und als ein Potential zu sehen, das voller Möglichkeiten steckt. Laß dich auf sie ein, sieh sie dir genauer an, und laß dich überraschen! Hab Geduld mit dir, und laß zu, daß du im Moment keine Antwort weißt.«[8] Das führt uns wieder zu BL und ihrer Botschaft, daß ein liebevoller und achtsamer Umgang mit uns selbst uns hilft, die Spannung und die Ängste auszuhalten, die uns immer dann überfallen, wenn wir nicht wissen, was wir tun sollen, oder wenn wir uns nicht sicher sind, ob wir unser Leben voll leben. Dann erkennen wir: Unsere Ängste bringen uns nicht um, im Gegenteil. Wir blühen auf, wenn wir uns ihnen stellen.

Manchmal ist es auch nicht Angst, was dir begegnet, sondern einfach Schweigen. Auch das verlangt Geduld. Vielleicht solltest du dich fragen: »Was muß ich lernen, bevor ich fragen kann?« Vielleicht brauchst du mehr Informationen. Vielleicht mußt du einfach abwarten und dir die Frage ein paar Tage später noch einmal stellen. Vielleicht mußt du die Frage anders formulieren. Vielleicht geht es darum, etwas zu akzeptieren, was dir paradox erscheint.

Ich habe nie behauptet, daß es einfach ist.

»Und ich habe nie behauptet, daß es nicht auch Spaß macht.« BL erscheint mit einem Stapel flauschiger Badetücher und zwei Liegestühlen. »Hör auf, so viel über Verifizieren und Unterscheiden und all die anderen hochtrabenden Dinge nachzudenken! Was du brauchst ist Übung. Komm, wir gehen an den Strand und üben dort!«

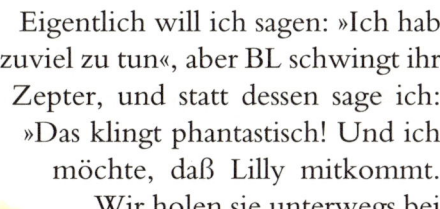

Eigentlich will ich sagen: »Ich hab zuviel zu tun«, aber BL schwingt ihr Zepter, und statt dessen sage ich: »Das klingt phantastisch! Und ich möchte, daß Lilly mitkommt. Wir holen sie unterwegs bei ihrer Freundin ab.« Die Antwort meines Körpers ist Entspannung pur, ein großes Ah! In BLs Gegenwart fühle ich mich sogar im Badeanzug wohl.

Fragen zum Leben

Nach welchen Prinzipien richte ich mein Leben aus?

Frauen, denen ich diese Frage stellte, gaben folgendes zur Antwort: nach meinen Pflichten, den Essenszeiten, meinen Kindern, der Arbeit, dem Geldverdienen. All das sind reale Gründe, aber es muß doch mehr geben. Was ist mit Dankbarkeit, Lebensfreude, Kreativität, dem Mysterium lauschen, Yoga, Gebet, Meditation – was immer dich anspricht?

Was rede ich mir ein? Was ignoriere ich?

Mimi redete sich ein, ihre Eltern würden ihre Finanzen eines Tages in den Griff bekommen. Babs ignorierte die Signale ihres Körpers, die sie baten, sich ab und zu auszuruhen. Natalie maß dem Schweigen zwischen ihr und ihrem Partner keine Bedeutung zu. Devon verdrängte die Trauer um ihren verstorbenen Vater, indem sie ein Geschäft eröffnete. Und was ist es bei dir? Siehst du, worauf der ausgestreckte Zeigefinger deutet?

Womit könnte ich drei Menschen, die mir wichtig sind, eine Freude machen?

Partner, beste Freundin, Großmutter . . . Was würdest du gerne tun? Etwas Kleines, etwas Lustiges, etwas Abenteuerliches, etwas, das von Herzen kommt. Denk daran: Nimm dir nicht zuviel vor, und auf keinen Fall mehr als vier Personen.

Tu dir gut: Belohnung

Inzwischen hast du dich mit einigen Fragen, denen du bisher in diesem Buch begegnet bist, wahrscheinlich schon beschäftigt. Das kann vieles heißen, zum Beispiel: Du hast sie überflogen, oder du hast zu jeder Frage ein paar Seiten aufgeschrieben. Denk daran: Es gibt viele Wege! Es spielt auch keine Rolle, wie lange du gebraucht hast, einen Monat oder ein halbes Jahr. Worauf es ankommt, ist, daß du dir die *Ehre* erweist, in dich hineinzuhören. Daß du dich entschieden hast, dein Leben bewußter zu gestalten.

Belohne dich dafür, am besten gleich *jetzt*. Gönne dir etwas Besonderes oder etwas Einfaches, Zeit für dich allein oder Zeit mit einem lieben Menschen. Oder nimm dich auf die eine oder andere Weise einfach in den Arm . . .

Möchtest du weitermachen? Möchtest du dir auch weiterhin Zuwendung und Aufmerksamkeit entgegenbringen und dir deiner selbst bewußter werden? Bist du es dir wert? Wen wählst du dir als Vorbild? Aschenputtel, die Tag für Tag die Drecksarbeit erledigt und keinen Dank dafür erhält, oder die schöne Unbekannte, die in einem herrlichen Abendkleid auf dem Ball erscheint und von jedermann bewundert wird?

Du hast die Wahl.

Möchtest du dir das Leben ansehen, das in dir pulsiert? Die Liebe, die du anderen schenkst – kannst du sie auch dir selbst schenken? Kannst du die falsche Bescheidenheit aufgeben, die dir einredet, die anderen sollten stets zuerst kommen? Kannst du die Fragen in diesem Sinn verwenden? Kann *ich* es?

Was tue ich, was mir nicht guttut?

Es gab in meinem Leben Zeiten der Verzweiflung. Ein Grund dafür war, daß ich mich leicht von meiner Arbeit ablenken ließ. Das zu erkennen hat mir sehr geholfen. Es war für mich zunächst nicht leicht, nicht mehr ans Telefon zu gehen, nicht mehr zu naschen und nicht mehr die E-Mails durchzusehen, während ich schrieb, aber dieses Bei-der-Stange-Bleiben war genau das, was ich brauchte.

AUSGANG

Welche Botschaften sende ich ins Universum?

Welche Gedanken sind dir im letzten Monat durch den Kopf gegangen? Wie bist du mit dir umgegangen? BL streckt ihren Kopf zur Tür herein: »Stell dir vor, du wärst ein Sender, der Signale ins Universum schickt. Welche Signale sendest du? Sind sie lebensbejahend oder voller Selbstverachtung? Wenn es einen Spiegel im Universum gäbe, der alles reflektierte, müßtest du einen Sturzhelm tragen, der dich vor dem schützt, was du ausgesendet hast?«

Wofür bin ich bereit, mich zu loben?

Akzeptieren, verzeihen und dich selbst loben sind die Dinge, die dir helfen, dein Leben bewußter zu gestalten und die eine oder andere

Schwierigkeit, die dabei auftaucht, abzudämpfen. Es fällt uns schwer, uns selbst zu loben. Aber wenn wir es schaffen, uns auch für kleine Dinge Anerkennung auszusprechen, dann hat das eine große Wirkung. Wir entwickeln Selbstbewußtsein und fühlen uns mit dem Leben inniger verbunden. Auch hier gilt: Tu so, als ob, wenn du vielleicht zunächst nicht weißt, wofür du dich loben sollst. Nach einigen Versuchen wirst du sehen: Das kleine, zarte Pflänzchen schlägt Wurzeln und wächst und wird zu echtem Lob. Versuche ein paar Dinge aufzuschreiben, die du an dir loben kannst, auch wenn sie noch so klein sind.

An welchen negativen Glaubenssätzen möchte ich festhalten, zumindest im Moment?

Pema Chodron, eine buddhistische Nonne und Schriftstellerin, sagt, daß es okay ist, manchmal negativ zu denken. Das Problem, sagt sie, entsteht erst dann, wenn wir uns deswegen schuldig fühlen.

Kann ich mir gestatten, manchmal negativ zu denken, ohne mich dafür schuldig zu fühlen?

BL fügt hinzu: »Negativ sein, ohne dir einen Vorwurf dafür zu machen, ist nicht ganz einfach. Es heißt: dich zu dem bekennen, wo du stehst. Folgende Übung kann dir helfen: Stell dir ein Tablett vor, auf das du alles legst, was du negativ bewertest. Leg alles drauf, sehr vorsichtig, und sieh es ruhig und ohne Emotionen an. Ohne zu versuchen, etwas zu verändern, und mit dem Gefühl, daß du alles liegen lassen kannst, ohne etwas davon mitzunehmen.«

Du bist es wert

Ich erinnere mich noch genau an den Moment, als ich mich entschloß, mein Leben – vielleicht nicht so sehr ›bewußt zu gestalten oder zu *erschaffen*‹, als vielmehr – ›selbst in die Hand zu nehmen‹.« Jan sah nicht mich an, während sie sprach, sondern ihre zehn Monate alte Tochter Emma, die sie gerade badete. »Es ist noch nicht lange her, vielleicht vier Jahre. Es war im Frühling. Hier bei uns erinnert man sich an die Jahreszeiten.« Sie deutet mit dem Kopf auf die kahlen Zweige vor dem Fenster. »Damals las ich gerade *Divided Lives* von Elsa Walsh. Dieses Buch gab mir den Anstoß. Von außen sah es so aus, als ob mein Leben in Ordnung wäre. Ich unterrichtete an einem progressiven College, ich hatte eine kleine Tochter und eine gute Ehe. Wir hatten nicht mal Geldsorgen. Aber trotzdem hatte ich immer das Gefühl, ich wäre zwei Schritte zurück und liefe meinem Leben bloß noch hinterher. Wenn ich mit meinen Freundinnen darüber sprach, waren wir uns einig: Uns fehlte etwas. Es mangelte uns an Zeit und an Unterstützung – was wir machten, war einfach nicht genug. Es war ein vages Gefühl, nicht das Gefühl: ›Das kann doch nicht alles sein!‹, sondern das Gefühl, *selbst* nicht gut genug zu sein.«

Wir alle kennen dieses »Ich bin nicht gut genug«. Abgesehen von finanziellen Schwierigkeiten und mangelnder Unterstützung seitens der Familie ist es unser größtes Hindernis. Es hält uns davon ab, unser Leben zu gestalten. Wie das Pferd im offenen Stall, das nicht den Mut hat hinauszulaufen, in die Freiheit. Wie oft haben Frauen mich schon gefragt: »Wann werde ich je Zeit für mich haben?«, und wie oft habe ich schon versucht, sie zu überzeugen, daß die Antwort lautet: »Wenn du glaubst, daß du es verdienst.« Jan erzählte, wie es ihr ergangen war: »Es hört sich so einfach an. Vor ein paar Jahren fiel es mir wie

Schuppen von den Augen: *Ich* bin es, die meinem Leben seine Form gibt. Wenn ich es nicht tue, dann tut es ein anderer, und wahrscheinlich anders, als ich es gerne hätte. Und ich hatte geglaubt, ich würde ein bewußtes Leben führen.« Jan deutet auf die Bücherregale, die die Wände einer kleinen Nische neben dem Wohnzimmer säumen. Ich lasse meinen Blick über die Regale gleiten, bis ich das Buch von Elsa Walsh gefunden habe. »Ich hatte vergessen, daß ich *wählen* kann. Lies die Passage über Dr. Alison Eastbrook.«

Elsa Walsh beschreibt Ausschnitte aus dem Leben dreier erfolgreicher Frauen, die alle Vorteile genießen, die Geld, Bildung und Karriere mit sich bringen, die Hürden genommen haben, die normalerweise Männern vorbehalten sind, und die trotzdem Schwierigkeiten haben, ihr Leben harmonisch und befriedigend zu gestalten. Dr. Alison Eastbrook ist eine dieser Frauen, die Elsa Walsh über viele Jahre hinweg interviewte. Sie arbeitet in der chirugischen Abteilung eines angesehenen New Yorker Krankenhauses und hatte mit dem Konkurrenzverhalten ihrer männlichen Kollegen schwer zu kämpfen. Alison entdeckt, so beginnt ihre Geschichte, daß sie 40 000 Dollar weniger im Jahr verdient als die beiden Kollegen, die gleichzeitig mit ihr eingestellt wurden. Und weiter geht es mit den Kämpfen, die sie auszufechten hat, nachdem sie zur Leiterin der Frauenklinik ernannt wird.

Jan, die in der Küche das Abendessen vorbereitet, schildert Alisons Debakel: »Mal heißt es, Alison sei die Chefin, dann wieder starten ihre Kollegen die Suche nach einem ›besseren‹, angeseheneren, männlichen Kandidaten. Und so geht es hin und her, Woche um Woche. Ich würde diesen Männern, die meinen, Alison sei nicht ›gut genug‹, nur weil sie eine Frau ist, am liebsten den Hals umdrehen. Aber mit Alison geht es mir ähnlich. Warum läßt sie sich das gefallen? Warum unternimmt sie nichts? Warum macht sie unbezahlte Überstunden, bis sie nicht mehr kann? Warum protestiert sie nicht?« Jan unterstreicht ihre Worte durch ihr Messer, das rhythmisch auf das Schneidbrett niederfährt. »Plötzlich entdeckte ich Alison in mir. Sie leistet immer mehr, um sich zu beweisen. Sie glaubt nicht, daß sie eine andere Möglichkeit hat. Aber alles bleibt beim alten, bis sie erkennt, daß sie etwas unternehmen kann. *Bis sie es sich wert ist, um Hilfe zu bitten.* Und plötzlich wird sie akzeptiert. Die Suche nach einem männlichen Kollegen wird abgebrochen, und ihre Sorgen verschwinden über Nacht. Ich bin mir allerdings nicht sicher, ob es wirklich so einfach geht.« Jan kommt ins Wohnzimmer und gibt mir einen Teller mit Karotten- und Selleriestreifen. »Wenn *ich* nicht die Entscheidung treffe, mein Leben in die Hand zu nehmen, um Hilfe zu bitten und für meine Interessen einzustehen, dann tut es niemand. Und ich muß diese Entscheidung immer wieder treffen.« Es hört sich so einfach an, aber als ich Alisons Geschichte las, sah ich, daß es *nicht so einfach ist.* Ich dachte, ich würde mein Leben bewußt gestalten, bis ich hinsah und erkannte, daß ich tief in mir immer noch der Meinung war, nicht gut genug zu sein. Jan sieht mich an und versucht, die richtigen Worte zu finden. »Ich fühle mich so, als ob ich aus einem tiefen Schlaf erwacht wäre oder als ob etwas in mir plötzlich ›klick‹ gemacht hätte. Jetzt weiß ich: *Ich bin es wert!* Ich verdiene es, mein Leben zu gestalten.« Sie grinst und zupft sich ihre Frisur zurecht. »Weil ich es mir wert bin!«

BL stößt einen Schrei aus, der mich in die Gegenwart zurückholt. Ich folge ihrer Stimme, die aus dem Garten hinter dem Haus zu kommen scheint, wo ich sie auf Lillys Schaukel finde. »Ich mag diese Jan. Sie hat das Genie in sich entdeckt, den Lebenssaft, den jede Frau braucht: den Glauben, *daß sie es kann.* Und ich mag diese Schaukel. Sie beschreibt so einen wunderschönen Bogen.«

Ich gehe die Stufen hinunter und hinüber zu dem Tisch, den BL in der Zwischenzeit gedeckt hat. Eine Kanne Eistee steht bereit. Wir sitzen im Schatten unser alte Eiche. Ich schaue mich im Garten um. Er ist wunderschön, auch wenn er nicht sehr gepflegt ist. Ich empfinde ein tiefes Gefühl der Dankbarkeit, daß ich nicht länger mitten in der Großstadt wohne. »Ich bin in den letzten Wochen mehr im Garten gewesen als in den ganzen zwei Jahren davor.«

BL gießt mir einen Tee ein. »Ja, mit mir an deiner Seite. Und wie ist es, wenn ich nicht da bin? Glaubst du dann auch noch, daß du es verdienst?«

»Es ist mir nie schwergefallen zu glauben, daß mir dasselbe zusteht wie den Männern«, protestiere ich. »Ich war da sogar ziemlich radikal. Es gibt durchaus ein paar Leute, die ein Lied davon singen können.«

BL wackelt mit der Kanne vor meinem Gesicht herum. »Es geht hier nicht um Gleichberechtigung. Das Gefühl, etwas zu verdienen, hat nichts mit Gleich- oder Ungleichheit zu tun. Es muß aus deinem Inneren kommen. Es muß felsenfest und unumstößlich sein wie Mutter Erde. Es ist das, was den Rest in Gang setzt: Dieses *Ich kann.*«

In Mary Frances Fishers Biographie *The Gastronomical Me* gibt es eine schöne Szene, wie die Verfasserin als junge Frau ihre bis dahin quälende Schüchternheit überwindet und es lernt zu sagen, was sie möchte. Sie lernt, daran zu glauben, *daß sie es kann.* Es geschieht während eines Essens. Sie fährt in Begleitung ihres Onkels mit dem Zug von Los Angeles nach Chicago. Ihr Onkel hat sie dazu ermuntert, sich ihre Lieblingsspeisen auszuwählen. Er hat an ihre Lebensgeister appelliert, an ihr »Ich kann«. In Chicago treffen sie den Sohn des Onkels, der in der Zwischenzeit ein junger Mann geworden ist, und Mary fällt in ihre alte Schüchternheit zurück. Als sie gefragt wird, was sie essen möchte, senkt sie die Augen und murmelt: »Ich nehme irgendwas.« Doch plötzlich blickt sie auf und begegnet den Augen ihres Onkels – da macht es klick, und sie weiß, daß dies ein sehr wichtiger Moment in ihrem Leben ist. Sie schaut noch einmal in die Speisekarte, und zum erstenmal in ihrem Leben ist ihr bewußt, daß sie *wählen* kann. Sie bittet um einen Augenblick und studiert die Speisekarte in aller Ruhe, wie ein Schachspieler, der eine Partie eröffnet. Schließlich schaut sie ihren Onkel an und sagt, wofür sie sich entschieden hat. Ihr Onkel lehnt sich in seinem Stuhl zurück, und sie weiß, daß er stolz auf sie ist. Und sie ist es auch!

Wir haben das Recht, unser Leben zu gestalten, zu *erschaffen,* aber unser Alltag macht es uns immer wieder streitig. Es kann sein, daß wir mit der Zeit unachtsam werden und übersehen, daß wir uns zuviel nach anderen richten. Nuala O'Faolain schreibt in ihren Memoiren *Are You Somebody?*: »Ich bin nie einen Schritt zurückgetreten, um mir anzusehen, was ich aus meinem Leben machte. Ich maß mir nicht genügend Wert zu, ich nahm mich nicht ernst genug, um darüber nachzudenken, ob mein Leben bestimmte Muster aufwies oder einen Sinn . . . trotzdem pulsierte das Leben in meinen Adern. Auch wenn es nicht bedeutend war. Aber es war das einzige Zeugnis meiner Existenz, und es war das einzige Werk, das ich geschaffen hatte. Und etwas in mir wollte nicht akzeptieren, daß es unbedeutend sein sollte. Etwas in mir wartete darauf, sich zu erheben und darauf zu bestehen, daß es zählte.«[9] Die Vorstellung, wie Nuala durch ihr Leben gegangen war, ohne sich umzusehen, und nichts aus den Mustern gelernt hatte, die sich hinter ihr formten, machte mich sehr betroffen. Nualas Geschichte zeigt uns, wie leicht wir das Steuer aus der Hand verlieren können. Nur wenn wir stehenbleiben und sehen, welche Muster wir erzeugen, erkennen wir, was wir aus unserem Leben machen und ob wir es so gestalten, wie es uns entspricht.

BL hebt ihre Tasse und sagt: »Nuala, dein Werk zählt! Du mußt dich immer wieder daran erinnern.« Wir prosten uns zu.

Ich nehme einen Schluck, bevor ich mich zu fragen traue: »Wie fangen wir es an, uns immer wieder daran zu erinnern?«

BL grinst. »Tiefes Verlangen, Baby. *Unbändiges* Verlangen. Das ist die Voraussetzung.« Sie wackelt mit den Augenbrauen, und ich antworte mit einem erwartungsvollen Grinsen.

Wenn ich die Wahl hätte, was ich in den nächsten Tagen am liebsten tun, sein oder fühlen würde, wofür würde ich mich entscheiden?

- unbeschwert
- sexy
- wild
- instinktbetont
- entspannt

- dem Göttlichen nahe
- stolz
- erfolgreich
- konzentriert

- stark
- bestimmt
- nur für mich verantwortlich
- oder: _____

Wenn ich die Wahl hätte, was ich mit jemandem, der mir nahesteht, am liebsten tun, sein oder fühlen würde, wofür würde ich mich entscheiden?

- verbunden
- übermütig
- friedlich
- gehört
- verstanden
- herzlich lachen

- bestimmt
- einfallsreich
- faszinierend
- freundlich
- verführerisch
- feminin

- wie eine Königin
- geduldig
- strahlend
- klar
- verletzlich
- oder: _____

Bin ich bereit, es einmal zu versuchen? Kann ich mir zumindest eine kleine Kostprobe von dem zugestehen, was ich mir wünsche?

Was mußt du dir bewußtmachen? Was mußt du riskieren? Wonach mußt du die Hand ausstrecken? Wovon mußt du dich lösen? Zum Beispiel: Du hättest gerne das Gefühl, deine Arbeit wirklich gut zu machen. Dann überleg dir: »Was tue ich bereits? Und was könnte ich noch tun, damit ich das Gefühl bekomme, meine Arbeit wirklich gut zu machen?« Oder: Du würdest mit ein paar Freunden gern eine einwöchige Radtour machen, aber es mangelt dir an Geld und an Kondition. Was kannst du tun? Wie wär's wenn du am nächsten Sonntag eine Stunde radfahren würdest, um einen Vorgeschmack deines Traums zu bekommen? Oder: Du würdest dich gern von deinen KollegInnen geachtet fühlen. Was müßtest du sagen, anziehen, glauben, damit sie dir mehr Anerkennung schenken?

BL flüstert dir ins Ohr: »Probier es mal, mein Schatz! Ich habe die Tür aufgeschlossen. Du bist frei. Geh hinaus und spüre, wie es sich anfühlt. Willst du mehr? Dann nimm es dir!« Sie streicht dir über die Wange. Vielleicht gestattest du dir einen Seufzer.

Unbändiges Verlangen

Eigentlich ist es ganz klar und doch so leicht zu übersehen: Wenn wir nicht unser Leben formen, dann formt unser Leben uns. Und wir müssen uns jeden Tag erneut dafür entscheiden, es zu tun.

Ist es wirklich so einfach? Nicht ganz! Da gibt es einen Schritt, einen Anlauf, den fast jede nehmen muß, bevor sie sich entschließt, das Steuer in die Hand zu nehmen: Wir tun es erst, wenn unser Verlangen, es zu tun, so stark geworden ist, daß wir bereit sind, auch die schwierigen Entscheidungen auf uns zu nehmen, die *immer* damit verbunden sind. Und die meisten müssen zuerst durch Leiden oder über glühende Kohlen gegangen sein, bevor sie dieses Verlangen entwickeln – durch Depression, Scheidung oder Midlife-crisis, durch schwere Krisen, Kündigung, spirituelle Übungen oder politisches Engagement. Durch solche Erfahrungen reift in uns der Entschluß, von nun an – koste es, was es wolle – dem zu folgen, was *in uns ist*, und für das Leben, mit dem wir einst, innehaltend und zurückblickend, zufrieden sein werden, wenn nötig auch zu kämpfen.

In Biographien von Frauen wird es ausführlich beschrieben: unbändiges Verlangen und wie es zustande kommt. Für Dr. Alison Eastbrook war es die Frauenfeindlichkeit ihrer männlichen Kollegen: Sie lernte, für das zu kämpfen, was sie sich erarbeitet hatte. Für die Malerin Georgia O'Keeffe war es der Konflikt zwischen dem, was ihr Mann von ihr erwartete, und dem, was sie so dringend brauchte. Daraus entstanden ihre jährlichen Reisen nach New Mexico und die große Wende ihres Lebens. Georgia mußte lernen, andere zu enttäuschen. (Welche Frau, die *ihr* Leben leben will, muß das nicht?) Die heilige Katharina von Genua wollte nur eines: sich von ihren ehelichen und sozialen Verpflichtungen befreien, um Gott dienen zu können. Sie betete drei Monate inständig darum, krank zu werden, um endlich Zeit für Gott zu haben. Das entspricht nicht unbedingt unserer Vorstellung von unbändigem inneren Verlangen, aber es war das, wonach sich Katharina sehnte. Es paßte zu ihr und ihrem Leben. Unser Verlangen muß zu unserem Leben passen. Es ist etwas, das unserem tiefsten Inneren entspringt – nichts, was von außen vorgegeben oder von irgend jemanden erwartet wird, wie man das auch definieren mag. Wenn es nicht mit uns im Einklang steht, dann paßt es nicht zu uns.

Nur wenige Frauen spüren dieses unbändige innere Verlangen ihr ganzes Leben lang. Typischer sind Frauen, denen es so geht wie meiner Nachbarin Brigitte. Sie mußte erst durch eine schwere Krise gehen, bevor in ihr der Entschluß reifen konnte, achtsam und liebevoll mit sich umzugehen und ihr Leben entsprechend zu gestalten. Sie gehörte zu den Frauen, die sich zuviel vornehmen. Sie hatte eine eigene Firma, sie betreute ihre alte Mutter, und sie engagierte sich in der Kirche. Brigittes Beispiel half mir zu erkennen, daß wir unser Leben nur dann bewußt gestalten können, wenn wir unsere Bedürfnisse befriedigen. Das aber tat sie nicht. Sie schenkte ihnen kaum Beachtung. Und sie ließ sich auch nicht gern von anderen helfen. Irgendwann wurde es ihr zuviel: Sie fing an, sich zu verkriechen, sie wurde depressiv und dachte sogar an Scheidung, und sie wurde so dünn wie eine Bohnenstange. Als Brigitte anfing, sich ihrer Verzweiflung zuzuwenden, wurde ihr klar: »Ich kann nur *leben*, wenn ich mich entschließe, mich um mich selbst zu kümmern.« Früher hatte Brigitte die Hilfe, die ich ihr gelegentlich anbot, in der Regel abgelehnt, und wenn sie etwas annahm, dann immer nur mit Vorbehalten. Nachher rief sie sogar von sich aus an und bat um Hilfe. Den Samstagmorgen erklärte sie zu ihrem freien Vormittag. Das letzte Mal, als wir uns trafen, war sie gerade im Begriff, ein Wochenendseminar zu besuchen. Das hätte sie früher nie getan.

Brigitte hatte einen Punkt erreicht, an dem sie sich entscheiden mußte: »Bin ich es mir wert, daß ich mein Leben lebenswert gestalte, oder nicht?« Brigitte entschloß sich, etwas für sich zu tun, und sie ging der Frage nach, *warum sie das aus ihrem Leben machte, was sie daraus machte*. Es geht nicht um die Frage nach dem *Sinn* des Lebens – den können wir sowieso nicht ergründen –, sondern es geht darum, das Gefühl zu bekommen, daß unser Leben eine tiefere Bedeutung hat. Brigitte fand dieses Gefühl durch Yoga, durch Selbsterforschung, durch die Natur und vor allem durch die Überzeugung, daß dieses Gefühl für sie lebensnotwendig sei. Yoga ist für sie nicht einfach ein Mittel, etwas für sich zu tun, es ist viel mehr: Brigitte und viele andere Frauen haben erkannt, daß Gut-zu-sich-Sein mehr ist als eine Belohnung, die man sich am Ende eines schweren Tages gönnt. Es ist ein Weg, den eigenen Sinn zu finden – und dazu den Mut, ihm auch zu folgen.

BL taucht vor meinem Fenster auf und gießt meine Stiefmütterchen. »Schreib das in Großbuchstaben, ruf es von den Dächern:

Wenn du dein Leben gestalten willst, dann lerne, achtsam und liebevoll mit dir umzugehen und deine Bedürfnisse zu befriedigen.

Ohne Selbst-Liebe geht es nicht. Sonst schmeißt du bei den ersten Schwierigkeiten die Flinte ins Korn.« Die Stiefmütterchen biegen sich unter dem Wasserstrahl, und die Blattläuse auf meinen Rosen bringen sich in Sicherheit. »In den letzten dreißig Jahren haben viele Frauen versucht, ihr Leben selbst in die Hand zu nehmen. Sie taten es aus den verschiedensten Gründen: aus Verzweiflung, um ihr Ego zu befriedigen oder um sich und anderen etwas zu beweisen. Wir mußten durch diese Phase durch. Es ging nicht anders. Bei jeder Revolution muß das Pendel weit ausschwingen, damit neue Freiheiten erobert werden können.«

Wenn wir es uns nicht wert sind, machen wir uns nicht die Mühe, unser Leben zu gestalten. Wenn wir uns schlecht behandeln, haben wir nicht die Energie, uns immer wieder zu entscheiden: »Ich gehe *meinen* Weg, in Richtung Ganzheit.« Frauen, die sich wohl in ihrer Haut fühlen, fühlen sich so, weil sie sich wertschätzen. Das hat sich in den Interviews bestätigt, die ich durchgeführt, und in den Büchern, die ich gelesen habe. Sie haben es gelernt: durch schwere Prüfungen, durch die Beschäftigung mit anderen Frauen, durch spirituelle Übungen und Erfahrungen. Sie wissen, daß sie es wert sind. Eine Frau formulierte er einmal so: »Trotz der Härten, mit denen ich in meiner Jugend konfrontiert war, habe ich mich niemals selbst gehaßt, weil ich wußte, daß

Gott mich liebt. Und wenn Gott mich liebt, wie könnte ich mich dann hassen?«

Ich schaue nach draußen zu BL, und sie nickt mit dem Kopf: »Aber Vorsicht: Das ist kein gradliniger Prozeß, er gleicht eher einer Spirale. Sei dir so viel wert, daß du dich entschließt, dein Leben in die eigene Hand zu nehmen. Und wie bekommst du das Gefühl, daß du es wert bist? Indem du dich wie jemanden behandelst, den du liebst. Und wie geht das? Indem du dir das gibst, was dir hilft, wach zu bleiben und dich immer wieder dafür zu entscheiden, dein Leben zu gestalten.«

»Und das Ganze, während du auf Pfennigabsätzen Polka-rückwärts tanzt«, füge ich hinzu, um BL zu necken.

BL schwingt die Hüften und tanzt auf mich zu, bis sich ihre Nase an meinem Fenster platt drückt und wir einander Auge in Auge gegen-überstehen. »Bist du bereit, es zu versuchen, Jenny? Bist du es dir wert? Wenn nicht, dann ist das übrigens auch okay. Ausschlaggebend ist allein: Bist du soweit? Bist du reif dafür?«

Bin ich soweit? Bin ich reif dafür? Bin ich es mir wert? Dafür habe ich mich schon vor langer Zeit entschieden! Aber wir müssen die Entscheidung immer wieder treffen.

Ich stehe auf und erkläre feierlich: »Ich bin soweit! Ich bin reif wie ein Apfel, der gleich vom Baum fällt.«

Fragen zum Leben

Was bin ich bereit, über mich und mein Leben zu erkennen?

Halt inne und geh in dich, bevor du dir diese Frage stellst. Konzentrier dich auf eine Sache. BL fügt hinzu: »Liebe _____, ich weiß, daß diese Frage dir nicht leichtfällt. Es kann sein, daß die Angst an deine Tür klopft und versucht, dir weiszumachen, daß du gar nichts Genaueres über dein Leben wissen willst. Laß dich nicht beirren. Sag ihr: ›Ich will!‹, und laß es kommen. Vertrau auf dich. Vertrau darauf, daß du genau das hören wirst, was du jetzt brauchst. Laß dir Zeit. Entspann dich.«

Mache ich mir das Leben schwerer oder komplizierter als nötig?

Jan wurde irgendwann klar, daß sie nicht stundenlang in der Küche zu stehen braucht, wenn sie ihre Kollegen einlädt, sondern ruhig auch etwas bei einem Partyservice bestellen kann. Dorsey lehnte es schließlich doch noch ab, den Vorsitz des Shakespeare-Festivals zu übernehmen, obwohl sie eine der Gründerinnen war. Ihre Kinder waren jetzt endlich in der Schule, und sie wollte die Zeit zum Schreiben nützen.

Was kann ich Gutes für mich tun?

Für meinen Körper: Viel Wasser trinken; einen langen Spaziergang machen und ein paar Dehnungsübungen einbauen; genug schlafen; gesundes Essen . . .

Für meine Seele: In die Kirche gehen; einen Vormittag lang mit zwei Freundinnen meditieren und Tagebuch schreiben; mit deinem Partner einen spirituellen Klassiker lesen, vielleicht sogar auf der Veranda in einer Vollmondnacht . . .

Zur emotionalen Erleichterung: Stell einen Wecker auf fünfzehn Minuten, leg Musik auf, leg dich auf die Couch, und laß alle Gefühle zu, die kommen.

Bin ich bereit, in der nächsten Woche eines dieser Dinge für mich zu tun?

Die Angst, zuviel an sich zu denken

Hast du Angst davor, du könntest nicht mehr aus dem Bett kommen, wenn du anfängst, auf deine Bedürfnisse zu achten? Hast du Angst, du könntest beruflich auf der Strecke bleiben, wenn du Freude und Wohlfühlen zu deinem Lebensgrundsatz machst? Du könntest als Pennerin enden oder als Schokoladensüchtige? Als haltlose Alkoholikerin und/oder Nymphomanin?

»Kann passieren, aber meistens geht es gut aus!« Über meinem Tisch hängt eine kleine indonesische Schnitzerei, eine Frau mit Flügeln, einem Schwanz und goldenem Kopfputz. Vor einer Minute war sie noch aus Holz, jetzt bewegt sie die Lippen. BL hat von meinem indonesischen Engel Besitz ergriffen.

»Wie läuft's bei euch auf Bali?« frage ich und bin stolz auf meine Schlagfertigkeit.

»Ausgezeichnet!« kontert BL. »Wir wissen, was uns wirklich guttut.«

Ich lehne mich zurück, um sie besser sehen zu können und einem Krampf in meinem Nacken vorzubeugen. »Ich nehme an, du wirst mich näher darüber informieren.«

BL zwinkert mir mit ihren hölzernen Wimpern zu. »Daß Unterscheiden wichtig ist, haben wir bereits besprochen. Was wir noch nicht besprochen haben, sind Ersatzbefriedigungen. Bist du bereit?«

Ich fange an, nervös zu werden, und mein Fuß klopft einen entsprechenden Rhythmus auf den Boden. Ja, ich weiß. Ersatzbefriedigungen sind Hindernisse: zu viele Süßigkeiten, zuviel Fernsehen, zuviel Konsum, zuviel Internet, zuviel Lesen, das behindert uns. Es läßt uns abstumpfen. Es ist Suchtverhalten, auch wenn es sich um »kleine Süchte« handelt. Hierher gehören auch Zeitkiller, die uns Zeit rauben und uns von den Dingen abhalten, die wir gern tun würden oder die gut, gesund und inspirierend für uns wären. Dinge auf die lange Bank zu schieben ist ein großer Zeitkiller; die Zeitung oder eine Modezeitschrift lesen, um sich abzulenken; über alles Buch zu führen; Telefongespräche mit Leuten, mit denen wir gar nicht reden wollen; Besprechungen mit Leuten, die schlecht vorbereitet sind. Ich habe einiges über Ersatzbefriedigungen und Zeitkiller geschrieben, aber ich habe übersehen, daß sie auch in meinem Leben ihr Unwesen trieben. Mein Fuß beschleunigt seinen Rhythmus.

BL sieht mich prüfend an. »Ersatzbefriedigungen stärken nicht, sie schwächen. Trotzdem sind es Ersatzbefriedigungen, woran viele Leute als erstes denken, wenn von Sich-gut-Tun die Rede ist. Aber sie irren sich. Sie bestrafen sich, statt sich zu belohnen. Das ist nicht die Nahrung, die unsere Seele braucht.«

»Aber sie tun einfach gut. Sie sind uns so vertraut! Und Zeitkiller können sehr verlockend sein«, entgegne ich.

BL fährt mit sanfter Stimme fort: »Wenn du weißt, was dir *wirklich guttut,* sagst du das nicht mehr. Wenn du es aber nicht weißt, dann kennst du nur Ersatzbefriedigungen. Echter Hunger ist ein weiser Lehrer.«

»Ersatzbefriedigung zu widerstehen erfordert Willenskraft. Aber nach einer Weile geht mir meist die nötige Disziplin verloren, und dann fühle ich mich natürlich nicht mehr wohl.« Ich nehme einen Bleistift und fange an zu malen. Eine Blume, die sich langsam öffnet. »Wenn das passiert, dann fühlt sich mein innerer Kritiker bestätigt und sagt: ›Nun siehst du, was dabei herauskommt, wenn du deinen Bedürfnissen zuviel Beachtung schenkst. Ich kann dir nicht vertrauen! Halte dich an deine Arbeit und an die tägliche Routine. Das gibt dir ein Gefühl der Sicherheit.‹ Das ist ganz schön anstrengend.«

Ich spüre, daß BL mich ansieht, aber ich halte die Augen gesenkt und male weiter. »Weißt du, warum die Leute es übertreiben? Warum sie Dinge tun, die sie nicht befriedigen? Warum sie nur noch an sich selbst denken? Das hat mit Leere, Langeweile und Selbst-Haß zu tun«, erklärt BL. »Ersatzbefriedigungen und Zeitkiller haben nur dann eine Chance, wenn wir uns nicht genug vertrauen, wenn wir uns nicht trauen, uns unserem echten Hunger hinzugeben und darauf zu hören, was er braucht. Die Gefahr, daß du dich verlierst, wird wesentlich geringer, wenn du mit deinem unbändigen Verlangen in Verbindung stehst, wenn du dir so viel wert bist, daß du das Leben, das in dir pulsiert, auskostest und genießt. Und wenn du *immer wieder* lauschst. Dann fällt es dir viel leichter, dir zu vertrauen und gut zu dir zu sein. Auf dich selbst und auf andere zu achten schließt sich nicht gegenseitig aus. Auch das ist ein Merkmal der Spirale.«

»Mir wird ganz schwindlig, wenn ich dauernd an Spiralen denke.«

BL fährt fort, ohne meinen Einwand zu beachten: »Wenn du gelernt hast, liebevoller mit dir umzugehen, dann fällt es dir auch leichter, die Bedürfnisse der anderen zu sehen. Und du hast nicht mehr das Gefühl, daß du mehr Zuwendung und mehr Verständnis brauchst als sie. Weil du deine Bedürfnisse befriedigst – zumindest das eine jetzt und das andere später.«

»Das hört sich so einfach an: Nimm Tablette A, und gib sie in Öffnung B, wie in der Werbung, und du bist glücklich und zufrieden bis an dein Lebensende«, protestiere ich. Aber BL ist bereits verschwunden.

Ich sitze da und schaue aus dem Fenster. Mein Blick fällt auf das Nachbarhaus und auf die Berge, die im Hintergrund zu sehen sind, und ich denke an die vielen Frauen, die achtsam und liebevoll mit sich umgehen und das zum Grundprinzip ihres Lebens gemacht haben. Manchmal sind sie starken Schwankungen unterworfen: mal gehen sie in die Defensive (besonders am Anfang, wenn es ihnen schwerfällt, »nein« zu sagen, oder um ihre kostbare Zeit und Energie zu verteidigen); mal wollen sie andere bekehren (»Schau, wie ich das mache! Es wird Zeit, daß du das auch tust!«); mal werden sie egozentrisch (»Gefall ich dir? Wie findest du meinen neuen Rock? Und meine Frisur?«). Und dann gibt es da noch die vielen Fragezeichen und grauen Zonen: War es egoistisch

von mir, daß ich letzten Mittwoch ins Kino gegangen bin, anstatt die Zeit mit Lilly zu verbringen? Ja, vielleicht. Ich hatte das Gefühl, daß ich dringend eine Pause brauchte, um abzuschalten, weil mich etwas belastete. Aber darauf kommt es an: Ich war nicht bereit zu fragen, ob Lilly mich mehr brauchte als ich die Pause. Ich stellte mein Bedürfnis abzuschalten über *ihre* Bedürfnisse.

Wenn wir den Tennisball mit der Mitte unseres Schlägers treffen, mit diesem satten, vollen Ton, dann spüren wir, daß wir den Punkt getroffen haben, auf den es ankommt, und es fühlt sich gut an. Genausogut fühlt es sich an, wenn wir uns mit Selbst-Liebe und Selbst-Achtung begegnen. Dieses Gefühl weist uns den Weg. Wenn wir es spüren, wissen wir: »Hier bin ich richtig!« Wir sind mehr wir selbst. Wir sind wacher und klarer was das Nehmen und das Geben anbelangt. Je enger wir mit diesem Gefühl in uns verbunden sind, desto kleiner wird unsere Angst, daß unsere Bemühungen, gut zu uns zu sein, danebengehen könnten. (Vielleicht nicht sofort, aber mit der Zeit. Da kannst du sicher sein.)

Es geht also auch hier um Lauschen. Es hilft uns (gemeinsam mit unserer Erfahrung), die grauen Zonen zu durchschiffen und Selbstbejahung, Lebensfreude und echtes Vergnügen von Selbstverneinung, Egozentrik, Schuldgefühlen und Ersatzbefriedigungen zu unterscheiden. Einer Frau, die nur sich selbst sieht, fällt es in der Regel schwer, in sich hineinzuhören. Sie will gar nicht alles wissen. Sie zieht es vor, in dem Gefühl ihrer Wichtigkeit zu baden, und liebt es, sich immer wieder zu beweisen, daß sie unentbehrlich ist. Denk daran: Es ist *einfacher,* ständig etwas zu tun. Da braucht man sich weder mit anderen noch mit sich selbst zu beschäftigen.

Mary Davies formuliert es so: »Es ist verwirrend, wenn wir das Leben in Arbeit und Vergnügen unterteilen. Wir glauben, daß wir uns belohnen müssen für das, was wir im Beruf erreichen. Aber, um es zu erreichen, setzen wir uns unter Druck. Ich denke, es gilt, das Getrennte zu vereinen und zu sehen: ›Alles gehört mir und Gott gemeinsam.‹ «[10] Wie wäre es, wenn wir jeden Tag als eine Schöpfung ansehen würden? Wie wäre es, wenn wir das Gefühl entwickeln würden, unsere Tage für jemanden oder etwas zu gestalten, das größer ist als wir? Zum Beispiel für das Wohl aller Frauen oder zum Wohle des

Göttlichen. Alles, was wir tun, wäre viel bedeutungsvoller, und voll von wunderbaren Möglichkeiten.

BLs gutem Beispiel zu folgen und Selbst-Liebe zu praktizieren ist so ähnlich wie unseren Fernseher in Betrieb zu nehmen. Wir haben kein Kabelfernsehen, sondern eine Zimmerantenne, und wenn wir fernsehen wollen, müssen wir ihre beiden Arme solange hin und her drehen, bis wir einen guten Empfang haben. Manchmal muß einer von uns als Zusatzantenne dienen, und einen Arm oder ein Bein an den Fernseher halten, damit das Bild nicht flimmert. Um fernzusehen, brauchen wir Geduld, Einfallsreichtum, Gelenkigkeit und unbändiges inneres Verlangen.

Ego-Frauen sind vielleicht gelenkig, aber ihnen fehlen in der Regel die anderen Qualitäten.

Wie ist dein Empfang?

11

Fragen zum Leben

Wovon (eine Sache!) brauche ich momentan mehr?

- Anmut
- Selbst-Liebe
- Bewegung
- Übermut
- Trödeln
- Organisation

- Entschlossenheit
- wild und
  unbekümmert sein
- Berührung
- essen, worauf ich
  Hunger habe

- Natur
- Zeit zum Nachdenken
- etwas anderes: _____
- was hast du momen-
  tan am nötigsten?
  (eine Sache)

**Welche ein, zwei kleinen Schritte bin ich bereit
zu unternehmen, um mehr _____ zu bekommen?**

Im Yoga kann die kleinste Haltungsänderung bewirken, daß sich das
Körpergefühl insgesamt verändert. Dasselbe gilt fürs Atmen: Manchmal genügt es, bewußt dorthin zu atmen, wo du dich verspannt fühlst.

Was habe ich mir in den letzten Tagen erlaubt anzunehmen?

Ein Kompliment; das Gefühl, geschätzt zu werden; Hilfe, die mir
angeboten wurde? Es muß nichts Großes sein.

Was hätte ich mir erlauben sollen anzunehmen?

BL hüllt dich in ihren rosa Kaschmir-Umhang ein und legt ihren Arm
um deine Schultern. »Hallo, du wunderbares Wesen! Wie schön, daß
du dir die Zeit nimmst, in dich zu gehen und dein Leben von innen
heraus zu gestalten. Gestatte dir, stolz auf dich zu sein!«

Der Weg, der sich vor dir auftut

Wir wollen unser Leben selbst gestalten. Aber Achtung, es gibt da ein paar Fallen, zum Beispiel: sich selbst zu wichtig nehmen oder alles kontrollieren wollen. Es kann sein, daß du dich auf ein Podest stellst und glaubst, du seist die Größte, oder daß du dir, statt BL oder einer Frau, der du wirklich Bewunderung und Vertrauen entgegenbringst, ein falsches Vorbild nimmst. Auch »unbändiges Verlangen« können wir falsch verstehen und glauben, sobald wir wissen, was wir wollen, bekämen wir das Ersehnte auch automatisch.

Unser Leben zu gestalten erfordert die Fähigkeit, uns zu sagen: »Mach es so!«, wie Captain Picard es in der Weltraumserie *Star Trek* tut, jedesmal, wenn er einen Befehl erteilt. Neben Patrick Stewarts verführerischer Glatze war es das, was mir an der Serie am besten gefallen hat. »Mach es so!« Gestalten heißt hervorbringen, ins Leben rufen. Aber glücklicherweise bringen wir unser Leben nicht aus dem Nichts hervor. Wäre mir auch zuviel Arbeit. Ich bin mehr für Teamwork.

Dazu muß man sich in der Mitte treffen.

»Ja, der Mittelweg. Die innere Kraft, die du in Nuala O'Faolains Entschluß gesehen hast, ihre Memoiren zu schreiben und sich mit ihrem Leben zu beschäftigen, der mußt du folgen.« BL erscheint als safrangelber Nebel neben einem meiner Bücherregale. Ich habe mich mittlerweile daran gewöhnt, daß sie plötzlich aus dem Nichts auftaucht. Ich freue mich sogar darauf. (Was man als Schriftstellerin nicht alles tut, um sich vom Schreiben abzulenken!) »Folge dem Mittelweg!« wiederholt BL: »Folge dem Mittelweg.«

Ich frage mich, was das bedeuten soll, und finde die Antwort bei Caroline Atkinson. Sie gibt Akupunktur-Behandlungen und hat sich lange Zeit mit dem Buddhismus beschäftigt. Caroline bringt Klarheit in die Frage, wie die beiden Themen »Gestalten« und »Kontrollieren« zusammenhängen: »Früher dachte ich, es wäre möglich, das Leben nach den eigenen Vorstellungen zu gestalten, oder es sollte zumindest möglich sein. Aber wenn ich mein Leben beobachte mit dem Leiden und dem Lernen, das dazugehört, dann bin ich mir nicht mehr sicher. Ich glaube, wir müssen lernen, dankbar und absichtsvoll mit dem umzugehen, was uns entgegenkommt, und das Leben so anzunehmen, wie es sich für uns gestaltet. Zum Beispiel: Ich glaube, daß die ersten Jahre mit einem kleinen Kind für viele Eltern sehr schwierig sind, weil sie plötzlich nicht mehr die Zeit haben, das zu tun, was sie gerne tun würden: Beruf, Hobby usw. Mir ging es jedenfalls so. Ich versuchte, einiges nebenher zu tun, aber vielleicht wäre es besser gewesen, ich hätte mich mehr auf das eingelassen, was *war*. Dagegen anzukämpfen machte es nicht besser. Im Gegenteil: Es machte mich unglücklich. Was nicht heißen soll, daß ich neben dem Muttersein nichts hätte tun dürfen. Ganz und gar nicht. Aber es wäre mir wahrscheinlich besser gegangen, wenn ich schon früher die Veränderungen in meinem Leben akzeptiert hätte, statt ständig etwas anderes zu wollen. Die Vorstellung, unser Leben zu gestalten, kann uns in die Irre führen. Sie kann uns dazu verleiten, daß wir zu sehr auf unser Wollen achten, statt auf das, was *ist*. Jede Frau hat ihren eigenen, einzigartigen Weg, den sie in diesem Leben geht. *Und wir brauchen nicht zu glauben, daß wir diesen Weg aus dem Nichts erschaffen müssen.* Wir müssen nur unser Tempo ein wenig drosseln, um den Weg zu sehen, der sich vor uns auftut. Mir kommt es so vor, als ob es letztlich um kreatives Warten geht. Das ist für mich die Quelle der Kunst, das eigene Leben zu gestalten. Es geht um Warten-Können und um Aufmerksamsein und nicht in erster Linie um konkretes Handeln. Wenn wir die Kontrolle übernehmen, übersehen wir, was im Äußeren geschieht. Und es entsteht ein Konflikt zwischen dem, was wir gerne hätten, und dem, was unser Leben selbst hervorbringt.«

Carolines Worte berührten mich tief: Wir sollen lernen, unser Leben so anzunehmen, wie es uns entgegentritt. Ich wußte, daß es nicht gut war, dem Leben meinen Willen aufzuzwingen. Ich hatte es wiederholt versucht und meinen Preis dafür bezahlt, im wörtlichen und im übertragenen Sinne. Trotzdem fühlte ich mich nicht wohl bei dem Gedanken. Ich dachte an Dr. Alison Eastbrook. Sie brauchte ihr Leben nicht erst zu erschaffen, sie mußte nur verteidigen, was sich bereits entfaltet hatte. Was würde geschehen, wenn ich diesem Ratschlag folgen würde? Würden mich die anderen niedertrampeln? Würde ich nie mehr etwas zu Ende bringen?

Die Psychologin und Astrologin Monika Relph-Wikman zeigte mir den nächsten Schritt. »Ich weiß nicht, wie es sich vereinen läßt, einerseits mein Leben zu gestalten, mir Ziele zu setzen und meine Interessen zu vertreten und andererseits abzuwarten und zu beobachten, welchen Weg mein Leben einschlägt«, erzählte ich ihr. Sie kam gleich auf den Kern der Sache: »Ich kann dich gut verstehen, Jennifer. Es gibt einfach diese Spannung zwischen dem Bewußtsein, das Dinge erreichen will, das sich Ziele setzt, das das Leben gestalten und organisieren will, und dem Leben, das sich bereits in dir geformt hat, deinem Wesenskern und der Richtung, in die er sich entwickeln möchte. Er hat seine eigene Dynamik und seine eigene Persönlichkeit. Ich würde es so formulieren: Der beste Weg, dein Leben zu gestalten – oder zu *erschaffen* –, ist, darauf zu achten, was deine Seele durch dich zum Ausdruck bringen möchte. Und das ist keine Sache deines Ego. Es geht darum, in Einklang mit dem zu sein, was tief in dir angelegt ist. Es geht darum, die höheren Energien wahrzunehmen, die dich umgeben, und ihnen Ausdruck zu verleihen. Wenn du dein Leben so gestaltest, wie es dir tief in deinem Inneren entspricht, dann wirst du es am befriedigendsten empfinden.«

In seinen Memoiren *Balancing Heaven and Earth* beschreibt Robert Johnson seinen Weg folgendermaßen: »Die Vorstellung, auf den Willen Gottes zu hören, widerstrebt vielen von uns heutigen Menschen, weil sie mit unserer Freiheitsliebe und unserem Begriff der Willensfreiheit kollidiert . . . Wir haben einen freien Willen, und daher können wir versuchen, Dinge bewußt herbeizuführen. Aber ich habe auch gelernt, daß die zarten Fäden [so nennt Robert die Führung, die uns eine höhere Intelligenz zur Verfügung stellt] größere Intelligenz und Weisheit besitzen, als unser Ego jemals haben wird. In guten und in schlechten Zeiten haben diese zarten Fäden mich geführt, und gemeinsam haben sie das, was ich weiß, und den, der ich bin, geformt . . . Ich habe gelernt, bei den größeren Entscheidungen den zarten Fäden zu vertrauen, und bei den kleinen Dingen mein Ego zu benutzen.«[11]

»Komm, wir machen einen Spaziergang.« BL hat inzwischen feste Form angenommen und trägt einen sündhaft teuren Trainingsanzug. Ich ziehe eine Jacke über und folge ihr hinaus in den nebligen Nachmittag.

Es fällt mir schwer, mit ihren langen Beinen Schritt zu halten. »Weißt du, was du gemacht hast, als du vor fünfzehn Jahren deine ersten Geschichten geschrieben hast?« sagt sie. »Du hast dir überlegt, was sich gut verkaufen ließe, und versucht, daraus eine Story zu machen. Aber es hat dich immer wieder in eine Sackgasse geführt. Und dann gab es da noch die anderen Geschichten. Wenn eine Idee langsam in dir gewachsen war, in flüchtigen Bildern und vagen Einzelheiten, und du immer wieder innegehalten, in dich hineingehört und nichts erzwungen hast, dann wurden das die besten Geschichten, die du je geschrieben hast – auch wenn du das nicht glauben wolltest, weil sie sich nicht gut verkaufen ließen.«

Ich nicke und mache größere Schritte. Das erinnert mich an eines meiner Lieblingsbücher: *Fearless Creating* von Eric Maisel. Er sagt: »Um schöpferisch werden zu können, mußt du die Angst hereinlassen. Aber dann mußt du mit ihr fertig werden.«[12] Ich habe mir das neben meinem Computer aufgehängt. Ich finde diesen Gedanken so befreiend! Zu wissen, daß meine Angst, dieses mulmige Gefühl im Magen, das mein kreatives Tun begleitet, *normal* ist. Daß sie einfach dazugehört. Ich finde das sehr beruhigend. Ich mache einen kleinen Freudensprung.

BL deutet auf einen alten, windschiefen Telefonmast, an dem drei Spechte sich zu schaffen machen. »Die beste Möglichkeit, Kreativität zu killen, ist, wenn du es zu früh genauer wissen willst, wenn du zum

Beispiel eine ungewöhnliche Idee sofort hernimmst und sie in etwas Bekanntes und Sicheres verwandeln willst. Wenn du dir ein lebenswertes Leben erschaffen möchtest, dann mußt du bereit sein, mit deiner Angst auf Tuchfühlung zu gehen. Du mußt sie dir zur Freundin machen. Sie ist vielleicht nicht die beste Gesellschaft bei einem dreistündigen Bergman-Film, aber auf einem Stones-Konzert ist sie eine Wucht. Das heißt: Wenn du dein Leben gestalten willst, mußt du es auf dich nehmen, daß du dich von Zeit zu Zeit unwohl oder unsicher fühlst.«

BL bleibt stehen, beugt sich zu mir herunter und sieht mich mit einem Blick an, dessen Intensität ich normalerweise als unangenehm empfinden würde. Aus irgendeinem Grund empfinde ich das heute anders. »Unsere Ängste sind Begleiterscheinungen dessen, was wir wirklich fürchten und dem wir auszuweichen versuchen. Es ist kaum zu glauben, was die Leute alles tun, um vor ihrer *eigentlichen* Angst davonzulaufen. Aber wenn wir ihr ausweichen, dann beherrscht sie uns. Und dann leiden wir. Dein Leben zu gestalten, das mußt du *wollen*, und es voll und ganz zu leben muß dir so wichtig sein, daß du bereit bist, die Unannehmlichkeiten auf dich zu nehmen, die das mit sich bringen kann. Ist das nicht ein hübsches Paradox?« BL reicht mir ein Stück Schokolade. »Wer sich bewegt, braucht Energie.« Wir gehen schweigend weiter, versunken in stiller Huldigung des köstlichen Geschmacks.

Immer wenn ich schreibe, muß ich mich auf die Angst einlassen und ihr erlauben, meinen Mut und meine Entschlossenheit auf die Probe zu stellen. Ich muß innerlich zur Ruhe kommen, damit Gedanken, Beobachtungen, Ideen und Einsichten kommen können. Und wenn sie kommen, darf ich mich nicht dazu verleiten lassen, sofort zu handeln. Ich muß bereit sein, eine Zeitlang in einem Schwebezustand zu verharren. Das ist nicht sehr angenehm, aber es ist wichtig. Eines Tages kam mir unter der Dusche – wo ich immer die besten Ideen habe – ein Gedanke. Ich kann mich nicht mehr erinnern, welcher, aber was ich noch genau weiß: Der Gedanke kam, ich dachte ihn weiter, ich war ganz begeistert, doch plötzlich fand ich ihn nicht mehr interessant. All das geschah in zirka zwei Sekunden. Ich ließ die Idee nicht ausreifen. Ich erstickte sie im Keim, weil ich nur an das dachte, was ich daraus machen wollte. Wenn ich mich meinen Ängsten stelle, wenn ich vertraue und mich an BL anlehne, die mich dabei unterstützt, dann kann ich mich dem öffnen, was *sein kann*, wohin die höheren Energien mich führen möchten. Aber dann – wurde mir mit einemmal bewußt – muß ich meiner eigentlichen Angst ins Auge sehen.

BL gibt mir noch ein Stück Schokolade. »Wende dich zuerst deinen vordergründigen Ängsten zu. Bring ihnen bei zu springen. Das ist wichtig, denn sonst versuchst du, sie zu unterdrücken, und das kostet Energie. Verwende deine Energie lieber darauf, Kraft zu sammeln, damit du deiner eigentlichen Angst später nicht hilflos gegenüberstehst.«

»Meine Ängste sollen springen?« frage ich, unsicher, was BL damit meint.

Sie nickt und lutscht genüßlich an ihrer Schokolade. »Wenn du dein Leben gestalten willst, mußt du mit deinen Ängsten Freundschaft schließen. Dann freunden sie sich ihrerseits mit deinem unbändigen Verlangen an. Die Ängste, die du früher als ärgerlich und einschränkend empfunden hast, werden zu Verbündeten. Sie verleihen dir die nötige Energie, den Sprung zu wagen, und dein inneres Verlangen sorgt dafür, daß du oben bleibst. Und schließlich helfen dir dein Mut und die Zuwendung, die du dir gibst, dich deiner *eigentlichen* Angst zu stellen. Wenn du dich von der Vorstellung trennen kannst, daß dein Leben eines Tages einfacher, ruhiger oder angenehmer sein wird, dann kannst du dich auf den Prozeß einlassen und das In-dich-Hineinhören, das Dich-Herantasten und das Erfahrungen-Sammeln (das wunderbare Geschenk des Älterwerdens) verwenden, um herauszufinden, was deine Seele wirklich braucht, um sich entfalten zu können.«

»Das hört sich an, als ob ich mich ständig mit meinen Ängsten auseinandersetzen müßte.«

»Tust du das nicht sowieso?«

Ich bleibe mitten auf der Straße stehen und merke, daß sie recht hat. Das Gewicht meiner Ängste lastet schwer auf mir. Ich atme tiefer und frage mich zum x-ten Male: »Wovor fürchte ich mich so?«

BL zieht mich zu sich. »Die Dichterin Louise Bogan schreibt: ›Ich kann nicht daran glauben, daß das unfaßbare Universum sich um die

Achse des Schmerzes dreht; ich bin mir sicher, die seltsame Schönheit der Welt ruht irgendwo auf purem Glück!‹ Deine Ängste werden dich niemals ganz verlassen, aber sie werden ihre Macht über dich verlieren. Du wirst genügend Erfahrung sammeln, deinem Mut zu vertrauen, und genug Entschiedenheit, dich dem Leben hinzugeben.«

Ich mache einen Sprung und stelle mir vor, daß ich oben bleibe.

Ich stolpere, aber BL klatscht mir trotzdem Beifall.

»Du hast immer eine Wahl. Du kannst atmen, du kannst vertrauen, du kannst dich dem Leben überlassen, oder du überläßt das Steuer deinem Ego und läufst vor deiner Angst davon. Du weißt, wo dich das hinführt.«

Ich weiß, wo mich das hingeführt hat. Ich springe noch einmal.

12

Fragen zum Leben

Wie ist mein Leben momentan? Was ist die Wahrheit, ohne Vorwürfe, ohne Schuldgefühle, ohne Projektionen?

Schreib nur die Fakten auf. Es kann sein, daß du ein paar Anläufe brauchst. Hier ist ein Beispiel: »Ich stecke beruflich in einer Situation, unter der ich leide. Ich habe zwei Geschäftspartner, mit denen ich nicht zusammenarbeiten kann. Jedesmal, wenn ich es versuche, bin ich nachher sehr frustriert. Am liebsten würde ich nicht mehr zur Arbeit gehen. Ich bin sehr enttäuscht und traurig, daß unsere Zusammenarbeit nicht funktioniert. Ich habe das Gefühl, daß ich mich im Kreis drehe. Ich fühle mich in der Opferrolle, und auch mein Mann hat es schon bemerkt. Ich wünschte, ich hätte gelernt, mit solchen Situationen besser umzugehen.« Robert Johnson und Jerry Ruhl schreiben in *Contentment*: »Sag, was ist . . . Wenn du es ehrlich sagst, dann geschieht etwas Erstaunliches. Es wird dir bewußt, und dann bist du in der Lage, das nächste ›Was ist‹ zu sehen. Und wieder fragst du: ›Was ist?‹ und machst den nächsten Schritt. So kannst du dein Leben Schritt für Schritt in eine positive Richtung lenken.«[13] Trotzdem ist das keine leichte Frage. BL nimmt wieder die Gestalt eines Kugelschreibers an und hilft dir. »Komm, wir pirschen uns an dein Leben heran. Ich weiß, das macht wahrscheinlich soviel Spaß, wie deinen Schreibtisch aufzuräumen, auf dem du monatelang alles nur gestapelt hast. Aber denk daran, wie gut es sich anfühlt, wenn nachher wieder Ordnung ist.«

**Wofür bin ich dankbar? Wofür bin ich nicht dankbar?
Wofür sollte ich dankbar sein, kann es aber nicht?**

Dankbarkeit empfinden ist eine wunderbare Möglichkeit, in das göttliche Gleichgewicht zu kommen. Das ist seit alters her bekannt. Aber
Dankbarkeit kann man nicht erzwingen. Wenn du dir bewußtmachst,
wofür du dankbar bist und wofür nicht, kommst du in Kontakt mit
deinen authentischen Gefühlen.

**Welche Ratschläge habe ich in letzter Zeit anderen gegeben?
Befolge ich selbst sie?**

Hast du in letzter Zeit niemandem einen guten Rat gegeben? Dann
überleg dir, welchen Ratschlag du einer Freundin geben würdest, die
so lebt wie du. Am besten sagst du es laut. Stell dir dann die Frage:

**Würde ich diesen Ratschlag oder einen Teil davon
selbst befolgen?**

Das sind keine leichten Fragen. Belohn dich dafür, daß du dich mit
ihnen beschäftigst, auch wenn du sie nur liest. BL schlägt vor: »Wie
wär's mit Kokosnußöl, Trommelmusik oder einem hübschen jungen
Mann? Bei mir wirkt's!«

Es ist, was es ist, oder:
Das Leben ist eine Spirale

Geduld, Kreativität, Beweglichkeit und unbändiges Verlangen. Sich selbst achtsam und liebevoll behandeln. Ein deutlicheres Bild von BLs Botschaft entstand vor meinen Augen, und es war auch ein Bild dessen, wo es mich hinzog. Das Mitgefühl aus ihren Falkenaugen, es war mir fast zuviel, trotzdem wirkte es ungemein belebend. Sie erinnerte mich an die hinduistische Göttin Kali, die mich ebenso anzog, wie sie mir Furcht einflößte. Und genauso ging es mir mit BL. BL und die Frauen, die ich interviewte, waren eine »Kraft innerhalb des Universums, die falsche Vorstellungen entlarvt . . . Auf einer anderen Ebene kann man sie auch als Symbol dafür sehen, daß es im Leben um etwas Höheres geht, das wir Menschen nicht beeinflussen können und das sich uns nicht unterwirft«[14], wie China Galland es in *The Bond Between Women* formuliert.

Etwas Ähnliches hatte ich schon einmal mit Marcie erlebt, die damals den Satz »Es ist, was es ist« monatelang rezitierte. Weil ich weiß, daß sie gerne in Symbolen spricht, und weil ich gern so tue, als wüßte ich, was die anderen meinen, fragte ich sie nicht, was sie damit sagen wollte. Ich versuchte einfach, diesen Satz in mich aufzunehmen. Während einer gemeinsamen Wanderung kamen wir an einen moosumsäumten Pfad, der sich lieblich zwischen Kiefern dahinschlängelte. Es war fast so wie im Märchen, und es hätte mich kaum verwundert, wenn sich aus dem See, zu dem der Weg uns führte, eine juwelengeschmückte Hand erhoben hätte, um uns ein magisches Schwert zu überreichen.

Während unserer Wanderung beklagte ich mich bei Marcie über meine Art, dem Leben zu begegnen, mein Mach-voran-und-nimm-dir-was-du-kriegen-Kannst, wie müde ich dessen geworden war und wie unmöglich es mir schien, etwas daran zu ändern. Marcie wandte sich mir zu und sagte: »Was, wenn das einfach deine Art wäre?« Lachend rezitierten wir Marcies beliebten Ausspruch: »Es ist, was es ist.« In diesem Wald, in dem die Sonne das saftige, grüne Moos beschien, und kleine Quellen zu beiden Seiten des Weges munter sprudelten, empfand ich für einen kurzen Augenblick das wunderbare Gefühl, einfach *zu sein*. Ich war ich, ganz ich, ohne den Schutzwall, den ich sonst um mich herum aufbaute. (Wenn ich mit mir und mit meinen Eigenarten konfrontiert werde, habe ich für gewöhnlich zwei Standardantworten: »Es ist nicht so schlimm, wie ich denke«, oder: »Ab morgen mache ich es besser.«) Es wirkte so belebend: Mich selbst zu sehen, so wie ich bin, und gleichzeitig Mitgefühl zu spüren und: »Das bin ich? Wie schrecklich!« Ich konnte mich nirgendwo verstekken, es gab keine Entschuldigungen.

Es ist, was es ist.

Was für ein Gefühl! Ich war der Sache auf den Grund gegangen, ohne Entschuldigungen, ohne Psychologisieren, ohne Was-wäre-Wenn. Sieh den Moment, so wie er ist. Schau ihn unerschrocken an. Stell nichts zwischen ihn und dich. Hör auf, Gewißheiten gegen Phantasien einzutauschen.

Die Therapeutin und Autorin Stephanie Dowrick beschreibt, wie sie im Verlauf eines Rechtsstreits, in den sie drei Jahre lang verwickelt war, »aufhörte zu denken: ›Es muß aufhören, weil ich genug davon habe, weil es keinen Sinn hat, es weiter in die Länge zu ziehen, und weil es allen Beteiligten doch nur weh tut.‹ Dieser Gedanke wurde für mich unerträglich, und ich konnte es auch nicht mehr hören, wenn andere ähnliche Gedanken äußerten. Seltsamerweise faßte ich neuen Mut, als ich aufhörte, mir zu wünschen, daß das Leben anders wäre, als es war – als ich anerkannte, daß es so war, wie es war, auch wenn es weh tat.«[15]

In *Composing a Life* schreibt Mary Bateson: »Es gab die Tendenz, eine Zukunftsvision zu entwerfen, in der Frauen nicht länger von zwei widersprüchlichen Forderungen oder Wünschen hin- und hergerissen sind, was ihren Weg oft in einen Zick-Zack-Kurs verwandelt, oder bestenfalls in eine Spirale. *Daß die Forderungen widersprüchlich sind, schmälert jedoch nicht ihren Wert, sondern es erhöht ihn.* Es wäre leichter, wenn unsere Ambitionen weniger komplex und unsere Ziele einer klaren Reihenfolge unterworfen wären. Aber vielleicht liegt das, was die Welt von den Frauen heute lernen kann – eine Welt, in der beide Geschlechter lernen müssen, mit Komplexitäten neuer Ordnung und schnellem Wandel umzugehen – gerade darin, daß sie sich nicht mehr zwingen lassen, sich zwischen Beruf und Haushalt zu entscheiden, zwischen Stärke und Verletzlichkeit, zwischen Konkurrenz und Sich-um-andere-Kümmern und zwischen Vertrauen oder Fragen-Stellen. Denn so einfach ist die Wahrheit nicht.«[16]

Tief in mir wußte ich, was Stephanie und Mary meinten. Aber weiter oben dachte ich: Wenn es nicht darum geht, die Dinge zu verändern, dann kann ich mich genausogut mit einer Tüte Chips vor den Fernseher hängen. Schwarzweißdenken nennt man das. Es ist bequem, und es ist »in«.

»Die Dinge verändern sich, aber nicht abrupt, sondern organisch, Schritt für Schritt, wenn wir das Leben so akzeptieren, wie es ist: immer unvollendet, immer im Werden begriffen.« BLs Stimme, die von einem Summen begleitet wird, erfüllt mein Haus. »Wenn wir unser Denken auf Gewißheiten und Wenn-dann-Vorstellungen beschränken, verschlingt das viel Energie. Wenn wir jedoch den Dualismus überwinden, so wie Kali es getan hat, dann setzen wir ein gewaltiges Potential und eine Menge Energie frei.«

Ich mache mich auf die Suche nach BL und spreche vorerst zu den Wänden. Ich weiß nicht, wo ich sie finden werde, aber ich bin mir sicher, daß sie mich hören kann: »Du willst, daß ich nicht länger auf die Stimme höre, die mir sagt: ›Vorwärtsgehen ist das einzig Richtige im Leben, und das einzige Ziel ist, daß es mir besser geht. Und, weil ich es noch nie geschafft habe, etwas wirklich perfekt zu machen, bin ich eine Versagerin!‹« Ich muß darüber lachen, weil in dem scheinbar Absurden so viel Wahrheit steckt.

Ich finde BL im Garten hinter dem Haus. Sie steht in der Mitte einer riesigen Spirale, die vom Boden bis zu den Baumkronen reicht und in Richtung Himmel langsam blasser wird. Sie ist zirka zwanzig Meter hoch. Die Spirale biegt sich nach oben und nach unten und gibt dieses summende Geräusch von sich. BL steht in der Spirale und tut so, als ob das ganz normal sei. Für sie ist es das vielleicht. »Ich kenne diesen

Mach-voran-und-werd-Vollkommen sehr, sehr gut«, sagt sie. »Ich war mit ihm verheiratet. In erster Ehe. Weißt du was? Er war auf Partys der absolute Langweiler. Er hatte die ganze Zeit nichts Besseres zu tun, als die Servietten zurechtzurücken. Und weißt du, wie ich es geschafft habe, ihn loszuwerden? Ich habe aufgehört, ihn zu bekämpfen. Ich habe einfach so getan, als ob ich seinen Predigten zuhören würde.« BL zieht mich näher zu sich heran, bevor sie weiterredet: »Er haßte es, wenn ich nicht genau das machte, was er wollte, und so hat er mich eines Tages sitzenlassen. Und weißt du, wegen wem? Wegen Martha Stewart.« Ihr Lachen hallt von der Hauswand wider.

»Was ist das?« frage ich verunsichert. »Habe ich mich zu weit von der Realität entfernt? Passiert das, wenn wir unseren Weg gehen?«

»Das? Das ist die Spirale deines Lebens.« BL spricht mit der Stimme eines Moderators: »Sie erinnert an das uralte Symbol des Efeus und der Weinrebe. Die Kelten sahen die Spirale als Symbol für Wiedergeburt und Auferstehung. Uns erinnert sie an die DNA, die Grundlage allen Lebens.« Sie setzt sich auf die Spirale und wippt mit ihr auf und ab. »Das Leben ist eine Spirale. Du begegnest immer wieder denselben Dingen, aber jedesmal siehst du sie aus einer anderen Perspektive.«

Ich trete ein Stück näher. Die Sache beginnt mich zu interessieren. »Eine Therapeutin sagte einmal zu mir, daß wir Menschen nur dadurch lernen, daß wir Dinge aufnehmen und dann weitergehen, bis wir derjenigen in uns selbst wiederbegegnen, die irgendwann alleingelassen, beleidigt oder verletzt wurde, aber dieses Mal wissen wir etwas mehr, sehen es ein wenig anders.« Ich strecke die Hand aus, um die Spirale zu berühren. »Sie glaubt, es kommt nicht darauf an, daß es uns besser geht oder daß wir unsere Probleme lösen, sondern darauf, daß wir sehen, was ist, und es akzeptieren.«

»Genau! Das ist es!« BL tritt aus der Spirale, die daraufhin in sich zusammenschrumpft, bis sie so klein geworden ist, daß sie in ihre Hand paßt. »Die Spirale mußt du also gleichfalls in die Gestaltung deines Lebens einbeziehen.«

»Und was noch?«

BL grinst mich an. »Du hättest immer gerne, daß ich dir die Antwort gebe. Aber deine Antworten mußt du schon selbst finden.« Sie streicht mir das Haar aus der Stirn, und die Spirale versetzt mir einen kleinen

Stoß. »Die Grundregel spirituellen Wachstums ist, daß du die Dinge selbst entdecken mußt. Was ich dir erzähle, geht zum einen Ohr hinein und zum anderen heraus. Wie Komplimente. Aber ich hab ein weiches Herz, und ich mag dich, also gebe ich dir noch einen Tip: Freud.«

Ich sehe BL nach, die durch das Gartentor entschwindet, und ihr Freud-Tip erinnert mich an Nora Gallagher: Wenn ich sie auf einer Party treffe, halte ich mich gern in ihrer Nähe auf, in der Hoffnung, daß etwas von ihrer Ausgeglichenheit und ihrer spirituellen Tiefe auf mich abfärbt. Während meiner Tiefs habe ich oft Trost und Rat in ihrem Buch *Things Seen and Unseen* gesucht. Vor kurzem waren wir bei einer gemeinsamen Freundin zum Geburtstag eingeladen, und jede von uns schenkte ihr ein Buch. Später kamen wir darauf zu sprechen, was wir gerade lasen. »Ich habe über Weihnachten einen Aufsatz von Freud gelesen«, erzählte Nora. »Freud sagt, wir glauben, wir könnten unsere Probleme lösen, aber in Wahrheit können wir das nicht. Es gibt sehr wenig, was wir ändern können. Was wir aber tun können, um glücklicher zu werden und das Leben mehr zu lieben oder einfach nur, um weniger neurotisch zu sein: Wir können lernen, unsere Konflikt-bereitschaft zu erhöhen – und damit unsere Bereitschaft, das Leben in seiner Komplexität zu akzeptieren.«

Ich lege mich ins Gras und beobachte die Ameisen. Sie wissen, was sie tun. Und sie wissen, daß sie so weitermachen werden, bis an ihr Lebensende. Komplexität und Widersprüchlichkeit sind keine Be-griffe, die auf das Seelenleben von Ameisen zutreffen würden.

Ich könnte diese Ameisen beneiden. Aber ist unser Leben nicht gerade *wegen* seiner Widersprüche um so vieles interessanter?

13 — *Fragen zum Leben*

Was kann ich in den nächsten Tagen tun, um mich dem Mysterium des Lebens in stärkerem Maße zu öffnen?

Thomas Moore schreibt in *Der Seele Flügel geben*, daß die Seele »in Andeutungen spricht, uns flüchtige Impressionen anbietet, und uns mehr durch ihr Verlangen überzeugt als durch Vernunft . . . Die Seele deutet vieles an, aber auf sehr subtile Weise.«[17] Es gibt keine logische Antwort auf diese Frage. Stell sie dir trotzdem, und achte darauf, welche Gedanken und Gefühle sie hervorruft.

Wie rede und denke ich in letzter Zeit? Findet das, was in meinem Inneren vor sich geht, in meinem Handeln und Reden Ausdruck? Verhalte ich mich dementsprechend?

BL legt dir den Arm um die Schultern. »Wenn du sagst, daß du das nicht tust, dann sage ich dir, daß du schwarzweißdenkst. Es gibt immer Bereiche, wo du es tust, und Bereiche, wo du es nicht tust. Halte meine Hand und sieh, was kommt. Du brauchst nichts zu *tun*, nur schauen.«

Gibt es etwas, wofür ich mir verzeihen möchte? Gibt es jemanden, dem ich verzeihen möchte?

Es muß nichts Großes sein, und es muß auch nicht ein für allemal erledigt sein. Vielleicht ist es ein Schlüsselloch, durch das du einen Augenblick hindurch siehst, ein Moment, in dem dein Herz weich und weit wird. Gibt es einen Menschen, dem du nicht verzeihen kannst?

13

Wenn ich meinen Körper sprechen lassen könnte: Was würde er sagen? Was möchte er mir mitteilen?

BL nimmt deinen Arm: »Halte inne, meine Liebe. Atme ein und aus, und frage deinen wunderbaren Körper, was er dir sagen will. Er ist auf deiner Seite, glaube mir!« Dein Körper gibt dir eine Antwort. Vielleicht möchte er sich bewegen oder singen, vielleicht möchte er lachen oder weinen. Vielleicht brauchst du ein großes Blatt Papier und bunte Farben. Wenn dich das nicht anspricht, dann kannst du dich auch einem bestimmten Körperteil zuwenden. Bist du irgendwo verspannt? Tut dir etwas weh? Fühlt sich dein Körper irgendwo besonders gut an?

Die Sache mit dem Gleichgewicht

Eine Frau geht zum Arzt, weil sie unter chronischer Erschöpfung leidet. Der Arzt rät ihr: »Sie müssen mehr auf sich achten. Nehmen sie sich Zeit für sich!« Die Frau greift sich an die Stirn und stöhnt: »Noch jemand, um den ich mich kümmern soll!«

Vor einigen Jahren gab ich für eine große Bank in Kanada ein Seminar für Frauen aus dem mittleren Management. Daß in diesem Bereich vorwiegend Frauen beschäftigt sind, wurde so erklärt: »Frauen sind bereit, mehr zu leisten. Sie machen freiwillig Überstunden. Sie wollen einfach, daß es klappt.« Nach ein paar Stunden brach es aus einer Frau hervor: »Ich halt es hier nicht länger aus! Noch ein Muß auf meiner Liste!«

In dem Moment begriff ich, daß das Thema »Gleichgewicht« zur Belastung werden kann. Und ich begann zu sehen, daß es für viele Frauen nicht inspirierend wirkt, sich um sich selbst zu kümmern, sondern wie ein Zwang. Selbst die zehn Minuten, die wir brauchen, um nach einem anstrengenden Tag zu uns zu kommen.

Joan Borysenko beschreibt ähnliches in *Das Buch der Weiblichkeit*: »Viele Bücher preisen die Vorzüge, mehr Zeit für sich selbst zu haben, und lassen durchblicken, wenn uns das nicht gelinge, machten wir psychologisch oder spirituell etwas falsch. Obwohl es unerläßlich für Frauen ist, jeden Tag einige Zeit für sich zu haben, um sich mit neuer Energie aufzuladen, ist es oft unmöglich, sich dafür sehr viel Raum zu nehmen. Aber vielleicht brauchen wir gar nicht sehr viel. Ich weiß, daß ich mich durch ein paar Minuten der Meditation ebenso regeneriert fühlen kann, wie wenn ich meine Hauspflanzen versorge, durch den Garten gehe, eine Freundin anrufe, einen Spaziergang mache, ein wenig Yoga übe oder ein Buch lese. Das Problem ist, daß mir viele

Bücher einreden wollen, ich sollte imstande sein, all diese Dinge fast
täglich zu tun, und mich tadeln, wenn mir das nicht gelingt. Wenn ich
ihnen Glauben schenkte, würde ich mich sehr schuldig fühlen, weil
ich mich selbst vernachlässige, Schuldgefühle unter denen heute viele
Frauen leiden.« Joan Borysenko vergleicht unser Ideal von Gleichgewicht mit dem Frauenbild der viktorianischen Epoche, dem »Engel
des Hauses«, von dem folgende Eigenschaften erwartet wurden: »brav,
opferbereit, mehr auf die Bedürfnisse anderer bedacht als auf die
eigenen, ein Engel, der seine Macht durch seinen Mann bezog.« Wir
sind noch nicht frei von dieser Vorstellung. Im Gegenteil: Wir haben
sie völlig verinnerlicht. Sie äußert sich in den »inneren und äußeren
Stimmen, die der aktiven Frau vorwerfen, aus dem Gleichgewicht zu
sein . . . Von der vollkommenen Frau der Generation von Virginia
Woolf und danach meiner Mutter wurde erwartet, daß sie immer
reichlich Zeit für Müßiggang, ihre Familie und Freundschaften hatte.
Die Ermahnungen des Engels haben sich im Laufe der Jahre nicht
verändert, nur dessen äußerliche Erscheinung. Heute tritt er – oder
besser gesagt sie – im Gewand einer unspezifischen Spiritualität auf
und äußert Anweisungen, wie frau ein vollkommen ausgewogenes
Leben als eine Art engelhafte traditionelle Priesterin zu führen habe.
Ihr spirituelles Mäntelchen macht ihre höhnischen Bemerkungen besonders verletzend, da sie vorgibt, die wahren Schlüssel zu unserem
Glück in Händen zu halten.«[18]

Wenn Gleichgewicht zum Zwang wird, dann geht es nicht mehr
um Wohlfühlen, sondern nur noch um Perfektion. Gleichgewicht
bedeutet nicht, daß du jeden Tag acht Stunden arbeitest, in zwanzig
Minuten auf deinem Heimtrainer achtzehn Kilometer abstrampelst
und zwei Stunden mit deinen Kindern spielst. Es heißt noch nicht
einmal, daß du jeden Tag etwas für dich tun mußt. Diese Vorstellung
ist irreführend. Sie ist so wenig realistisch wie Avalon als Urlaubsort. Es
ist ein Märchen, an das wir gerne glauben, weil es sich gut anfühlt –
wie ein kühles Tuch, das du auf deine fieberheiße Stirn legst. Wir
wollen daran glauben, daß es einen einfachen, praktikablen Weg gibt,
unser Leben, das vollgestopft mit Terminen und Interessen – und
oftmals ebenso vielen Widersprüchen – ist, glatt und reibungslos zu
leben. Wenn wir versuchen, nach den uns angebotenen Rezepten zu

leben, fühlen wir uns eingezwängt und sehen, daß es so nicht funktioniert. Wir bekommen Angst, weil uns etwas aufgezwungen wird, nämlich, was »Gleichgewicht« bedeuten *soll*.

Zuhören und dem folgen, was sich uns als Weg zeigt, ist selten ein glatter und reibungsloser Vorgang, und oft mag es von außen den Anschein haben, daß das, was wir dann tun, gar nicht funktionieren kann. Aber wenn wir versuchen, uns an ein vorgegebenes Bild von Gleichgewicht anzupassen, zäumen wir das Pferd vom Schwanz auf. In Wahrheit geht es andersherum: Zuerst müssen wir erkennen, wer wir sind; dann können wir unser Leben dementsprechend ausrichten – mit Rücksicht auf die Menschen, die uns nahestehen. Das ist »göttliches Gleichgewicht«. Manchmal erscheint uns unser Leben vielleicht viel zu stressig, auf manchen Gebieten viel zu vollgestopft und auf anderen zu leer, aber wenn wir immer wieder innehalten und lauschen, dann wird es sich nach und nach so gestalten, wie es uns entspricht: kraftvoll, komplex und sehr dynamisch. Und selten »im Gleichgewicht«.

Ich sage: »mit Rücksicht auf die Menschen, die uns nahestehen«, weil alles Zuhören und Entscheiden für mich in dem Moment ins Wanken gerät, wenn meine Tochter ruft: »Mami, Mami, spiel mit mir«. Ich habe eine Tochter, und ich habe das Gefühl, daß ihre und meine Bedürfnisse nur selten die gleichen sind. Ich hatte gehofft, einen Weg zu finden, der die Gegensätze harmonisiert und mir das Gefühl gibt, daß ich ihr das gebe, was sie braucht. Aber nach vielen vergeblichen Versuchen mußte ich erkennen, daß es diesen Weg nicht gibt. Meine Tochter wünscht sich von ihren Eltern jede Menge Zeit und Zuwendung. Und es gefällt ihr gar nicht, daß wir beide arbeiten, daß wir beruflich viel unterwegs sind, daß wir unsere Arbeit genauso lieben wie sie und daß wir manchmal lieber arbeiten, als mit ihr zu spielen. Mein »göttliches Gleichgewicht« erreiche ich durch meine

Sich um sich selbst kümmern

Sich um andere kümmern

Arbeit *und* durch meine Tochter. Und sie erreicht ihres durch ihre Mutter *und* ihren Vater.

Sobald es um die Bedürfnisse von Kindern geht, um eine religiöse Berufung, wie es bei Nora Gallagher der Fall ist, oder um politisches Engagement, bricht unser vorgefertigtes Ideal von Gleichgewicht vor der Wirklichkeit zusammen. Es wird aufgebrochen. Es öffnet sich, so daß die höheren Energien sich einen Weg ins Freie bahnen können. Auch hier beugt sich unser Wille dem Willen eines anderen. James Hillman sagt: »Die Stimme, die uns zur Vorsicht mahnt, spricht nur zu einem Teil von der Botschaft des Daimonions. Der andere Teil wendet sich an das Ideal. Wir bewerten den Streß, dem wir heute ausgesetzt sind, die finanziellen Ansprüche, die wir haben, die Gebote des Über-ichs und die Termine, die uns unter Druck setzen, negativ, aber damit schmälern wir die archetypische Natur des unermüdlichen Engels, der uns zur Seite steht, und die unerbittlichen Forderungen, die er an sich stellt.«[19] Hier eröffnet sich eine mögliche neue Bedeutung von »Gleichgewicht«. Stell dir vor, unsere Neigung, möglichst viel zu leisten und das Leben auszuschöpfen, wäre nicht darauf zurückzuführen, daß wir uns etwas beweisen wollen, sondern auf die niemals erlahmenden Bemühungen unseres Schutzengels, der das Beste für uns will. »Komm! Mach das! Schnell! Das ist das, was dir entspricht!« flüstert er uns ins Ohr. Vielleicht sind wir uns tief im Inneren bewußt, was wir uns hier auf Erden alles vorgenommen haben, aber mit dem Tempo eines Engels Schritt zu halten ist für unsere sterbliche Hülle nicht eben leicht.

Wie wäre es, wenn wir den größten Teil unserer Zeit damit zubrächten, in uns hineinzuhören und im Gleichgewicht zu bleiben? Wäre das nicht ziemlich langweilig? Um uns zu entfalten, brauchen wir mehr als das: wir brauchen Hingabe, Handeln und die Realität, die uns gegenübertritt. Das erst erzeugt die Spannung und das Chaos, die für den kreativen Prozeß unerläßlich sind. Wir nehmen daran teil, wenn wir uns die Frage stellen: »Welche eine Sache kann ich in den nächsten Tagen tun, um diejenige zu werden, die ich sein will?« Wir Frauen müssen auf zwei Dinge besonders achten: Wir müssen lernen, uns nicht immer an die letzte Stelle zu setzen, und wir müssen stark genug sein, um unsere Visionen und Ambitionen mit den Anforderungen abzustimmen, die das Leben an uns stellt – sei es ein kleines Kind oder eine alte Mutter, die unsere Hilfe brauchen, oder der Wecker, der uns rücksichtslos aus unseren Träumen reißt.

Auch hier treffen wir wieder auf ein Paradox: Das funktioniert nur, wenn wir in uns hineinhören.

14

Fragen zum Leben

**Was wird aus den Hindernissen, die mich davon abhalten,
mich zu entspannen und gut zu mir zu sein?**

Sieh dir noch mal Seite 32 an. Hat sich inzwischen etwas verändert? Ist
etwas weggefallen? Ist etwas hinzugekommen? Bist du jetzt bereit,
dich mit einem Hindernis zu beschäftigen? Was kannst du jetzt tun,
um eines dieser Hindernisse aus dem Weg zu räumen?

**In welchen Situationen habe ich die meiste Angst,
daß es egoistisch ist, an mich selbst zu denken?
Wann war ich in den letzten Wochen egoistisch?
Wann wäre es gut gewesen, es zu sein?**

Die Antwort findest du nur, wenn du dir diese Frage stellst und
lauschst. Noch ein Gedanke von BL: »Frauen, die nur an sich selbst
denken, fragen nicht, sie gehen shoppen.«

**Was hilft mir, mich zu entspannen, einen klaren Kopf
zu bekommen und meine Perspektive wiederzufinden?
Was hat sich früher in der Hinsicht bewährt?**

Während der Arbeit Musik hören; in der Mittagspause wirklich Mittagspause machen; ein Abendspaziergang mit der Familie; ein paar
Yoga-Übungen; etwas verschenken, was du nicht mehr brauchst; eine
Putzfrau engagieren; dich mit einer Freundin treffen und gemeinsam
nach einer Lösung suchen für ein Problem, das dich belastet.
Hier noch ein paar Vorschläge von BL: »Chante dreimal ›Om‹, auch
wenn du katholisch bist; laß am Arbeitsplatz ein paar Seifenblasen
steigen; setz dich an einen Springbrunnen, und schau ihm zu, oder
schlaf eine Nacht im Freien.«

Tu dir gut
Frauen berichten

Geschichten können uns sehr bereichern, besonders Geschichten, die davon handeln, wie andere Frauen ihr Leben »erschaffen« oder gestalten. Stell dir ein geräumiges Wohnzimmer vor, das von Kerzenschein erhellt ist. Draußen ist es dunkel. Durch die Verandatüren siehst du die Silhouetten großer Bäume, die sich in einem üppigen Frühsommergarten in der leisen Abendbrise wiegen. Zwei weiche Sofas, eine kuschelige Chaiselongue und ein paar bequeme Schaukelstühle stehen bereit. In dieser angenehmen Atmosphäre sitzen Frauen verschiedenen Alters und verschiedener Nationalitäten und Berufe beisammen, um sich auszutauschen. Sie sitzen schweigend da und lauschen in sich hinein. Von Zeit zu Zeit berichtet eine von ihrem Leben, und die anderen nehmen Anteil an dem Geist, der sich in dem Erzählten offenbart.

Christine, die es sich auf der Chaiselongue bequem gemacht hat, fängt an zu erzählen: »Mein Vater ist vor einem Jahr gestorben, und da haben wir, meine drei Schwestern, meine Mutter und ich, uns zusammengesetzt und besprochen, wie es weitergehen sollte. Meine Mutter ist 74, ein kleine Frau, die ihr ganzes Leben eher ängstlich und schüchtern gewirkt hatte. Wir schlugen vor, daß sie zu einer von uns Schwestern ziehen sollte. Sie hat fast ihr ganzes Leben draußen vor der Stadt gewohnt, und da saß sie nun allein mit 16 Hektar Land. Wir wollten ihr klarmachen, daß sie es allein da draußen nicht schaffen würde. Zum Beispiel die Sache mit der Heizung, die noch mit Holz betrieben wurde. Sie schien unsere Argumente einzusehen. Eine Woche später rief sie an und hinterließ eine Nachricht auf meinem Anrufbeantworter. Sie hatte sich einen Traktor gekauft. Ich konnte hören, wie sehr sie sich darüber freute. Seit damals ist ein Jahr vergangen, und in dieser

Zeit ist meine Mutter um vieles stärker und entschlossener geworden, als sie jemals war. Jetzt führt sie das Leben, das sie immer leben wollte. Sie ist aufgeblüht. Und sie findet ihren Traktor wunderbar!«

Als nächstes meldet Sarah sich zu Wort. Sie spricht mit leiser, aber fester Stimme: »Ich habe viel darüber nachgedacht, was es heißt, mutig zu sein und zufriedener mit mir zu werden. Für mich ist das eine andere Formulierung für ›mein Leben selbst gestalten‹. Ich bin als Kind sexuell mißbraucht worden, später auch als Erwachsene. Ich habe mich in meinem Körper noch nie besonders wohl gefühlt. Vor sechs Monaten habe ich mich entschlossen, mich meiner Angst zu stellen. Ich habe mir einen Yoga-Lehrer gesucht, der zweimal pro Woche zu mir nach Hause kommt. Für mich ist das ein Luxus, denn ich verdiene nicht besonders gut. Wir haben ausgemacht, daß er immer um die gleiche Uhrzeit kommt, aber ich weiß nie, an welchem Tag. Ich mache also fünfmal in der Woche meine Yoga-Übungen. Oft geht es mir nicht gut dabei, und ich würde am liebsten alles hinwerfen. Ich weine und zittere am ganzen Körper. Aber ich bin fest entschlossen: Ich höre nicht eher auf, bis ich meinen Körper spüren kann. Ohne Angst. Jetzt mache ich das schon einen ganzen Monat, einen Monat Yoga und Weinen, aber heute ist etwas geschehen: Mein Körper hat Dinge getan, die er noch nie zuvor getan hatte. Ich weiß, daß ich es schaffen werde. Für mich ist das, was heute war, der Beginn einer neuen Freiheit, einer Freiheit, die ich noch nie gespürt habe. Die Bereitschaft, mich auf mein Unbehagen einzulassen, verändert allmählich mein Leben.«

»Ich hatte vor kurzem auch so ein Erlebnis mit meinem Körper.« Nicole spricht etwas lauter, um das Knarren ihres Schaukelstuhls zu übertönen. »Ich hatte es sehr eilig und mußte an die vielen Dinge denken, die auf mich zukamen: das Computerprogramm, das ich demnächst abgeben mußte; die Prüfung, die mir bevorstand; meine Arbeit, mit der ich mir mein Studium finanziere, und ein Problem, das ich erst kürzlich bewältigt habe – Gott sei Dank mit gutem Ausgang. Wie aus dem Nichts ertönt plötzlich die Stimme meines inneren Kritikers und mäkelt an meinem Gewicht. Aber dieses Mal habe ich mich nicht von ihm beirren lassen. Ich erwiderte: ›Ja, ich weiß. Ich sollte abnehmen. Aber ich hab zur Zeit soviel zu tun! Würdest du bitte aufhören, mit mir zu schimpfen. Ich mache fast jeden Tag etwas für meinen Körper, und ich mache meine Yoga-Übungen. Du hilfst mir nicht, wenn du mich kritisierst. Ich habe jetzt keine Zeit, dir zuzuhören. Bitte hör jetzt auf!‹ Ich sagte: ›Hör auf!‹ und fühlte mich plötzlich auf wunderbare Weise in die Gegenwart versetzt. Ich war bei *mir* – und nicht wie sonst so oft bei meinem Traum von dem perfekten Körper. Statt mir Gedanken über das zu machen, was ich nicht ändern konnte, fühlte ich mich stolz auf alles, was in meinem Leben gut ist.«

Einige Stimmen murmeln: »Das hört sich gut an!« Andere wenden sich an die nächste Sprecherin und sagen: »Jetzt bist du dran.«

»Der Wendepunkt meines Lebens . . .«, beginnt Sheila und setzt sich zurecht. Sie nimmt noch einen tiefen Atemzug und fährt dann fort: »Mit 35 traf ich Hochzeitsvorbereitungen. Ich war im Begriff, einen wunderbaren Mann zu heiraten. Es war für uns beide die erste Ehe. Ich empfand mich noch immer als das Nesthäkchen. Wenn ich zu Weihnachten nach Hause fuhr, schlüpfte ich in diese Rolle, sobald ich die Türschwelle meines Elternhauses überschritt. Es war so, als ob ich immer noch neun Jahre wäre – zum Beispiel die Art, wie wir miteinander redeten. Aber dann sagte ich, ich würde heiraten. Meine Eltern erklärten sich sofort bereit, die Kosten für die Hochzeit zu übernehmen, und schlugen vor, sie würden für jede Vorbereitungsphase einen Scheck ausstellen, den ich bei ihnen abholen könne. Mit einem Mal wurde mir bewußt, daß der Einsatz von Geld als Mittel, Macht auszuüben, in unserer Familie Tradition hatte. Nach vielen Gesprächen, vielen Tränen und therapeutischer Hilfestellung, fuhr ich zu meinen Eltern, dankte ihnen für ihr Angebot und sagte, wir hätten uns entschlossen, die Hochzeit zu verschieben, bis wir genug gespart hätten, um sie selbst zu finanzieren. Das traf meine Eltern sehr. Damit hatten sie nicht gerechnet. Aber für mich war es der Schritt, durch den ich erwachsen wurde. Nicht nur in den Augen meiner Eltern, sondern auch in meinen eigenen. Mein Mann erzählte mir später, daß er die Frau, die ich vorher war, nicht hätte heiraten können. Er hatte wohl gespürt, daß ich ich selbst sein wollte, aber er war sich nicht sicher gewesen, ob ich den Mut dazu haben würde. Mein Vater hat noch am selben Abend einen Scheck über die gesamte Summe ausgestellt und versichert, er würde sich nicht in unsere Pläne einmischen.«

»Deine Geschichte erinnert mich an einen Wendepunkt in meinem Leben. Es war vor mehr als 35 Jahren«, sagt Diana und lächelt. »Meine Geschichte ist ein Dankeschön an eine Mitschülerin, die mir damals sehr geholfen hat. Ich hatte bisher nicht die Gelegenheit ihr zu danken. Ich wäre gar nicht auf die Idee gekommen, hätten mein Mann und ich nicht vor kurzem während des Frühstücks über die Hackordnung am Arbeitsplatz gesprochen. Mein Mann sagte: Wenn jemand in den oberen Etagen einen Fehler macht, dann heißt es ›Schwamm drüber‹, und die Sache ist schnell vergessen. Aber wenn das jemandem aus den unteren Etagen passiert, dann gerät er leicht ins Kreuzfeuer der Kritik. Dann sagte er etwas, das mich aufhorchen ließ: ›Für jemanden, der nach oben kommen will, ist ein einflußreicher Mentor eine große Hilfe.‹ Und so ähnlich war es mir gegangen. In der neunten Klasse mußte ich die Schule wechseln. Ich hatte acht Jahre auf einer Klosterschule zugebracht, dann kam ich ins Gymnasium. Dort kannte ich niemanden. In meiner alten Schule hatten strenge Sitten geherrscht. Es war dort sehr beklemmend gewesen, und in der neuen Schule stach ich durch das Verhalten, das ich mir dort zwangsläufig angewöhnt hatte, so stark hervor, als wäre ich im Habit herumgelaufen. Wir durften nicht auf den Gängen reden! Wenn wir aufgerufen wurden, eine Frage zu beantworten, mußten wir aufstehen und unseren Stuhl unter die Schulbank schieben. Als ich das im Biologieunterricht am ersten Tag in meiner neuen Schule machte, lachten die anderen sich natürlich schief. Wir durften vieles nicht, auch nicht die Beine rasieren. Stellt euch einmal vor, wie das aussah: dunkle Haare unter einer dünnen Seidenstrumpfhose! Wir durften auch keinen Büstenhalter tragen, nur ein T-Shirt. Nach dem Turnunterricht in der neuen Schule mußten wir uns duschen, und da kam es ans Tageslicht. Ich fürchtete mich vor der Schule! Ich wurde viel verspottet. Ich hatte keine Freundinnen. Und dann kam Nancy. In jeder Klasse gibt es ein paar ›Leader‹, und Nancy war die absolute Nummer eins. Sie war groß und hatte eine gute Figur, kastanienbraunes Haar und wunderschöne grüne Augen. Sie war so voller Lebenslust und so selbstsicher! Sie hatte die schicksten Kleider an und besuchte Jazztanzkurse. Viele Mädchen in meiner Klasse waren etwas Besonderes, aber sie war die Königin. Und sie nahm sich meiner an! Sie fühlte mit mir. Sie wurde meine Freundin.

Sie half mir, ein Schnittmuster für ein schönes Kleid auszusuchen und einen passenden Stoff dazu. Ich wußte nicht einmal, was mir gefiel. Ich hatte keine eigene Meinung. Es fiel mir sogar schwer, einen Stoff auszusuchen, und ich begann mich zu fragen, was dahintersteckte. Diese Begebenheit löste etwas in mir aus. Ich machte mich auf die Suche nach mir selbst. Nancy nähte mir das Kleid. Ein schickes, neues Kleid für ein häßliches Mauerblümchen. Ich erinnere mich noch genau an dieses Kleid. Für das Oberteil hatten wir einen leuchtend gelben Stoff ausgesucht, und der Rock war schwarz-weiß-kariert und für meine Begriffe ziemlich kurz. Ich glaube, ihre Freundinnen konnten nicht verstehen, warum sie mir geholfen hat. Später fuhren wir im Rahmen eines Spanischkurses für sechs Wochen nach Mexiko. Sie half mir, mich im wirklichen Leben fern von zu Hause zurechtzufinden. Erst jetzt begreife ich, wie sehr sie mir geholfen hat, ein positives Selbstbild zu entwickeln, und wie sehr mein weiteres Leben davon beeinflußt wurde. Daß sie mich akzeptierte, daß sie sich meiner annahm! Sie war mein Engel. Sie half mir, das Gefühl zu entwickeln, daß ich lebensfähig war. Wäre es nicht gut, wenn auch wir uns der Ausgestoßenen in unserer Umgebung annähmen?«

Stille erfüllt den ganzen Raum, die nur vom leisen Flackern der brennenden Kerzen unterbrochen wird. Wir denken an unsere Jugendjahre.

»Ich habe erst vor ein paar Monaten mein Leben selbst in die Hand genommen«, sagt Nina. »Als ich anfing, darüber nachzudenken, was ich aus meinem Leben machen wollte, wurde mir bewußt, daß ich weniger arbeiten wollte. Ich wollte mehr Zeit für meine Kinder haben, ich wollte mehr für meinen Körper tun, mich mehr mit meinen Träumen beschäftigen, ja ich wollte sogar mehr Zeit für den Abwasch haben. Aber weniger zu arbeiten erschien unmöglich, denn wir waren knapp bei Kasse. Eines Tages sagte meine jüngste Tochter, sie ist neun: ›Kannst du nicht ein Mal sitzen bleiben und mir zuhören? Ich habe ein Problem.‹ Wie recht sie hatte! Ich war ständig in Eile und schenkte ihr nicht die Aufmerksamkeit, die sie brauchte. Das genügte. Noch am selben Abend fing ich an, mich mit unseren Finanzen zu beschäftigen. Ich fand heraus, wie wir monatlich 500 Dollar einsparen konnten. Ich bestellte das Kabelfernsehen ab, ich sah mich nach einem billigeren Kredit für unser Haus um, fand eine Versicherungsgesellschaft, die unser Auto günstiger versicherte, und begann, das Thema »Geldausgeben« mit neuen Augen zu sehen: Geld ausgeben wurde für mich gleichbedeutend mit Meine-Zeit-Ausgeben. Schon nach einem Monat war ich in der Lage, meine wöchentliche Arbeitszeit um anderthalb Tage zu verkürzen. Und ich machte nicht den Fehler, diese Zeit mit anderen Verpflichtungen zu füllen. Diese Zeit gehört mir und den Kindern, und nicht dem Putzen, den Besorgungen oder anderen zweitrangigen Tätigkeiten. Immer, wenn ich merke, daß sich irgend etwas Unwichtiges in diese Zeit zu drängen versucht, mache ich mir bewußt, daß ich das früher auch nicht hätte tun können, weil ich bei der Arbeit gewesen wäre. Zwei Dinge waren für mich wichtig, um diesen Schritt zu tun: daran zu *glauben*, daß ich mein Leben so gestalten kann, wie ich es möchte, und zu begreifen, daß es an *mir* lag, es zu tun.«

Welche Geschichte würdest du erzählen?

Hast du auch so einen Traktor?

15

Fragen zum Leben

**Was möchte ich im Laufe der nächsten Tage Neues
aus mir hervorbringen? Was ist das Wichtigste,
das ich in Gang bringen möchte?**

Es geht nicht um große Sachen. Mögliche Beispiele wären: einen kleinen Altar einrichten und Dinge dafür zusammensuchen; mit deiner Tochter wandern gehen und in einer Hütte übernachten; einen Traum tanzen; eine Meditationsgruppe gründen, die sich einmal in der Woche trifft; ein monatliches Kollegentreffen initiieren, in dem mit Hilfe eines Supervisors anstehende Konflikte bereinigt werden können.

Was ist der erste Schritt, um diesen Plan zu verwirklichen?

Zum Beispiel: in Schubladen oder Schachteln nach geeigneten Objekten für deinen Altar suchen; Freundinnen anrufen und fragen, ob sie Lust hätten, einmal pro Woche mit dir zu meditieren; einen Supervisor oder Mediator finden.

**Gab es in den letzten Tagen einen Moment, der mich wirklich
tief berührt hat und den ich im »Fotoalbum meines
Gedächtnisses« aufbewahren möchte?**

Die Silhouette eines Kindes im Sonnenlicht; deine Katze, die sich wohlig in der Sonne aalte; einen Augenblick mit einem lieben Menschen, in dem ihr euch ganz nah gefühlt habt.

15 ⬤ ───────────────────────────────

Was sagt mein innerer Kritiker oder Zyniker zu diesen Fragen? Welche Ängste kommen hoch?

Nicht bewerten, nur zur Kenntnis nehmen. »Bewußtsein ist die halbe Miete«, flüstert BL dir leise ins Ohr.

Wählen und achtsames Lauschen

Essensdüfte dringen mir in die Nase und wecken mich aus tiefem Schlaf. Wie gewöhnlich beginne ich den Tag damit, meinem Mann und meiner Tochter, die noch schlafen, einen liebevollen Blick zu schenken. Ich spreche ein Gebet, in dem ich um Führung bitte, und mache mich auf den Weg hinunter in die Küche, um zu sehen, was dort geschieht. BL steht am Herd und kocht. »Guten Morgen. Hier ist dein Tee«, begrüßt sie mich.

Statt der Krone, die sie für gewöhnlich trägt, hat sie heute einen Turban auf dem Kopf und eine orange Schürze umgebunden. Mit ihrem Zepter rührt sie in dem undefinierbaren dampfenden Inhalt eines großen Suppentopfs. »Ich bin heute früher da als sonst, denn mir ist aufgefallen, daß wir noch nicht über das Thema ›Wählen‹ gesprochen haben. Es gibt vieles, über das wir noch nicht gesprochen haben, aber das kann nicht länger warten. *Wir können wählen.* Das ist die

Lebens-
saft

Achse, um die sich unser Leben dreht. Ohne zu wählen, können wir nicht gestalten. Wie dein Leben aussieht, hängt davon ab, was du dir aus der Fülle der dir offenstehenden Möglichkeiten aussuchst. Aber Frauen fällt das Wählen schwer: Entweder sie versuchen, alles zu tun, was sie nur eben schaffen, oder sie haben das Gefühl, daß sie nichts tun können.« BL schneidet Peperoni und Mangos und gibt sie in die Suppe. »Bewußt zu wählen hilft dir, dich mit deinen Ängsten anzufreunden.«

»Wie meinst du das?«

»Manche Menschen glauben, sie könnten ihren Ängsten ausweichen, indem sie sich um eine Entscheidung drücken. Aber dann geschieht genau das Gegenteil, dann gewinnen sie nämlich die Oberhand und lähmen uns. Wenn wir uns entscheiden, springen sie uns dagegen mitten ins Gesicht. Das ist vielleicht nicht angenehm, aber wir sind ihnen nicht mehr hilflos ausgeliefert. Und wir können sie sogar nutzen. So paradox es sich auch anhört: Sie spenden uns den Lebenssaft, den wir brauchen, um uns dem Leben hinzugeben.«

»Das heißt: Wenn ich nicht wähle, werde ich von meinen Ängsten überrollt. Wenn ich wähle, können sie mir weiterhelfen.«

»Genau!« BL wendet sich wieder ihrer Suppe zu, und ich trinke nachdenklich ein paar Schlucke von meinem Tee. Sein Geschmack erinnert mich an Staceys Einladungen. Einmal im Jahr lädt Stacey Frauen zu Tee, Quiche, Gesprächen und einem Vortrag zum Thema »Was Frauen bewegt« ein. Dieses Jahr saß ich mit vier Frauen an einem Tisch, von denen ich zwei kaum kannte. Unser Gespräch drehte sich darum, wieviel wir gern tun würden – und nicht tun *können,* weil unsere Zeit es nicht erlaubt. Eine Frau beschrieb es so: »Es ist, als ob mir viele wundervolle Wellen entgegenkämen, auf denen ich liebend gern reiten würde. Aber ich kann es nicht. Ich tauche unter ihnen durch, und sie brechen über meinem Kopf.« Sie legt sich die Hand aufs Herz. »Das macht mich sehr, sehr traurig. Diese Wellen faszinieren mich, und ich möchte sie alle nehmen.« Wir nickten und dachten jede für sich an unsere »Wellen«: die Menschen, Gruppen, Kurse, Projekte, Veranstaltungen, Bilder, Bücher und anderen Dinge, denen wir uns gern widmen würden. Als ich darüber nachdachte, fiel mir plötzlich meine Freundin Kim ein. Sie ist sehr talentiert, und sie gibt anderen soviel wie kaum jemand, den ich kenne. Aber es fällt ihr schwer, ihre Zeit und ihre Energie bewußt einzuteilen. Sie übte zwei Jahre lang eine zeitaufwendige ehrenamtliche Tätigkeit für die Schule ihrer Kinder aus, und dann entschloß sie sich, damit aufzuhören. Kaum hatte sie sich dazu durchgerungen, war sie auch schon wieder in Versuchung, neue Aufgaben zu übernehmen. »Ich muß mir immer wieder sagen, daß es schon genug ist, was ich tue«, sagt sie. »Ich kann mir nicht schon wieder etwas Neues aufladen. Aber in mir gibt es eine Stimme, die immer wieder flüstert: ›Wie wär's mit diesem Kurs?‹ Oder mit dem

Projekt? Es fällt mir schwer, nein zu sagen, *weil ich am liebsten alles machen würde*!«

BL holt mich in die Gegenwart zurück: »Ihr überseht, daß ihr nur eine begrenzte Menge an Energie, Zeit und Geld zur Verfügung habt und deswegen wählen müßt, wofür ihr sie verwenden wollt. (Man kann euch schließlich noch nicht klonen – aber vielleicht ändert sich das ja schon bald.) Ihr *müßt* vor allem eins: bereit sein, die einfache, aber manchmal schmerzliche Entscheidung zu treffen, dem treu zu sein, was sich in euch entwickelt. Und das ist nicht immer leicht. Gibst du mir bitte mal das Salz?« BL salzt die Suppe etwas nach und kostet sie dann. Sie legt die Stirn in Falten, nimmt ein schmutziges, gefurchtes, rundes Etwas in die Hand und gibt einen Teil davon in die Suppe. Ein Schauder läuft mir über den Rücken, als sie die Karotte, oder was immer es war, auf die Seite legt und diese sich wie von selbst ein Stückchen fortbewegt.

»Ich hab gelernt, zu den Dingen nein zu sagen, die ich gern täte, aber nicht tun kann. Aber der Erfolg ist, daß man mir vorwirft, ich würde immer ›Ich kann leider nicht‹ sagen.«

»Versuch es doch einmal mit: ›Ich entscheide mich für Nein.‹ Darüber werden sich die Leute *noch* mehr ärgern!« Ich verdrehe die Augen, und BL bemerkt es. »Du findest nicht, daß das ein guter Rat ist? Wenn du sagst: ›Ich entscheide mich für Nein‹, dann übernimmst *du* die Verantwortung, dann bestimmst *du* über dein Leben, und nicht deine Schuldgefühle oder das Gefühl ›Ich muß‹ – übrigens noch so einer meiner Verflossenen.«

Ich wußte, daß sie recht hatte. (Sie hat immer recht.) Wir haben die Wahl. Das ist die Achse, um die sich unser Leben dreht. Wenn wir in die mittleren Jahre kommen, spüren wir – manchmal sogar ziemlich heftig –, daß wir mit jeder Woche, die vorübergeht, unserer Wahrheit näherkommen oder uns von ihr entfernen. Wenn das so ist, warum lassen wir uns dann so leicht von unserer Wahrheit ablenken? Antworten gibt es viele: weil uns Beziehungen so wichtig sind; weil wir denen, die wir lieben, nicht gerne etwas abschlagen; weil wir als Frauen darauf konditioniert sind, uns selbst hintanzustellen, und weil wir das nicht in ein, zwei Generationen ungeschehen machen können; weil »das Leben Opfer von uns verlangt«, wie Elizabeth Lesser es formuliert. »Wenn wir dem begegnen, was wir wirklich lieben, sei es ein Mensch, eine Arbeit oder ein Ort, an dem wir gerne wohnen würden, dann müssen wir meist etwas anderes dafür aufgeben . . . aber wir können nur opfern, was uns gehört.«[20] Mit anderen Worten: Wählen bedeutet, uns selbst gut genug zu kennen und stark genug zu sein, um unsere Wünsche und Sehnsüchte auszudrücken, und gleichzeitig zu wissen, daß wir nicht immer das bekommen, was wir uns ersehnen. Und noch zwei Gründe, warum wir uns so leicht von unserer Wahrheit ablenken lassen: weil nur wenige von uns gelernt haben, zu wählen und ihre Wünsche und Sehnsüchte zu erkennen und zu nähren, und weil es uns Angst einjagt, uns voll und ganz aufs Leben einzulassen.

»Frauen fühlen sich zwischen Tun und Lieben hin- und hergerissen. Das war schon immer so. Aber Tun und Lieben schließen sich nicht aus. Sie gehören zusammen!« BL fischt eine lange Nudel aus der Suppe und legt sie auf die Arbeitsfläche. »Du brauchst nicht zwischen hier und hier zu wählen«, sagt sie und schneidet mit meinem größten Küchenmesser die Enden der Nudel ab. »Du bewegst dich irgendwo dazwischen. Wenn du ganz werden und den Zustand erreichen willst, den Marcies ›Es ist, was es ist‹ beschreibt, dann mußt du lernen, die Spannung zwischen den beiden Polen auszuhalten: Du willst dich mit dir beschäftigen *und* Karriere machen, du willst was für deinen Körper tun *und* ein Mittagsschläfchen machen. Du sagst: ›Ich liebe meine Tochter, und ich liebe meine Arbeit. Was soll ich tun? Ich kann mich unmöglich beiden auf einmal widmen.‹ Erwarte nicht, eine einfache, glatte Lösung zu finden. Die gibt es nicht. Der Trick ist: Sei dir bewußt, daß es diese beiden Pole gibt, und frage dich: ›Wie kann ich *beides* tun?‹ Viele Frauen glauben, es sei alles eine Frage der Organisation, und sie organisieren ihr Leben bis ins Letzte. Aber das ist nicht die Lösung. Beides ist wichtig: Organisation und Raum für Spontaneität. Klammere dich nicht an deine Vorstellung von Gleichgewicht. Laß den Dingen einmal ihren Lauf, und laß dich überraschen, was geschieht.«

»Eine Freundin, die sich zwischen ihrer Arbeit, die ihr viel bedeutet, und ihren beiden Kindern ständig hin- und hergerissen fühlte, hat mir erzählt, daß sie aufgehört hat, nach einer Lösung ihres Problems zu suchen. Sie hat angefangen, beide Gefühle zuzulassen. Manchmal sitzt sie auf der Couch und weint, aber sie sagt nicht mehr: ›Wenn dieses oder jenes geschieht, dann wird alles besser.‹ Das hat auch etwas mit der Spirale zu tun, nicht wahr?«

BL nickt zustimmend. »Du fängst an zu begreifen.« Sie steckt sich die Nudel in den Mund und saugt daran, bis sie verschwunden ist. »Das sagt übrigens auch Freud.«

»Weißt du einen Trick, der mir da weiterhelfen kann?« Ich lehne mich zu ihr hinüber.

BL läßt ihre Augen blitzen und schiebt den Turban auf die Seite, so daß sie ganz verwegen aussieht: »Du weißt, daß ich dir die Antworten nicht geben kann. Aber Fragen hab ich genug für dich.«

16 Fragen zum Leben

Bei welchem Thema fühle ich mich hin- und hergerissen?

Rosa sagt: »Ich gestalte mein Leben, indem ich darauf achte, wann ich mich zwischen zwei Dingen hin- und hergerissen fühle, und mir dann die Möglichkeit gebe, mich mit diesem Widerspruch oder diesem Konflikt in aller Ruhe ›zusammenzusetzen‹.« Mein Standardkonflikt: Ich will, daß es mir gutgeht, und ich will Schokolade essen, aber ich weiß, daß Zucker schlecht für meinen Körper ist. Jeanie will ihren Doktor machen, und sie will mit ihrem Freund zusammensein. Diana braucht finanzielle Sicherheit, aber sie würde am liebsten kündigen, weil sie sich bei ihrer Arbeit langweilt. Ob groß, ob klein, solche Widersprüche sind der Stoff, aus dem sich unser Alltagsleben zusammensetzt. Welcher innerer Konflikt beschäftigt dich zur Zeit?

Was sagen meine inneren Stimmen dazu?

Hör dir alle Stimmen an. Wie BL doch sagte: »Den richtigen Weg gibt es nicht!« Hör an, was sie dir zu sagen haben, ohne zu urteilen.

Gibt es eine höhere Ebene, die beide Wünsche in sich vereinen könnte?

Das ist eine bedeutende Frage. Sie könnte durchaus einige Zeit brauchen, um heranzureifen. Möglich, daß du deine Ängste spürst. Zeige ihnen, daß es möglich ist, den Widerspruch auszuhalten. »Bitte die Göttin um Führung, bitte sie, daß sie dir hilft, deine beiden Wünsche aus einer anderen Perspektive zu sehen«, rät BL. »Aber du mußt – und wenn auch nur für kurze Zeit – den Glauben aufbringen, daß sich *wirklich* eine völlig neue Möglichkeit abzeichnen könnte, das Problem zu betrachten. Ohne Glauben sind die Götter machtlos.«

Achtsames Lauschen

Jeden Tag erschaffst du dein Leben neu. Der buddhistische Mönch Thich Nhat Hanh schreibt: »Jeden Morgen, wenn wir erwachen, haben wir 24 neue Stunden vor uns. Was für ein kostbares Geschenk! Wir haben die Fähigkeit, so zu leben, daß diese 24 Stunden uns und anderen Frieden, Freude und Glück bringen.«[21] Eine Möglichkeit, dies zu erreichen, ist zu erkennen, daß wir wählen können, immer und immer wieder, und dies mit liebevoller Sorgfalt zu tun. In *Letter to Earth* führt Elia Wise, eine visionäre Schriftstellerin und Lehrerin, diesen Gedanken weiter: »Du bist einzigartig. Um deine Fähigkeiten zu entdecken und dir deiner Natur als universelles Wesen bewußt zu werden, begegne den Herausforderungen, die der Moment dir stellt, indem du die Wahl triffst, die deinen Wertvorstellungen und deinem inneren Wissen entspricht. Wenn du das tust, führt dich dein Weg zur Erleuchtung hin. Es spielt keine Rolle, ob sich eines Tages vielleicht herausstellt, daß die Werte, die dir jetzt am meisten bedeuten, auch nur das Resultat gesellschaftlicher Programmierung oder vielleicht sogar nur eine eitle Einbildung ist. Worum es geht, ist, daß du *sie lebst, daß du dich für sie einsetzt*, und es geht darum, herauszufinden, was sie dir über dich und über das große Ganze begreiflich machen wollen.«[22] Wenn es mir schwerfällt, eine Wahl zu treffen, dann denke ich daran, daß es nicht darum geht, daß ich es richtig mache, sondern darum, daß ich *ehrlich* zu mir bin und zu dem stehe, was ich *im Moment* in mir höre. Und das hilft mir, das zu wählen, was meine Seele braucht, um sich zu entfalten.

Trotzdem ist es nicht leicht. Was ich erlebe und wie ich jeweils darauf gefühlsmäßig reagiere, ist normalerweise ein einziger Mischmasch. Ich weiß nicht, wofür ich mich entscheiden soll, weil ich nicht weiß, was ich fühle. Ich habe zuwenig Raum zum Atmen. Wenn wir uns beklagen: »Nie reicht die Zeit aus!«, dann hat das auch mit diesem Gefühlsmischmasch zu tun. Unser Innenleben hält mit unseren Handlungen nicht Schritt. Wir haben zuwenig Zeit, uns zu sammeln, in uns hineinzuhören und zu überlegen: »Entspricht das, was von mir verlangt wird, meinen Wertvorstellungen? Bereichert es mein Leben, oder überrollt es mich? Unterstützt es mich in meiner Entwicklung?« Achtsames Lauschen entwirrt unsere Gefühle und unser Handeln, so daß wir klarer sehen, was das Ereignis und was unsere Reaktion darauf ist. Wenn wir uns immer wieder darin üben, eröffnen wir uns einen Weg, bewußter zu wählen. (Denn wählen müssen wir, so oder so.) Wir messen die Zeit nicht mit der Uhr. Wir messen sie mit Hilfe unserer Wahrnehmung. Wenn du denkst, daß du ständig hetzen mußt, dann gestaltet sich dein Leben dementsprechend. Wenn du denkst, daß du immer wieder eine Pause machen und innehalten, wählen und dieses oder jenes umgestalten kannst, dann hast du mehr Zeit, und deine Seele hat die Möglichkeit, den Anschluß zu erwischen. Wir können wählen und unser Leben selbst erschaffen, wenn wir daran glauben!

Als Frauen haben wir solche Pausen besonders nötig, denn die Kultur, in der wir leben, hat uns darauf konditioniert, uns – den Beziehungen zuliebe, die wir so nötig brauchen – immer an den Schluß zu setzen. Viel zu oft blicken wir nach außen und fragen uns: »Was braucht er? Was kann ich für sie tun? Was denken die anderen von mir? Bin ich gut genug?« Wir erhöhen unser Tempo, weil wir anderen helfen, weil wir gute Arbeit leisten wollen oder weil wir uns beweisen wollen. Aber wir *sind* gut genug!

Dieser Wettlauf hört erst auf, wenn *wir* ihn beenden, und uns Zeit nehmen, auf Empfang zu schalten.

Es kommt auf dich an: Bist du bereit, der Führung zu vertrauen, auch wenn sie dich vielleicht in eine Richtung lenkt, in die du eigentlich gar nicht wolltest? Bist du bereit, es auszuhalten, wenn du nicht weißt, wie es weitergeht? Bist du bereit, nichts zu unternehmen, bis du das Gefühl hast, daß du alles gehört hast, was du hören sollst? Wenn nichts so läuft, wie du es gerne hättest, dann hör auf zu kämpfen, und fang an in dich hineinzuhören. »Deine Empfangsbereitschaft sollte jedoch mit Absicht und mit Handeln gekoppelt sein«, sagt BL und umkreist meinen Schreibtisch in Form eines überdimensionalen Schmetterlings.

Meine Augen folgen ihren gemächlichen Flügelschlägen: »Worauf willst du hinaus?«

»Manchmal angelst du, manchmal sammelst du Regenwürmer. Dein Wille ist ein machtvolles Instrument. Die Frau, die weiß, wann es gut ist, ihn zu gebrauchen, und wann sie ihn besser zur Seite läßt, gestaltet ihr Leben so, wie es ihr entspricht«, antwortet BL, der Schmetterling, und wedelt mit den Fühlern.

Es ist so leicht zu sehen und doch so schwer zu sagen: Der Platz, an dem wir warten müssen, liegt jenseits aller Worte. Wenn wir uns auf andere fixieren und glauben, damit unseren Wert unter Beweis zu stellen, dann schneiden wir uns von der geheimnisvollen Quelle unseres Seins ab. Wie *müssen* uns an einen Platz begeben, der jenseits unserer Ziele und jenseits unseres Ego liegt, und dort warten, still und aufmerksam, bis der nächste Schritt sich offenbart. Dann wird uns klar, was wir zu tun haben, und manchmal läuft es dann sogar wie von selbst.

Helen Luke schreibt in *The Way of Woman*: »Wenn wir in uns die verborgene Schönheit der Rezeptivität wiederentdecken; wenn wir lernen, still zu sein, ohne passiv zu werden; wenn wir lernen, wie wir das Leben ohne bestimmte Absicht fördern können; wie wir dem Leben dienen können, ohne uns dadurch hervorzutun; wie wir es nähren können, ohne es zu unterjochen – dann werden wir wieder zu Frauen, deren Erde in hellem Licht erstrahlt.«[23] Wenn wir uns dem öffnen, was uns das Leben bringt, und dann mit dieser Offenheit arbeiten, *egal, wie unbedeutend ein Anlaß auch erscheinen mag*, dann lassen wir unser Inneres das Äußere gestalten.

Einfach, exakt – und völlig verschieden von der Art, wie die meisten von uns leben.

**Welche ermutigenden Gedanken sollte ich in den
nächsten Tagen in meinem Herzen tragen?**

Was streßt dich? Was ist dir unangenehm? Nimm eine Sache, und rede
dir gut zu, wie du es bei einem kleinen Kind oder deinem geliebten
Kater tun würdest. Hier noch eine Frage von BL: »Was würdest du
gerne hören? Was macht dich stark?« Die Lebenskünstlerin sagt sich:
»Ich begrüße die Führung, die mir jeden Tag zuteil wird, die mir den
Weg zu meinem wahren Selbst weist und dazu, ihm freudig Ausdruck
zu verleihen.« Gefällt dir das? Dann kannst du es gern übernehmen;
ansonsten bitte BL, dir zu helfen, deinen speziellen Satz zu finden.

Mit welchem Menschen gibt es etwas zu bereinigen?

Wer dir als erstes einfällt, ist der Richtige.

**Was würde helfen, um meine Beziehung zu diesem
Menschen ehrlicher und ausgewogener zu gestalten?
Was sagt mir mein Gefühl?**

Etwas Kleines, Ehrliches, etwas, das von Herzen kommt.

Womit kann ich mir selbst eine Freude machen?

Unterhaltung: Ein tolles Video; ein Kaffeeklatsch mit Freundinnen; ein
Samstagmorgen, an dem du mal alles liegenläßt und ein tolles Buch
liest.

Achtsames Lauschen II

Hier gebe ich dir ein paar Tips, wie du achtsames Lauschen üben kannst:

Innehalten. Still werden

Mit ein bißchen Übung, gelingt dir das im Handumdrehen. Ich stelle mir eine Linie vor, die entlang meiner Wirbelsäule nach unten läuft, und eine zweite, die durch meinen Nabel geht. Ich richte meine Aufmerksamkeit auf den Schnittpunkt der beiden Linien und atme tief und langsam ein und aus. Drei Atemzüge, und in dreißig bis sechzig Sekunden bin ich zentriert – wenn meine Tochter Lilly mich läßt. Es gibt viele solcher Übungen, die uns helfen, still zu werden. Manche davon werden schon seit Tausenden von Jahren praktiziert. Du findest sicher eine, die dich anspricht. Und was machst du mit deinen Widerständen, die dich davon abhalten, still zu werden? Verwende deinen Willen, sag dir, daß du still werden *willst*, dann laß los und lausche.

Stell dir eine Frage

Dir ist sicher schon aufgefallen, daß ich eine Schwäche für Fragen habe. Wenn du möchtest, kannst du auch ein Wort oder ein Mantra nehmen – wie »Friede«, »Liebe«, »Wohlbefinden« oder »Mitte.« Natürlich gibt es daneben auch die klassischen Mantras der verschiedenen spirituellen Traditionen. Ich will sie nicht durch neue ersetzen, sondern ich möchte die alte Technik des Nach-innen-Gehens dazu verwenden, um ein stärkeres und tieferes Gefühl des eigenen Selbst zu kultivieren. Carol Flinders schreibt in *Das innere Feuer*, »daß eine Frau, die weiß, wer sie ist, nicht in zerstörerische Beziehungen gezogen werden oder von Konzernmedien manipuliert oder davon abgehalten werden kann, eine aktive Rolle in der Politik zu übernehmen, zu der sie die Gesetze ihres Landes berechtigen. Sie ist ganz einfach immun gegen jede Art der Ausbeutung.«[24] Das ist es, was wir gerne erreichen würden.

Überlegen

Geh zuerst in dich und überlege, was du brauchst, dann schau auf die anderen. Und schließlich *bringst du beides zusammen*. Wie zwei Hände, die ineinander klatschen. Manchmal bekommst du, was du brauchst, manchmal bekommt es dein Kind, dein Partner oder dein Chef, manchmal bekommen beide etwas. Es gibt kein Schema, nur den Prozeß. Und noch ein Paradox: Wenn wir wissen, was wir brauchen, fällt es uns leichter, darauf zu verzichten, und es fällt uns auch leichter, für andere dazusein. Wie Debra Sands Miller es in *Independent Women* formuliert: »Wir verlegen den Träger der Autorität von außen nach innen. Und dann folgen wir ihm.«[25]

Stell dir vor

Du bist in großer Eile, weil in einer Stunde deine Eltern kommen. Du mußt deine Tochter von einer Geburtstagsfeier abholen und in die Violinstunde bringen. Du hast den Fisch, den es zum Abendessen geben soll, noch gar nicht besorgt. Und du hast in den letzten Wochen keine Zeit für dich gehabt. Du mußt auf die Toilette. Du schließt die Tür, setzt dich aufs Klo und schließt die Augen. Du atmest ein paarmal tief ein und aus und fängst an, dich zu entspannen. Du sagst dir ein paar nette Worte: »Langsam, mach langsam. So ist es gut. Gut machst du das.« Dann fragst du dich: »Wie kann ich mich dem Fluß dieses Tages überlassen und einfach in ihm sein?« Welche Antwort kommt? Leise oder laut, stürmisch oder zaghaft? Vielleicht erinnerst du dich an den letzten Skiurlaub; vielleicht spürst du, wie deine Schultern sich entspannen, oder vielleicht hörst du, daß du dich deiner Tochter widmen solltest, wenn du sie abholst – auch wenn du dann vielleicht nach deinen Eltern zu Hause eintriffst. Wie geht es dir? Fühlst du dich erleichtert? Fällt es dir jetzt leichter, dich dem zu öffnen, was kommt? Oder fällt dir ein, daß du auch noch Karotten und Zwiebeln brauchst? Na, das ist doch schließlich auch wichtig!

Wann brauchst du diese Übung? Wenn du . . .

- das Gleichgewicht verloren hast
- nur noch in Eile bist
- dir zu viele Sorgen machst
- eine wichtige Entscheidung treffen mußt
- dir ständig Gedanken machst, was andere von dir denken
- das Gefühl hast, nicht gut genug zu sein
- dich etwas schmerzt
- wenn du depressiv oder traurig bist
- nicht still sitzen und nicht in dich gehen kannst
- wenn es dich ständig nach Ersatzbefriedigungen verlangt (in Kürze mehr darüber)
- wenn du dir deine Zeit von Zeitkillern stehlen läßt (in Kürze auch darüber mehr)
- wenn deine Stimme sich überschlägt oder dir die Luft ausgeht
- wenn du dir keine Zeit mehr für deine Träume, deinen Körper oder deine Hobbys nimmst
- wenn nichts mehr deinen Hunger stillt
- wenn du verletzt bist, müde oder ärgerlich
- wenn du unruhig bist und dich nach irgend etwas sehnst, was du nicht benennen kannst
- wenn du voller Energie und Hoffnung bist
- wenn du den guten Vorsatz hast, dich von nun an um dich selbst zu kümmern
- wenn du zuviel Power hast
- wenn dein »Auslöser« dich daran erinnert (in Kürze mehr darüber)

»Der Moment enthält alles, was wir brauchen, alle Lektionen und alle Möglichkeiten, wenn wir nur bereit sind, auf ihn zu hören und mit ihm zu wachsen.« Ich finde mich in der Küche wieder, und BL reicht mir einen Teller Suppe. »Gurus und Weise sagen: ›Alles ist in dir.‹ Laß sie abkühlen, bevor du sie probierst.«

Der Geruch der Suppe steigt mir in die Nase. Ich habe diese Methode des In-sich-Gehens viele Jahre unterrichtet, doch wie wenig habe ich sie selbst angewendet! Hier stand ich also wieder. Was würde ich diesmal tun?

»Du spürst jetzt mehr dein inneres Verlangen. Du willst es jetzt mehr spüren. Gut ist es, wenn du ein Zeichen oder ein Symbol hast, das dich daran erinnert, daß es Zeit ist, in dich zu gehen.« BL nimmt sich eine Suppe und setzt sich neben mich. »Die Buddhisten haben eine Achtsamkeits-Glocke. Du kannst auch den Kalender deines Computers verwenden. Als Bill Gates prophezeite, daß in absehbarer Zukunft auf jedem Schreibtisch ein Computer stehen würde, hat er wahrscheinlich nicht an diesen Verwendungszweck gedacht. Aber er ist natürlich auch noch keiner Frau wie mir begegnet!« grinst BL.

Ich beschließe, Chris zu bitten, meine Desktop-Uhr so zu programmieren, daß sie alle zwei Stunden piepst. Chris gefällt die Idee, und seitdem trägt er die alte Armbanduhr seines Vaters, die einen eingebauten Wecker hat. Amy nimmt die Glocken der Mission von Santa Barbara, die sie regelmäßig läuten hört. Shelly verwendet eine Technik, die ihr Zahnarzt ihr beigebracht hat, um ihren Kiefer zu entspannen. Sie hat kleine Aufkleber an Stellen angebracht, wo sie nur manchmal hinsieht: im Medizinschrank; auf der Innenseite ihres Kleiderschrankes; auf der Innenseite der Sonnenblende in ihrem Auto; auf der Eingangstür, etwas oberhalb der Stelle, auf die ihr Blick normalerweise fällt. Jedesmal wenn sie einen Aufkleber sieht, nimmt sie einen tiefen Atemzug und stellt sich eine Frage.

Devon hat sich angewöhnt, jedesmal in sich hineinzuhören, wenn ihr Sohn, ihre Tochter oder ihr Partner aus einem anderen Zimmer nach ihr ruft. »›Mami, ich hab' Hunger!‹ ist mein wichtigster Auslöser«, sagt sie. »›Mami, Po abputzen!‹ läßt mir in der Regel keine Zeit zur Innenschau.« Randi nimmt ihre Katze. Ihr Miau ist Randis Auslöser.

Die Sachbuchautorin Gunilla Norris erzählt auf der Kassette *Being Home*, welchen Auslöser sie verwendet. An einem Türsturz in ihrer Wohnung hängt eine Wäscheklammer an einem Bindfaden. Jedesmal, wenn sie dagegen stößt, hält sie inne, nimmt einen tiefen Atemzug und rezitiert ein Mantra, zum Beispiel »Friede«. Ich habe ein paar kleine Säckchen an Türen aufgehängt, durch die ich nicht allzuoft gehe. (Wenn du zu oft anstößt, bringt das mehr Unruhe als Zentrierung.) Du kannst auch bunte Post-its nehmen, ein paar Fragen darauf schreiben und sie in deiner Wohnung verteilen.

Welche Fragen kannst du dafür nehmen? Beispielsweise einige von denen, die du in den Fragekapiteln findest – oder auch eine der folgenden:

Was brauche ich in diesem Augenblick?
Was braucht mein Körper in diesem Augenblick?
Was braucht meine Seele in diesem Augenblick?
Was schiebe ich zur Seite? Was ignoriere ich?
Bin ich mir in diesem Moment treu?
Möchte ich das, was ich gerade tue, öfter tun? (Es ist gut, wenn du dir diese Frage stellst, bevor du eine Verpflichtung eingehst oder eine wichtige Entscheidung triffst.)
Würde ich lieber etwas anderes tun? (Diese Frage kannst du dir auch stellen, wenn du dich langweilst oder wenn du unruhig bist.)
Was ist mir momentan am Wichtigsten?
Was rät mir meine Führung in diesem Moment?
Was muß ich tun, um mich in diesem Moment lebendig und wach zu fühlen?
Was kann ich heute Gutes für mich tun? (Wie wär's, wenn du dir diese Frage jeden Morgen nach dem Aufwachen stellen würdest?)
Was bringt mir meine Eile, meine Wut, mein Gefühl, daß mir alles zuviel wird, eigentlich ein? (Frag dich das, wenn du gerade mittendrin steckst.)
Macht es etwas aus, wenn ich diese Arbeit liegenlasse?
Wonach sehne ich mich in diesem Augenblick?
Unterstützt es mein Lebensziel?

Du kannst dir auch selbst ein paar Fragen ausdenken. Überlege dir: »Welche Frage hilft mir, mit meinem inneren Wissen in Kontakt zu treten? Welche Frage hilft mir, mich dem Mysterium des Lebens hinzugeben? Was hilft mir, die Fäden meines Lebens zusammenzuflechten? Was hilft mir, ganz zu werden?«

Fragenstellen hilft, uns aus der Dualität zu lösen. Das Gefühl, von der Welt getrennt zu sein, wird schwächer, und wir fühlen uns anderen mehr verbunden, weil wir selbstbewußter werden und es uns leichter fällt, uns anzunehmen. Die Zeit erscheint uns nicht länger als der Motor, der uns vorantreibt, sondern als das Medium, in dem wir uns bewegen. In dem wir wohnen. In dem wir atmen. In dem wir sind.

Dieses wunderbare Gefühl dauert immerhin jedesmal ein paar Sekunden an.

»Jetzt probier endlich mal die Suppe«, sagt BL und versetzt mir einen ihrer sanften Rippenstöße. Ich koste den dampfenden Inhalt meines Tellers. Ich werde eingehüllt von Vorstellungen der angenehmsten Art: Tango tanzen, Gospels singen, eine Woche in den Bergen. Ich sehe mich in heiligen Quellen baden, an heiligen Stätten Rituale feiern oder einfach nur einen Spaziergang um die Ecke machen und dem Zwitschern der Vögel lauschen.

»Schöpfer brauchen immer wieder eine Pause. Denk daran!«

Es wird still in meinem Kopf, und ich überlasse mich ehrfurchtsvoll dem Geschmack der Suppe.

Fragen zum Leben

**Wie geht es mir mit den Dingen, die mich stressen und
die mir unangenehm sind? Was kann ich tun,
um eines dieser Dinge auszuschalten?
Glaube ich, daß es mir leichtfällt, das zu tun?**

BL gibt zu bedenken: »Ich höre dich immer sagen: ›Es ist unmöglich,
meine Mutter nicht zu besuchen, das Projekt nicht termingerecht
fertigzustellen, das Geburtstagsgeschenk nicht zu kaufen.‹ Wenn du
das so formulierst, erschaffst du viele negative Glaubenssätze, die deine
visionäre Kraft behindern. Frag dich lieber: ›Was ist *möglich*?‹«

**Wen könnte ich um einen klitzekleinen, riesigen Gefallen
bitten, der mir das Leben erleichtern würde?**

Engel, Menschen, Gott – sie helfen nur, wenn du sie darum bittest.

Wie kann ich der Stille erlauben, in mein Leben zu treten?

Das Wichtigste bei dieser Frage ist das Wort »erlauben«.

**Gibt es Anzeichen dafür, daß ich das Gleichgewicht
verliere oder daß ich auf Schwierigkeiten stoßen werde?**

Was hast du auf Seite 33 aufgeschrieben? Manchmal ist es offensichtlich, daß wir das Gleichgewicht verloren haben. Wir empfinden
es fast schon als normal, nicht im Gleichgewicht zu sein. Worüber hast
du dich in letzter Zeit wiederholt beklagt? Denkst du immer noch an
das perfekte Gleichgewicht, wo alles wie am Schnürchen läuft? Oder
heißt Gleichgewicht für dich, mit dir im Einklang sein?

Ziele oder: Die drei Tanten

Letzten Januar habe ich mich mit meiner Freundin Anna und zwei ihrer Freundinnen getroffen, weil wir gemeinsam unsere Ziele für das neue Jahr formulieren wollten. Vier intelligente, fähige, sich ihrer Spiritualität bewußte Frauen zwischen 36 und 51 saßen da beisammen, aber keine von ihnen schaffte es, ein Ziel zu formulieren, das ihr wirklich etwas bedeutet hätte. Wir hatten die meisten Bücher zum Thema »Ziele setzen« und »Visualisieren« gelesen, und einige davon hatten wir sogar zu unserem Treffen mitgebracht. Aber nichts schien zu passen, nichts fühlte sich richtig an. Wir hatten genug davon, unsere Vorstellungen von einem idealen Leben zu visualisieren, und wir hatten genug davon, uns Ziele im herkömmlichen Sinn zu setzen – Ziele, auf die man einfach zumarschiert. An diesem Tag setzte sich keine von uns ein Ziel.

Heute sehe ich es so: Wir konnten das, was uns vorschwebte, deswegen nicht benennen und nicht visualisieren, weil wir immer noch versuchten, uns in ein von Außen vorgegebenes Schema hineinzupressen, statt uns anzusehen, welche Gestalt unser Leben bereits angenommen hatte, und dann Wege zu suchen, die Ecken und Kanten zu glätten, die wir durch Gedanken und Handlungen verursacht hatten, die unserer Entwicklung zuwiderliefen.

Wir bewegten uns noch auf der alten Schiene: Entscheide, was du tun oder haben willst, und setze alles dran, es zu erreichen. Achte nicht auf das, was deiner Entscheidung widerspricht; achte nicht darauf, was in deinem Leben nicht richtig funktioniert; oder flüchte dich in die Verzweiflung oder in das Gefühl, daß dir alles zuviel wird. Nichts davon hat sich bewährt, nichts davon hat den höheren Energien ermöglicht, durch uns zu wirken.

»Ziele haben es dir angetan.« BL kommt zur Türe herein und fängt an, meine sämtlichen Bücher zum Thema »Ziele setzen« aus dem Regal zu räumen. »Du magst New-Age-Bücher, die behaupten, daß du deine Vorstellungen von einem schönen Leben nur zu visualisieren brauchst, damit sie Wirklichkeit werden. Aber wie soll das funktionieren, wenn du dein Inneres nicht einbeziehst? Du gehst von deinem Intellekt aus, statt dich zu fragen, was deine Seele braucht! Ziele sind meistens starr. Wenn du nicht auf deine innere Stimme hörst, dann führen dich abstrakte Ziele womöglich dorthin, wo du längst nicht mehr hinwillst. Was habt ihr mit euren Zielen, mit eurem Visualisieren und mit euren Wunsch-Collagen erreichen wollen? Wolltet ihr den höheren Energien, die dazu da sind, euch zu *führen,* sagen, wo ihr *hinwollt?* Ihr müßt lernen, eure Techniken so zu verwenden, daß sie eurer Entwicklung und dem Weg, der sich vor euch auftut, *dienen.*« BL bewegt sich in Richtung Garten. »Ich mache jetzt ein kleines Feuer und grille ein paar Marshmallows.«

Ich gehe hinterher. »Ich bin mir nicht sicher, ob ich das auch so sehe. Und überhaupt: Kann ich dem Weg folgen, der sich vor mir auftut, ohne dabei passiv zu sein? Ich bin hin- und hergerissen: Ich weiß, was ihr meint, du und die anderen Frauen, wenn ihr von Zuhören und Warten redet, aber im nächsten Augenblick hab' ich das Gefühl, daß ihr euch irrt und daß ich hinter den Dingen her sein muß, die ich erreichen will. Ich habe das Gefühl, daß ich jetzt, solange ich noch jung bin (relativ zumindest), das Beste aus mir und meinem Leben machen muß. Dann wiederum denke ich: ›Was ist das für ein Leben?‹ Oder ich denke an die Frauen, die ich in meinen Seminaren kennengelernt habe und die vor lauter Streß zusammengebrochen sind oder schwere Autounfälle hatten, weil sie dauernd in Eile waren. Und dann denke ich: ›Stop! Mach nicht denselben Fehler!‹ «

»Du mußt deinem Willen einen gewissen Spielraum lassen. Du darfst ihn nicht komplett abschreiben.« BL hat inzwischen ein Feuer angezündet, übrigens aus meinen Büchern über das Zielesetzen, und gibt sich ganz dem Grillen hin. »Du willst die Dinge kontrollieren. Zumindest ein wenig. So bist du eben.« Ich mache ein ungläubiges Gesicht: »Wer, ich?«

BL schneidet eine furchterregende Grimasse, und ich weiche einen Schritt zurück. »Du schreibst über das Göttliche, über die großen Energien und die Hilfe, die uns zur Verfügung steht, aber bitte tu nicht so, als ob du nicht, wie die meisten anderen, gerne kontrollieren würdest! Ihr müßt beides lernen: loslassen und, wenn es nötig ist, den Wagen lenken. Beides ist wichtig!«

BL lächelt wissend, und ich muß lachen. Sie hat recht! Ich könnte ihn niemals ganz aufgeben, meinen Hang zum Kontrollieren. Zumindest nicht, solange ich nüchtern bin.

»Ich brauche eine nicht-kontrollierende Art, die Dinge zu kontrollieren.«

»Was du brauchst sind Anti-Ziele oder ›Tanten-Ziele‹, wie ich sie gerne nenne, weil sie ein bißchen anders sind als das, was man sich normalerweise unter Zielen vorstellt. Darf ich vorstellen: Tante Einsicht, Tante Sehnsucht und Tante Absicht. Die drei Schwestern sind etwas provokant, und sie sind sich darüber einig, daß sie mit herkömmlichen Zielen nicht in einen Topf geworfen werden wollen. Sie denken um die Ecke; sie lieben Unterbrechungen; sie behaupten, daß das Leben eine Spirale ist, und sie wollen euch helfen, die Leidenschaftlichkeit und die vielen Möglichkeiten zu entdecken, die euch entsprechen. Sie gehören zu meinem Team. Sie helfen mir, euch daran zu erinnern, daß ihr mit euren Zielen und euren Plänen vorsichtiger und spielerischer umgehen sollt. Sie lieben das Paradoxe, sie geben sich gerne geheimnisvoll, und sie haben ein Schwäche für Überraschungen. Weißt du, was sie am Wochenende am liebsten tun? Ins Blaue fahren.« BL holt von irgendwo eine luxuriöse Liege und eine Pina colada und macht es sich gemütlich. Ich frage mich, ob es erlaubt ist, sich am hellichten Tag einen Cocktail zu genehmigen.

Sie hat meinen Blick bemerkt. »Sei nicht so puritanisch! Es ist nichts dabei. Ich hatte so eine Lust auf Kokosnuß.«

»Was meinst du eigentlich mit Um-die-Ecke-Denken?«

»Naomi Newman sagt in ihrem Stück *Snake Talk*: ›Nichts Natürliches oder Interessantes wächst in gerader Linie. Die gerade Linie ist der schnellste Weg zum falschen Ort. Tu nicht so, als ob du wüßtest, wohin du gehst. Wenn du es weißt, dann bist du schon dort gewesen, und das heißt, du gehst zurück. Um-die-Ecke-Denken ist ganz anders.‹ Es ist Jazz, Baby, Jazz.«

Wo habe ich nur meinen Terminkalender und das Rezept für meine Beruhigungstabletten gelassen? Was BL da sagt, macht mich nicht nur skeptisch, es jagt mir Angst ein. »Wie soll ich auf diese Weise meinen Alltag meistern? Und wie läßt sich das mit der Form vereinbaren, die ich meinem Leben geben soll? Und ob es mir hilft, an den Geburtstag meiner Schwägerin zu denken, wage ich zu bezweifeln! Deine Tanten finde ich gefährlich!«

»Hör auf zu glauben, daß der gerade oder der kürzeste Weg von A nach B der beste sei«, versucht BL mich zu beruhigen. »Manchmal ist es nicht nur nötig, sondern gut, den längeren Weg zu wählen. Wie ein Bach, der sich durch eine Wiese schlängelt. Weißt du, was passiert, wenn du immer geradeaus gehst? Du schneidest den höheren Energien den Weg ab. Und du begegnest so manchem nicht, zum Beispiel dem netten jungen Mann, der wie du den Weg sucht. Weißt du, worauf es ankommt? Sei offen für das, was du erlebst; nutze, was du brauchen kannst, und nimm, wenn nötig, auch mal den längeren Weg. Noch eine Sache, die du anderen gerne beibringst, aber selbst kaum befolgst: Hör auf zu glauben, daß es die eine, richtige Antwort gibt. Natürlich überlegen wir, wie wir etwas erreichen können, aber wir sollten uns auch fragen: ›Wie würde ich dorthin gelangen, wenn ich gezwungen wäre, einen schlängeligen Weg zu nehmen?‹, oder: ›Wie würde ich dorthin gelangen, wenn ich keine Ahnung hätte, wo ich überhaupt hinwill?‹, oder: ›Was würde ich sehen, wenn ich meinen Plan mal auf den Kopf stellte?‹ Höre auf alle Stimmen. Du hast es geschafft, mir zuzuhören. Bei den anderen schaffst du es auch. Laß es zu, daß sie dich unterbrechen.«

Die Vorstellung allein jagt mir eine Gänsehaut ein. Ich gehe ins Haus, um mir einen Tee zu kochen. Das, was es mir in den letzten Jahren so schwer gemacht hat, mein Leben zu gestalten, *waren* die

Unterbrechungen. Seit fünf Jahren arbeitete ich zu Hause neben meiner kleinen Tochter, und das hatte das Maß der Unterbrechungen ins Unerträgliche gesteigert. Während der Zeit, in der ich dieses Kapitel schrieb, mußte ich Lilly dreimal trösten, der Babysitterin, die gerade gekommen war, sagen, was zu tun war, ein Picknick vorbereiten und, und, und. Ich will gar nicht alles aufzählen. Ich weiß, zum Teil hat es mit mir zu tun und damit, daß ich lernen muß zu delegieren, und ich sollte mir auch überlegen, ob ich mein Arbeitszimmer wirklich neben Lillys Zimmer haben möchte. Aber das ist es nicht allein. Es ist auch das *Leben* – so wie es eben ist.

Ich setze Wasser auf und frage mich, wann mein Leben denn endlich leichter werden wird.

»Nie, meine Liebe!« höre ich BL in meinem Ohr. »Du weißt, daß es nicht leichter wird. Wenn es leichter würde, würde es dir nicht mehr gefallen. Das Leben stellt uns auf die Probe. Das ist so vorgesehen. Die drei Schwestern zeigen dir, wie du diese Unterbrechungen nutzen kannst. Hör auf, sie zu bekämpfen, stell ihnen lieber ein paar von deinen Fragen. Vielleicht kannst du etwas von ihnen lernen. Wenn du sie bekämpfst, tust du dir selbst weh. Nimm sie in den Arm und heiße sie willkommen.«

Mir fällt ein, was Jennifer Freed erzählte, als ich letztens bei ihr war. Wir wurden übrigens mindestens zehnmal unterbrochen, von meiner Tochter, ihrer Stieftochter und von ihrem Partner. »Stell dir vor, du stehst an einer Bushaltestelle und der Bus verspätet sich«, fing sie an. »Du kommst mit jemand ins Gespräch, durch ihn lernst du jemand anderen kennen, und daraus entwickelt sich eine tolle Freundschaft, eine Freundschaft, die dein Leben verändert. Das ist das Leben! Wenn du darauf achtest, siehst du, daß es so ist. Statt dich zu ärgern, daß der Bus Verspätung hat, versuch doch mal darüber nachzudenken, warum du aufgehalten wirst. Es hat einen Sinn. Es kommt darauf an, wie du es betrachtest: Glaubst du, die Unterbrechung ist ein Zeichen dafür, daß du nicht fahren sollst oder daß du etwas falsch machst? Das ist sie meistens nicht! Es ist ein Prozeß. Manche Unterbrechungen oder Störungen haben eine tiefere Bedeutung. Es ist wichtig, daß wir das begreifen und uns anhören, was sie uns zu sagen haben. Sie sind ständig an unserer Seite. Es gab eine Zeit, da habe ich immer wieder meinen

Schlüssel im Auto eingeschlossen. Ich habe mich jedes Mal fürchterlich geärgert. Dann ist mir aufgefallen, daß es immer dann passierte, wenn ich wütend war. Ich wurde also im wahrsten Sinne *angehalten*, und zwar um nachzudenken. Und ich lernte daraus. Wenn es wieder vorkam, blickte ich auf den Tag zurück und überlegte: ›Warum hab ich mich so beeilt? Warum hab ich mich geärgert?‹ Es hielt mich also dazu an, in mich hineinzuhören. Wenn alles glattgeht, tun wir das nicht. Dafür gibt es die Unterbrechungen, die Störungen, die Zwischenfälle. Es geht darum, wie du mit ihnen umgehst.«

Ich finde, es ist Zeit für eine Unterbrechung in Form eines Mittagsschläfchens. BL deckt mich schön zu.

Was gefällt und was mißfällt mir an meinen Vormittagen?

Fang morgen damit an zu beobachten, wie du den Tag beginnst? Was ist dein erster Gedanke? Wie begrüßt du den neuen Tag? Wie verbringst du die ersten Stunden? Vielleicht kannst du einen Wecker oder deine Desktop-Uhr so einstellen, daß du jede Stunde daran erinnert wirst, dich zu fragen: »Gefällt mir das, was ich gerade tue?«, oder wenn du weißt, daß es dir *nicht* gefällt: »Ist es wichtig, das zu tun, damit mein Leben sich entfalten kann?« Zum Beispiel die Buchhaltung erledigen oder Windeln wechseln. Oder: »Weiß ich, ob es mir gefällt, oder bin ich mir unsicher?« Es wäre gut, wenn du dir ein paar Notizen machst.

Was hat mir in den letzten Tagen am meisten Freude gemacht?

Ein Spiel mit meinen Kindern; ein Abendspaziergang; das Lob eines Kollegen; ein heißes, duftendes Bad? Schreib soviel wie möglich auf.

Wo wird es mir im Laufe der nächsten Woche voraussichtlich zu eng oder zu stressig werden?

Überall? Denk an ein Gebiet, einen Tag oder eine bestimmte Situation, die du erwartest.

Bin ich bereit, etwas dafür zu tun, daß ich in den nächsten Tagen mehr Freiraum für mich habe? Bin ich bereit, noch eine weitere Entscheidung zu treffen?

Sagt eine Stimme in dir: »Ich kann gar nichts ändern«? Laß dich nicht von ihr verunsichern. Sie macht dir etwas vor!

Einsichten

Die erste der drei Schwestern ist Fräulein Einsicht. Sie trägt eine große Brille und sieht dich prüfend an. Ihr Hobby ist die Höhlenforschung.

Eines Morgens sitze ich an meinem Schreibtisch, die Beine hochgelegt, und blättere in einem alten Tagebuch, weil ich keine Lust zum Schreiben habe. Was ich da lese, versetzt mich in Erstaunen: Jede Menge Einsichten über mich und mein Leben standen da geschrieben. Was mich allerdings noch mehr erstaunte: Obwohl ich all das vor Monaten oder Jahren aufgeschrieben hatte, hat sich in meinem Leben seither nichts verändert. Ich hatte kaum etwas getan, um diese Einsichten zu nutzen und mein Leben bewußter zu gestalten. Ich hatte erkannt, was zu tun war, aber ich hatte es nicht getan. Mit einem Ruck setzte ich mich gerade. Warum ging ich mit diesen kostbaren Geschenken so schäbig um? Was müßte geschehen, damit ich ihrem Ruf folgen würde?

Was tut Schwester Einsicht? Sie erinnert uns: »Hier ist der Weg, der sich dir eröffnet. Gib acht und folge ihm!« sagt sie immer wieder, wie eine Leuchtreklame, die in regelmäßigen Abständen aufleuchtet. Einsichten sind göttliche Ermahnungen, uns dem Fluß des Lebens anzuvertrauen. Wir begegnen ihnen überall, aber oft wollen wir nicht wissen, was sie uns zu sagen haben, oder wir vergessen es rasch wieder, weil wir sonst in unserem Leben etwas verändern müßten. Und wer will das schon?

Hier ist die Liste der Einsichten, die ich in meinen Tagebüchern, während meiner Therapie, in meiner Frauengruppe und mit Hilfe der Fragen zusammengetragen habe:

- Ich muß lernen, langsamer zu machen und in mich zu gehen. Niemand treibt mich an, nur ich selbst. Ich darf andere auch mal warten lassen, und ich darf auch mal eine Pause machen.
- Wenn ich spüre, daß ich mich verkrampfe, tut es mir gut, ein bißchen über die Stränge zu schlagen: Musik auflegen und tanzen, in den Garten gehen und mir die Blumen ansehen – auch wenn ich eigentlich arbeiten müßte.
- Spiritualität bedeutet nicht, über Meditation nachzudenken oder über das Beten zu lesen. Es bedeutet: Ich wage es, mein Tempo zu verlangsamen und mich dem Göttlichen zu öffnen. Es bedeutet: Ich bin bereit, mir auch die weniger schönen Seiten in mir anzusehen.
- Das Dunkel in meinem Inneren braucht Körperarbeit, Yoga, Malen und Töpfern.
- Lilly braucht mich, um sich zu beruhigen. Sie braucht ihre Eltern zum Spielen, zum Spazierengehen oder um gemeinsam im Garten zu arbeiten. In ihrem eigenen Tempo.
- Ich möchte jeden Tag etwas Kreatives tun – aus Liebe, nicht um damit Geld zu verdienen. Es kann auch etwas Kleines sein wie einen Blumenstrauß zusammenstellen, ein Briefkuvert verzieren, das an eine liebe Freundin geht, oder eine lustige Nachricht, die ich auf einem Anrufbeantworter hinterlasse.
- Für ein paar Gymnastikübungen ist immer Zeit, auch wenn es nur ein paar Minuten sind. Ich brauche nicht zu warten, bis ich täglich eine Stunde Zeit dafür erübrigen kann. Jede Minute zählt.
- Ich verzeihe mir, daß ich zuwenig auf meine Gesundheit geachtet habe (statt deshalb zu verzweifeln). Ich verdiene es, gesund zu sein und mich auch weiterhin mit dem Thema »Gesundheit« zu beschäftigen.
- Ich kann wählen, ob ich bewußt liebevoll und achtsam mit mir umgehen möchte oder ob ich nur manchmal, so nebenbei, etwas für mich tue. Es liegt an mir.

Die Drehbuchautorin Randi Ragan erkannte während eines Yoga-Retreats den eigentlichen Grund, warum sie kein Fleisch mehr essen wollte. Vorher waren es eher intellektuelle Gründe gewesen. »Es kam nicht von Herzen«, erzählte sie, »es waren Gedanken wie: ›Es ist besser für die Erde.‹ Dieses Mal war es anders, sie hatte das Prinzip der Gewaltfreiheit begriffen: Im Yoga gibt es ein Prinzip, das man *Ahimsa* nennt: Es bedeutet Gewaltlosigkeit auf allen Ebenen. An diesem Wochenende gab es natürlich nur vegetarisches Essen, und während einer Mahlzeit sagte ein Teilnehmer: ›In diesem Essen ist so eine gute Energie, so viel Liebe!‹ Da fiel es mir wie Schuppen von den Augen. Ich verstand auf einer ganz tiefen Ebene, warum es so wichtig ist, daß wir darauf achten, was wir zu uns nehmen. Mit dem Essen nehmen wir mehr auf als nur Nährstoffe, und ich will nicht, daß mit dem Essen Gewalt in meinen Körper kommt. Diese Einsicht hat mein Leben verändert, auch mein Denken, mein Reden und meine Einstellung gegenüber rücksichtslosen Autofahrern.«

Randis Einsicht ist wahrscheinlich nicht neu für dich. Vielleicht hältst du sie sogar für übertrieben oder unbedeutend. Hier ist nichts Großartiges geschehen. Randi hat nicht ihr Haus verkauft und ihr Leben in den Dienst der Armen in Kalkutta gestellt. Aber Achtung! Ähnlich verhält es sich mit *deinen* Einsichten. Vielleicht erscheinen sie dir unbedeutend, aber gerade dadurch zeichnen sie sich aus! Und deshalb mußt du lernen hinzuhören. Eine Einsicht erkennst du daran, daß sie dich inspiriert – egal, ob du zum erstenmal an sie denkst oder zum hundertfünfzigstenmal. Du spürst ein Prickeln in deinem Bauch, dein Herz schlägt schneller, du fühlst dich wie gebannt. Als Kind hast du wahrscheinlich ähnliches erlebt: Früh am Morgen, noch bevor du richtig wach warst, hast du auf einmal ein erwartungsvolles, freudiges Gefühl in dir gespürt, und du hast gewußt, daß etwas Schönes geschehen war. Dann ist dir eingefallen, was es war, und du bist aufgestanden und hast mit deiner neuen Puppe gespielt, oder du hast dich zu deiner Lieblingstante geschlichen, die bei euch auf der Couch übernachtet hat. Das ist das Gefühl, das deine Einsichten begleitet. Es ist aufregend, und du spürst, wie dein Körper es bejaht.

Nimm dir ein paar Minuten Zeit, und setz die scharfe Brille von Tante Einsicht auf. Was siehst du? Was hörst du? Schreib es auf. Es muß nicht viel sein. Meine Liste ist wie üblich etwas lang geraten. Ein bis drei Einsichten sind völlig ausreichend. Sie können dich jahrelang beschäftigen. Manchmal ist es besser, wenn du dich auf eine einzige

Einsicht konzentrierst, zum Beispiel wenn du wenig Energie oder kleine Kinder hast oder wenn dir eine Einsicht kommt, die so grundlegend oder so bedeutend ist, daß sie sich auf dein ganzes Leben auswirkt. Gib ihr Raum, sich zu entfalten. Schau ihr zu, was sie bewirkt.

Wenn du dir nicht sicher bist, ob es sich um eine Einsicht handelt, dann spür in dich hinein. Was sagt dein Körper? Nimm dir Zeit, geh in dich, und du wirst bald wissen, ob sie aus deinem Inneren kommt und Gültigkeit für dich besitzt oder ob es nur ein Gedanke ist, der dem Gefühl entsprungen ist, was du tun *solltest*.

Wenn du dir zuviel vornimmst, allzu zielorientiert oder zu ehrgeizig an die Sache herangehst, dann hast du nichts davon, höchstens Kopfweh oder einen verkrampften Unterkiefer, aber nichts für deine Seele. Besser ist, du nimmst es, wie es kommt, und achtest darauf, was sich gut anfühlt. Dann begegnest du der Gnade und dem Wunderbaren und einer Seele, die sich in ihrer Schönheit entfalten kann.

Hier ein paar Tips, wie du Schwester Einsicht begegnen kannst:

Geh deine Antworten zu den bisherigen Fragen noch einmal durch. Achte darauf, wovon du gerne mehr in deinem Leben hättest. Fang mit etwas Einfachem, Unkompliziertem an. Große Worte oder zu große Ansprüche führen selten zu einer wahren Einsicht.

Blättere in alten Tagebüchern. Du brauchst nicht alles durchzulesen. Laß deine Augen einfach über die Seiten gleiten, und blättere sie in einem gleichmäßigen Tempo um. Achte dabei auch auf deinen Körper. Wie reagiert er auf das, was du da liest? Wo spürst du eine positive Reaktion? Mach dir ein paar Notizen. Eine Viertelstunde ist genug. Schreib nachher Themen oder Worte auf, die dir aufgefallen sind. Laß sie auf dich wirken. Vielleicht kannst du später daraus eine Einsicht formulieren.

Wenn du eine Therapeutin hast, kannst du sie fragen, welche Einsichten du in euren Gesprächen geäußert hast. Laß sie auf dich wirken, zieh dich zurück, denk darüber nach, und achte darauf, was dich inspiriert. Das eine oder andere Thema erscheint dir vielleicht im Augenblick zu schwierig. Es ist gut, wenn du dir das eingestehst. Ich habe einmal an einem schönen Sommertag an einem Bach gesessen, und plötzlich sah ich eine Schlange in meiner Nähe. Sie verharrte reglos in ihrer Position, und ich tat das gleiche. Niemand von uns wollte diesen schönen Ort verlassen. Ich blieb sitzen und ließ die Schlange nicht aus den Augen. Und es ist gut, wenn du auch die Einsichten, mit denen du dich im Moment *noch nicht* auseinandersetzen möchtest, im Auge behältst. Sieh sie dir hin und wieder an, *ohne* etwas zu unternehmen. Bis die Zeit reif ist.

Frage Freundinnen, was du über dich gesagt hast oder was dich ihrer Meinung nach beschäftigt. Frage sie: »Was habe ich in letzter Zeit über mich gesagt? Gab es da irgendwelche Einsichten oder Vorsätze?« Aber achte darauf, wie es sich anfühlt, was sie sagen. Übernimm nur, *was sich gut anfühlt. Und nur die Dinge, die du auf ihre Gültigkeit geprüft hast.*

Zieh dich eine Zeitlang zurück, und stell dir die Frage: »Welche Einsichten möchte ich in mein Leben integrieren?« Wenn du möchtest, kannst du das auch mit Bewegung oder Meditation verbinden. Warte nicht auf die Antwort, sondern konzentriere dich auf die Frage. Verwende sie wie ein Mantra. Wenn eine Antwort kommen möchte, dann kommt sie schon.

Führst du ein Traum-Tagebuch? Dann kannst du auch hier Einsichten älteren oder neueren Datums finden. Oder bitte um einen Traum, der dir weiterhilft.

Hast du in letzter Zeit ein interessantes Buch gelesen (oder lesen wollen) oder ein Seminar besucht (oder besuchen wollen)? Gab es da Ideen oder Gedanken, die dich angesprochen haben? Auch eine kleine Idee kann wertvoll sein, zum Beispiel der Vorsatz: »Ich möchte mehr Müsli essen«, oder: »Ich nehme jetzt jeden Morgen nach dem Aufstehen fünf tiefe Atemzüge.«

Welche Qualitäten bewunderst du an deinen Freund/inn/en? Was fasziniert dich an den Menschen, die du schätzt? Welche Eigenschaften haben dein Partner, deine Bekannten, deine Familie? Welche magst du, welche magst du nicht? Auch das kann dir einen Hinweis geben.

Mach dich leer, und schalte auf Empfang. Zieh dich zurück – zum Beispiel in die Badewanne, die Ohren unter Wasser, die Augen zu –, und stell dir vor, dein Körper sei ein Gefäß, zum Beispiel eine kostbare Karaffe, die darauf wartet, gefüllt zu werden. Atme, und kehre immer wieder zu diesem Bild offener Aufnahmebereitschaft zurück. Nach

Es gibt
viele
Wege

einer Weile kannst du dein inneres Wissen um Hilfe bitten und fragen: »Welche Einsichten wollen das Gefäß in mir füllen?«
Bitte denk daran: Nimm dir nicht zuviel auf einmal vor. Ein bis drei Einsichten genügen, und es sollten nicht mehr als fünf sein. Nimm etwas, das dich inspiriert – und nichts, was sich nach Pflicht anfühlt. Was spricht dich wirklich an? Was läßt deinen Puls höher schlagen? Riskiere etwas!

Sag dir immer wieder: »Es gibt ihn nicht, den *einen* Weg. Es gibt viele Wege!«

Geh deine Liste durch. Wo empfindest du Freude, was läßt dich erschauern, was beruhigt dich? Schreib es dir auf, aber nur das, was sich gut anfühlt und was wirklich zu *dir* gehört.

Die Idee zu folgender Übung verdanke ich Barbara Shers Buch *Live the Life you Love*. Du brauchst dazu ein paar DIN-A5-Karteikarten. Jede Einsicht, die dir kommt, schreibst du auf eine Karte – aber erst, nachdem du sie anhand der folgenden Fragen auf Herz und Nieren geprüft hast:

- Hilft mir diese Einsicht, Streß und Unwohlsein zu reduzieren? Wenn nicht, ist das in Ordnung? (Manchmal bedeutet es mehr Streß oder Unbequemlichkeit, eine Einsicht in dein Leben zu integrieren. Wichtig ist, daß du weißt, worauf du dich einläßt.)
- Will ich diese Einsicht wirklich in mein Leben integrieren, oder tue ich es für jemand anderen? Wenn ja, für wen? Ist das für mich in Ordnung? (Eine Einsicht, wie ich meiner Tochter eine bessere Mutter sein kann, ist etwas anderes als eine Einsicht, wie ich einem anderen Menschen besser gefallen oder wie ich seinen Vorstellungen besser entsprechen kann.)
- Verleiht mir diese Einsicht das Gefühl, daß ich enger mit dem Göttlichen verbunden bin oder ihm besser dienen kann? (Es macht nichts, wenn du auf diese Frage keine Antwort weißt. Stell sie dir trotzdem. Fragen schadet nicht.)
- Erwarte ich, daß sich mein Leben durch diese Einsicht ändern oder festigen wird?
- Paßt diese Einsicht zu meinen Wertvorstellungen und Überzeugungen? Wird sie anderen Menschen gerecht?
- Wie werden die Menschen, die mir am nächsten stehen, reagieren, wenn ich diese Einsicht in mein Leben integriere?
- Welche Einsichten gefallen mir am besten? Gibt es andere Einsichten auf meiner Liste, die die Einsichten, für die ich mich entschieden habe, unterstützen?

Welche Einsichten hast du ausgewählt? (Denk daran: Drei sind genug. Und es sollten nicht mehr als fünf sein.) Formuliere sie in inspirierende Fragen um (»Wie kann ich . . .?«, oder: »Was kann ich tun, um . . .?«), und schreib sie auf die Karteikarten. Hier sind meine Fragen:

- Was kann ich tun, um langsamer zu machen und regelmäßig in mich hineinzuhören? Was kann ich tun, um mir meines Weges deutlicher bewußt zu werden?
- Wie kann ich eine spirituelle Praxis in mein Leben integrieren?
- Wie kann ich jeden Tag aus Liebe mit meiner Kreativität in Verbindung treten?

● Wie kann ich immer wieder einen neuen Anlauf nehmen, mich mit dem Thema »Gesundheit« zu beschäftigen, anstatt mich der Verzweiflung zu überlassen?

Wenn du Lust hast, kannst du deine Karten auch verzieren. Nimm sie mit, wenn du unterwegs bist, lies sie, wenn du Zeit hast: wenn du auf den Aufzug wartest oder auf das Ende der Karate-Stunde deines Kindes, auf den Arzt oder auf eine Freundin, mit der du dich zum Mittagessen verabredet hast. Oder bringe sie an einem Platz an, wo du sie immer wieder siehst: Befestige sie an deinem Schreibtisch, an dem Badezimmerspiegel oder auf dem Boden einer Schublade, die du häufig öffnest. Lies sie immer wieder durch. Und wenn du es vergißt? Mach dir bitte keine Vorwürfe, sondern ändere etwas: Bring die Karten an einem anderen Ort an, oder formuliere die eine oder andere Einsicht um. Deine Einsichten ändern sich von Zeit zu Zeit. Dann mußt du sie neu formulieren oder ihren Schwerpunkt ändern. Vielleicht ist es auch an der Zeit, eine neue Einsicht aufzunehmen oder eine alte auszumustern. (Es kann sein, daß sie später in anderer Form zurückkehrt.) Mag sein, daß du irgendwann das Gefühl hast, daß eine Einsicht nicht mehr zeitgemäß ist oder nicht wirklich zu dir paßt. Das ist in Ordnung. Es ist Teil des Prozesses, der dir hilft, deinen Weg zu finden und ihn mitzugestalten.

Laß deine Einsichten auf dich wirken wie eine Parabel oder einen Koan. Verleih ihnen einen Ausdruck: Mach ein Ritual oder einen Tanz daraus, schreib ein Gedicht oder ein Lied darüber. Weihe sie dem Göttlichen. Laß dein Denken den gewundenen Pfaden folgen, und denk daran, daß das Leben eine Spirale ist. Die Fragen: »Muß ich alles tun?« oder: »Werde ich es schaffen?« brauchst du dir nicht zu stellen. Gefühle halten in der Regel mit den Anforderungen, die das Leben an uns stellt, nicht Schritt. Sie haben ihr eigenes Tempo. Es geht hier nicht darum, dein ganzes Leben zu ändern. Es geht darum, achtsamer und aufmerksamer zu werden und dir immer wieder ein paar Fragen zu stellen. Das ist alles. Und das ist genug.

Was gefällt oder mißfällt mir an meinen Nachmittagen?

Verwende wieder deinen »Auslöser«, um dich daran zu erinnern, dich rund einmal in der Stunde zu fragen: »Was tue ich? Gefällt es mir? Gefällt es mir nicht? Oder bin ich mir nicht sicher?«

Welche Einsicht will ich in mein Leben integrieren?

Wie sähe es aus, wenn ich mich klar und deutlich dabei sehen könnte, wie ich diese Einsicht integriere?

Was nähmen deine Sinne wahr? Was würdest du sehen? Hören? Wie würde es sich anfühlen? Stell dir ein paar Details vor, die dich ansprechen.

In welchem Verhältnis steht diese Einsicht zu dem, wovon ich in meinem Leben mehr bräuchte?

Sieh dir die Seiten 25 und 92 noch einmal an. Erkennst du da einen Zusammenhang?

Einsichten rühren den Sumpf auf

Ein Beweis für meine Schwierigkeiten, Einsichten in die Praxis umzusetzen, ist, daß ich immer noch mit den Ersatzbefriedigungen, Zeitkillern und anderen lästigen, aber manchmal auch sehr verführerischen Versuchungen zu kämpfen habe, die unser Leben um vieles schwerer – aber auch um vieles interessanter – machen.

Wenn du dich auf eine Einsicht konzentrierst und versuchst, sie zu leben, oder wenn du dein Leben einfach bewußter unter die Lupe nimmst, indem du dieses Buch liest, dann begegnest du so mancher Schattenseite in deinem Inneren. Wenn wir uns entscheiden, bewußt zu leben und in unsere Tiefen vorzudringen, dann begegnen wir Teilen von uns, die dumpf und dunkel sind. Wir begegnen ihnen, um sie zu erlösen, denn nur so können wir zu unserer Ganzheit finden. Die Teile in dir, die sich nach Ersatzbefriedigungen sehnen und Zeitkiller einfach unwiderstehlich finden, brauchen deine Aufmerksamkeit und deine Liebe am meisten.

BL schiebt einen Schaukelstuhl neben meinen Schreibtisch und setzt sich zu mir. »Hier brauchst du meine Hilfe«, erklärt sie feierlich. »155 Seiten lang hab ich dich machen lassen. Es wird langsam Zeit, daß du dich mit dir beschäftigst! Warum brauchst *du* Ersatzbefriedigungen? Und warum so oft? Eine Familienpackung Müsliriegel reicht bei dir nur anderthalb Tage! Und warum ist das so?« Ich winde mich unter ihrem festen Blick. »Und was ist mit deiner Angewohnheit zu beobachten, wieviel Zeit zwischen dem Ende eines Satzes und dem Anfang eines neuen vergeht? Ein Zeitkiller par excellence! Und warum hast du, wenn es mit dem Schreiben gerade prima klappt oder wenn du gerade so schön mit Lilly spielst, so oft das Gefühl, du müßtest jetzt unbedingt jemanden anrufen? Warum tust du das?«

»Ich hab' schon mal versucht, dir das zu erklären. Müsliriegel oder ein Video am Freitagabend sind einfach befriedigend. Sie sind so vertraut!« entgegne ich und sehe ihr herausfordernd in die Augen. »Ich fühle mich dann einfach besser!«

Eine Packung Müsliriegel erscheint auf meinem Schreibtisch. »Hier ist ein Zitat aus deinem Tagebuch, das dem widerspricht.« BL beginnt zu lesen: » ›Warum esse ich? Weil ich Angst habe, mich auf das Leben einzulassen. Ich esse, um mich vor dem zu schützen, was mir wahrscheinlich mehr Spaß, aber auch mehr Schwierigkeiten machen würde: Chris ganz nah zu sein, meinen Körper ganz zu spüren, alles, was mir tief drinnen wirklich guttun würde. Ich habe fast das Gefühl, als ob ich mir das einfach nicht gönnen dürfte. Ich kann mich dem Leben nicht wirklich überlassen. Ich kann es nicht, bzw. ich habe Angst davor! Was würde geschehen? Wie würde es mir gehen? Ich weiß nicht, wie es ist und wie es sich anfühlt.‹ «

BL nimmt von irgendwo einen rosa Kaschmirumhang, legt ihn mir um die Schultern und umarmt mich. Mit sanfter Stimme fährt sie fort: »Der Moment, in dem du das Gefühl hast, daß du jetzt unbedingt den Müsliriegel brauchst, das ist der Moment, auf den es ankommt, das ist der kreative Augenblick. Es ist der Moment, in dem du lernen kannst, deinen Ängsten standzuhalten. Glaub mir, das fällt niemandem leicht. Du bist nicht allein. Aber wenn du dein Leben bewußt gestalten willst, dann mußt du lernen, diesem Moment zu widerstehen. Müsliriegel und die anderen Ersatzbefriedigungen hindern dich daran, dein Leben zu gestalten. Sie blockieren dich und deine Lebenskraft oder deinen »Lebenssaft«, wie ich es gerne nenne. Es ist der Saft, der dich vorantreibt. Er inspiriert dich, er hilft dir, dich zu entfalten und die Stimme des Göttlichen zu hören. Er verbindet dich mit der kosmischen Lebenskraft. Und der geht der Saft nie aus. Wenn du sie nicht zuläßt, blockierst du eine Menge. Anstatt dich mit Ersatzbefriedigungen vollzustopfen, mußt du lernen, was du für dich tun kannst, um dich wirklich wohl in deiner Haut zu fühlen.«

»Jetzt brauch ich Müsliriegel«, murmele ich in meinen Umhang.

»Komm, setz dich auf den Schaukelstuhl.« BL steht auf, und ich lasse mich in den Schaukelstuhl fallen. »Mach die Augen zu und schaukle«, flüstert sie. »Die Dinge, denen du entsagst, weil du dich entschlossen hast, bewußt zu leben, machen dich um so stärker. Es ist nicht angenehm. Aber tu es trotzdem. Freu dich darüber! Auch wenn du dir am liebsten die Haare raufen würdest. Schließ Frieden mit diesen Gefühlen, und laß nicht zu, daß du schwach wirst und nach Ersatzbefriedigungen greifst. Mach dich nicht kleiner, widerstehe dem, was dich schwächt. Versuch einmal, diese Momente staunend anzusehen. Je mehr es dir gelingt, dieses Staunen in dein Leben einzuladen, desto bewußter kannst du es gestalten.«

Ich schlucke und atme, so tief ich kann. Ich versuche, mich auf meinen Atem zu konzentrieren statt auf den Müsliriegel. Mir fällt ein, daß eine Therapeutin, bei der ich vor Jahren in Behandlung war, immer, wenn ich ihr eine schwierige Frage stellte, sagte: »Das muß ich erst mal auf mich wirken lassen.« Damals fand ich das komisch. Jetzt frage ich mich, ob sie nicht genau das meinte, was ich jetzt versuche. Ich schaukle, eingewickelt in meinen rosa Umhang. Ich schaukle und versuche loszulassen. Ich versuche der Versuchung zu widerstehen. In mir ringt die Sehnsucht, mich der Versuchung hinzugeben, mit der Sehnsucht, tiefer zu gehen.

Tiefer in den Moment hinein. Was ist jetzt in mir? Welche Gefühle, welche Gedanken . . . Angst!

»Ich habe Angst!«

»Darum bin ich ja hier. Jeder hat Angst. Jeder hat Angst davor, sich dem Moment zu überlassen, mit all seinen Möglichkeiten. Er ist so lebendig! Er löst so viele Gefühle in dir aus!« Sie berührt mich sanft am Arm. »Er ruft uns in Erinnerung, daß wir verletzlich sind und daß wir sterblich sind, aber das wollen wir nicht wissen. Und damit töten wir unsere Fähigkeit ab, unser Leben zu gestalten und bewußt zu wählen. Weißt du, was die eigentliche Frage ist? Die Frage, die allen anderen zugrunde liegt? Wie lebendig gestatte ich mir trotz all meiner Schwächen und Fehler zu sein, trotz meiner Angst vor dem Tod, dem Leiden in der Welt, dem Leiden unschuldiger Kinder – trotz dem ganzen buntscheckigen, beschissenen, bezaubernden Leben?

Ich fange an zu weinen, hemmungslos zu schluchzen wie ein Kind. Tränen rinnen über mein Gesicht, und meine Nase läuft. BL weicht nicht von meiner Seite.

Ich weiß, daß sie noch eine Weile bleiben wird.

Fragen zum Leben

Was gefällt und was mißfällt mir an meinen Abenden?

Wie verbringst du deine Abende? Wie beschließt du deinen Tag? Was findest du befriedigend? Was bereitet dir Freude, was beruhigt dich?

Was sind meine Lieblings-Ersatzbefriedigungen?

Mach dir eine Liste. Vielleicht ist es nötig, daß du Detektiv spielst und dich ein paar Tage lang beobachtest. BL hat noch einen Tip: »Sei nett zu dir! Von Ersatzbefriedigungen kannst du dich nur lösen, wenn du liebevoll und verständnisvoll mit dir umgehst.«

Welche vier, fünf Situationen oder Gefühle wecken in mir das Verlangen nach einer Ersatzbefriedigung?

Streß? Wenn du dich verletzt fühlst? Wenn du das Bedürfnis nach mehr Lebendigkeit verspürst? Bei mir ist es folgendes: wenn jemand das, was ich geschrieben habe, ablehnt; wenn ich das Bedürfnis habe, meiner Tochter oder meinem Partner nah zu sein, aber es nicht zeige; wenn ich etwas tun möchte und dauernd unterbrochen werde – dann verlangt es mich nach Süßigkeiten oder anderen Ablenkungen.

Welche Zeitkiller sind mir die liebsten?

Manche Zeitkiller schaffen wir uns selbst, andere können wir nicht ändern, höchstens umgehen – zumindest manchmal. Wichtig ist, daß wir erkennen, was uns unsere Zeit raubt. Ein Putzfimmel ist etwas, das du dir selbst geschaffen hast. Dagegen kannst du etwas unternehmen. Einer geschwätzigen Kollegin kannst du nur aus dem Weg gehen.

Tu dir gut
Nur nicht übertreiben

Genug gestaltet! Auch mit der Arbeit an uns selbst können wir es übertreiben.

Gönn dir eine Pause, und tu dir gut. Wie kann ich das sagen, wo ich doch bisher behauptet habe, daß unser Bedürfnis abzuschalten, uns ach so gerne daran hindert, unser Leben zu gestalten?!

Aber ich habe herausgefunden, daß selbst unser Bestreben, mehr Bewußtsein zu entwickeln, nach einem Ausgleich verlangt, damit das Gleichgewicht erhalten bleibt. (Schon wieder dieses Wort. Geht es nicht ohne?) Der Ausgleich heißt: loslassen und geschehen lassen, bewußt-unbewußt den Impulsen folgen, die Gedanken wandern lassen, wohin sie wollen. Kommen lassen. Der Schriftsteller und Ökologe Thomas Berry sagt, daß uns Menschen das Bedürfnis nach Extravaganzen eigen ist. Es entspricht nicht unserer menschlichen Natur, immer nur fleißig, sparsam und sittenstreng zu sein.

Wenn wir aufhören zu trennen: das ist Arbeit, das ist Spiel, das ist gesundes Essen, und das ist das Essen, das mir schmeckt; wenn wir statt dessen aus Liebe zu uns wählen, was uns guttut, dann empfinden wir die Arbeit an uns selbst nicht mehr als Last, sondern als Spiel.

Bis es soweit ist, brauchen wir von Zeit zu Zeit eine Erholung.

Nimm sie an, deine Bedürfnisse und die verschiedenen Aspekte deiner selbst. Gib ihnen eine Stimme. Dann wächst dein Selbstvertrauen. Es gibt Teile in dir, die die Botin der Lebenskunst nicht ausstehen können. Es gibt Teile in dir – und es gibt sie auch in mir –, die verlangen nach Ersatzbefriedigungen, weil sie dir beweisen wollen, daß man dir nicht trauen kann. Mein innerer Kritiker bombardiert mich mit Vorwürfen wie: »Was machst du, wenn du dir Zeit für dich nimmst? Was tust du für dich? Du ißt eine ganze Tüte Chips auf einmal, oder du liegst den ganzen Abend auf dem Sofa und siehst fern. Dir *kann* man nicht vertrauen!« Aber wenn du dich bewußt dafür *entscheidest,* einmal auszuspannen oder einfach mal über die Stränge zu schlagen, dann beweist du dir selbst, daß die Welt davon nicht untergeht. Wichtig ist, daß *du es bewußt tust* und daß du dich fragst: »Was tut mir wirklich gut?«

Stell dir vor, BL spannt ein großes Transparent auf, auf dem geschrieben steht: »Du darfst dieses Buch ruhig einmal zur Seite legen und einfach tun, worauf du gerade Lust hast.«

Denk einmal ein paar Stunden, Tage oder Wochen lang nicht daran, dein Leben zu gestalten. Ich lauf' dir in der Zwischenzeit schon nicht weg!

Was geschähe, wenn ich mich intellektuell und gefühlsmäßig der Möglichkeit öffnete, daß den Dingen, die ich als Unterbrechungen empfinde, eine tiefere Bedeutung zugrunde liegt?

Das ist eine von den Fragen, die du auf dich wirken lassen mußt. Und denk daran, ich sage »Möglichkeit«. Denk an etwas, das dich furchtbar ärgert, und frage dich, ob es dir etwas sagen will.

Was könnte ich mit ein oder zwei Leuten tun, das uns beiden (dreien) guttäte?

Sheila sagt: »Irgendwann erkannte ich, daß gut zu mir sein mehr bedeutet, als mich ab und zu verwöhnen. Es ist eine Lebenseinstellung. Da war für mich die Zeit gekommen, etwas, das mir guttut, auch mit anderen zu tun. Ich fand heraus, daß ich mit meiner Tochter malen und mit meinem Partner Fahrrad fahren konnte.«

Was kann ich für mich selbst tun?

Grundbedürfnisse: Viel Obst und Gemüse essen, am besten roh und vom Öko-Bauern; zum Gynäkologen gehen; eine neue Brille oder neue Unterwäsche kaufen; Informationen zum Thema »private Altersversorgung« besorgen und mich eine halbe Stunde damit beschäftigen; ein Jahr lang zehn DM in der Woche sparen . . .

Etwas Kleines Nettes: Ein neues Kochrezept ausprobieren; ein Picknick an einem Wochentag veranstalten; nicht ans Telefon gehen; ein neues Aromaöl besorgen; dir selbst eine liebe Karte schreiben . . .

Ein kleiner Ausflug: Auf einen Bauernmarkt; auf einen Aussichtsturm; in eine Tropfsteinhöhle; zu einem alten Friedhof . . .

Was habe ich für ein Gefühl?

Meiner Freundin Deborah fällt es schwer, sich Zeit für sich zu nehmen, und sie ist gekränkt, weil ihr Mann das tut und regelmäßig Tennis spielt. »Ich weiß nicht, welche Fragen ich mir stellen soll«, sagt sie. »Ich weiß nicht, was ich will oder worum ich bitten soll. Ich habe das Gefühl, daß nichts so wichtig ist wie das, was ich tue, nämlich mich um meine Tochter kümmern. Das wird doch von einer Frau *erwartet*!«

»Was will ich? Wie verbringe ich meine Zeit, und was für ein Gefühl habe ich dabei?« Das sind die grundlegenden Fragen, die wir uns stellen müssen. Sie bringen es auf den Punkt. Aber sie machen uns auch Angst, denn die Antwort kann lauten: »Ich mag dieses oder jenes an meinem Leben nicht«, oder: »Ich weiß nicht, was ich fühle«, und wir wissen nicht, wie wir damit umgehen sollen. Vielleicht ist die Antwort auch: »Es gefällt mir sehr, sehr gut!«, und wir haben Angst, *weil* es uns so gutgeht. (Menschen sind manchmal komisch.)

»Genau, das ist es! Du mußt bereit sein *hinzuschauen*.« BL kommt zur Tür herein, einen üppigen, wunderschönen Blumenstrauß in der Hand. »Es geht darum, den Glauben zu entwickeln: ›Ich bin es wert, daß es mir gutgeht!‹ und eine innere Ordnung in dein Leben zu bringen.« BL arrangiert die Blumen in einer großen Vase und kümmert sich nicht weiter um die Spuren, die sie dabei auf dem Boden hinterläßt. »Geordnet hast du dein Leben schon ganz gut, jetzt ist es Zeit, dich zu fragen: ›Was mag ich? Was mag ich nicht?‹ «

»Ich mag diesen wunderschönen Blumenstrauß. Aber die Blätter auf dem Boden mag ich nicht.« Ich lehne mich in meinem Stuhl zurück. »Ich weiß nicht, dieses Was-mag-ich-was-mag-ich-Nicht, das hört sich alles so egozentrisch an. Meine Großmutter hätte es ›Nabelschau‹

genannt. Wir können nicht alles an unserem Leben mögen. Ich bin nicht gerne Lillys Mutter, wenn sie gerade eine ihrer Quengel-Phasen hat. Ich bin nicht gerne mit Chris verheiratet, wenn wir uns gerade aus dem Weg gehen. Und auch am Schreiben gibt es Sachen, die ich nicht ausstehen kann.«

BL schnurrt wie eine Katze und lächelt wissend – ein Lächeln, auf das selbst Kleopatra neidisch gewesen wäre. »Keine Sorge, meine kleine Puritanerin, das hier ist viel schwieriger als alles, was du bisher gemacht hast. Es geht um mehr als um sentimentales Wünschen, es geht um inneres Wissen und um die existenziellen Fragen: ›Warum bin ich hier?‹ und: ›Wem oder was diene ich?‹ Aber zuerst kommen die Beobachtungen.«

Sie ist im Begriff, einen Massagetisch aufzustellen. »Wie wär's mit einer Massage? Du läßt dich doch gern massieren, oder?«

Ihre Frage macht mich nachdenklich. Gefällt es mir, massiert zu werden? Fühle ich mich wohl dabei? Massiert zu werden gilt als angenehm, und oft wünsche ich mir, ich hätte mehr Geld dafür. Aber mag ich es wirklich? Und wenn ja – was gefällt mir daran?

Verblüfft steige ich auf den Massagetisch.

23

Fragen zum Leben

Was könnte ich in den nächsten Tagen tun, um die Frau zu werden, die ich am liebsten sein möchte?

Eine Sache, die du tun *willst*. Manchmal dauert es ein, zwei Tage, bevor du es weißt. Das ist in Ordnung. Manchmal tust du etwas und spürst im nachhinein, daß es das nicht war. Das ist auch okay.

Was glaube ich, in den nächsten Tagen tun zu müssen? Was belastet mich? Was läßt mir keine Ruhe? Was raubt mir meine Zeit?

Was könnte ich dagegen unternehmen?

Mach ein Brainstorming, und schreib all die wilden, subversiven, unüberlegten oder verrückten Dinge, die du tun *könntest*.

Was bin ich bereit zu tun oder zu versuchen?

Oft unternehmen wir nichts, weil wir an das denken, was wir tun *sollten* – aber nicht gerne tun. Oder wir stehen uns selbst im Weg und vergessen, uns zu fragen: »Was bin ich bereit zu versuchen?«

schreib einen Traum auf, der dich inspiriert

Sehnsucht

Die zweite der drei Schwestern ist die Sehnsucht. Sie sieht dich aus meerestiefen Augen an und lädt dich ein, an ihrer Seite Platz zu nehmen. Und du vertraust ihr deine Träume an, deine Herzensangelegenheiten, die Gedanken, die dir nicht mehr aus dem Kopf gehen, und alles, wonach es dich im Innersten verlangt. Sie ist mehr Ahnung als Gegenwart. Eine Mischung aus der frühen Morgendämmerung, dem Atem eines kleinen Babys und dem Fieber ekstatischer Vereinigung – eine Mischung, die sich ständig ändert und mitunter recht verwirrend ist. Sie will uns helfen herauszufinden, was unsere tiefsten Wünsche sind, derer wir uns aus Angst oder aus anderen Gründen vielleicht nicht bewußt sind. Melodien, die du immer wieder summst, Gerüche, die du wahrnimmst, die Erinnerung daran, wie die griechische Sonne sich auf deiner bloßen Haut anfühlte, all das sind Werkzeuge der Sehnsucht. Ihre Schätze zu betrachten weckt das Verlangen, und es befördert unsere geheimsten Wünsche ans Tageslicht, wo wir sie in Ruhe ansehen und entscheiden können, welchen wir folgen und von welchen wir uns trennen wollen – wie eine Königin, die ihre kostbaren Juwelen ansieht und auswählt, mit welchen sie sich schmücken möchte.

Hier ist eine Liste jener Dinge, nach denen ich mich sehnte, während ich an diesem Buch schrieb:

- Ein Wohnprojekt mit anderen Familien gründen.
- Ein ehrliches, witziges Buch über den weiblichen Alltag schreiben, das mir und anderen Frauen helfen sollte, ihn besser zu bewältigen.
- Die Beziehung zu Chris vertiefen.
- Lilly eine gute Mutter sein.

- Mit Chris ein paar Tage Urlaub machen.
- Urlaub in Afrika mit Chris und Lilly.
- Eine Trekking-Tour mit der Familie.
- Die Renovierungsarbeiten an unserem Haus fortsetzen.
- Mehr in der Natur sein.
- Das Wochenende lebendig und abwechslungsreich gestalten.
- Mich gesund, vital und voller Energie fühlen.
- Offener und kontaktfreudiger sein.

Mach dir auch so eine Liste.

Sieh dir noch mal an, was du zu den folgenden Fragen aufgeschrieben hast. Das hilft dir, aus einem größeren Fundus zu schöpfen:

- Was sagt mein Körper mir momentan über mein Leben? (»Fragen zum Leben« 13)
- Was gefällt und was mißfällt mir an meinen Vormittagen, Nachmittagen und Abenden? (»Fragen zum Leben« 19, 20, 21)
- Was könnte ich mit ein oder zwei Leuten tun, das uns beiden (dreien) guttäte? (»Fragen zum Leben« 22)
- Wenn ich wählen könnte, was ich in den nächsten Tagen tun, denken oder empfinden möchte, wofür würde ich mich entscheiden? (»Fragen zum Leben« 9)
- Was könnte ich in den nächsten Tagen tun (eine Sache), um die Frau zu werden, die ich gerne wäre? (»Fragen zum Leben« 5, 23)

Lies dir die Fragen auf Seite 153 noch einmal durch, und ersetze »Einsicht« durch »Sehnsucht«. Auch hier findest du den einen oder anderen Wunsch.

Eine andere Möglichkeit, mehr über deine Sehnsucht zu erfahren, ist, dich zu fragen: »Was macht mich unglücklich?«, »Wo bin ich unzufrieden?«, »Wo hakt's?« Welchen Situationen begegnest du immer wieder? Gibt es ein Thema, das all dem zugrunde liegt? Worüber klagst du regelmäßig? Sieh dir noch einmal deine Antworten auf folgende Fragen an:

- Was will mein Streß mir sagen? Kann ich daraus etwas lernen, das mein Leben und meine Entwicklung bereichert? (»Fragen zum Leben« 4)

- Was spüre ich intuitiv in meinem Herzen? Was möchte sich zu meinem inneren Wissen hinzugesellen?
- Was läßt mir keine Ruhe? Was will mir zu Bewußtsein kommen? (»Fragen zum Leben« 28)
- Was hält mich davon ab, mich zu entspannen und mir das zu gönnen, was ich brauche? (»Fragen zum Leben« 2, 14)
- Was tue ich für mich, das ich für einen geliebten Menschen tun könnte? (»Fragen zum Leben« 6)
- Zu welchem Thema in meinem Leben spüre ich zwei widersprüchliche Impulse? (»Fragen zum Leben« 16)

Welche Muster zeichnen sich ab? Verbirgt sich hinter einem dieser Muster eine Sehnsucht? Eine Sehnsucht, der du nachgehen möchtest, nicht weil du mußt, sondern weil du genug gelitten hast, um unbändiges Verlangen zu entwickeln? Jill hatte Schwierigkeiten mit Beziehungen. Zweimal hatte sie erlebt, daß eine langjährige Freundschaft abrupt beendet wurde. In der Stadt, in die sie versetzt worden war, fiel es ihr schwer, Freundschaften zu schließen. Die Schuld daran gab sie den anderen oder den Umständen, die sich geändert hatten. Als sie sich mit ihren Sehnsüchten beschäftigte, wurde ihr bewußt, daß die meisten Enttäuschungen in ihrem Leben – obwohl sie sich so sehr nach Nähe sehnte – mit ihren Freundschaften zusammenhingen. Jill erzählte: »Zwei der Sehnsüchte, die ich aufschrieb, waren: ›Ich sehne mich nach engen Freundschaften‹ und ›Ich sehne mich danach herauszufinden, was dem im Wege steht‹. Ich beschäftigte mich ein paar Monate lang mit diesen beiden Themen und fand heraus, daß durch meinen Umzug in die fremde Stadt schmerzliche Erinnerungen aus meiner Jugend an die Oberfläche gekommen waren. Damals hatte ich das Gefühl, von den anderen nicht akzeptiert zu werden, und ich versuchte, mich durch spitze Bemerkungen und überkritisches Verhalten zur Wehr zu setzen. Ich war wieder in dieses Muster hineingekippt und ging mit meinen alten und neuen Freunden nicht eben sanft um. Und das war ein wesentlicher Grund, warum es mir so schwerfiel, Freundschaften aufrechtzuerhalten oder zu vertiefen.«

Hier noch ein paar Möglichkeiten, wie du deiner Sehnsucht auf die Spur kommst:

- Hast du in irgendeiner Schublade Farben, Bastelsachen oder ähnliches verstaut, das darauf wartet, daß du deine kreative Ader auslebst? Hast du irgendwo die Skizzen für eine wunderschöne Gartenlaube hingeräumt, die du gerne bauen würdest? Hast du Ordner voll Broschüren über Seminare, Urlaubsreisen oder eine mögliche Berufsausbildung? Halte Ausschau nach den Dingen, die du angefangen hast, aber liegenläßt, weil du »keine Zeit hast«.
- Beklagst du dich regelmäßig, daß du für dieses oder jenes keine Zeit hast? Achte einmal darauf. Oft verbirgt sich dahinter eine Sehnsucht. Wenn ja, dann schreib diesen Punkt auf deine Liste, und unternimm etwas. (Wenn nein, dann hör auf dich zu beschweren.)
- Achte auf deine Träume. Sie können dir wertvolle Hinweise zum Thema »Sehnsucht« geben.
- Was waren deine Lieblingsbeschäftigungen als Kind, als Teenager, bevor du Kinder hattest oder diesen Job, der dir so viel abverlangt? Pferde, Schauspielen, Schach, Schwimmen, Monopoly, die Beatles? Dinge, die dir einfach Spaß machten.

Manchen Frauen fällt es leicht, ganze Seiten mit abenteuerlichen Wünschen vollzuschreiben. Sie träumen von einem Kameltrip durch die Wüste, einem Friedenscamp in Tansania, von einer Modeschau in Paris oder davon, polynesische Tänze in Rarotonga zu erlernen. Anderen fällt es dagegen schwer, ihre Wünsche zu formulieren. Gründe dafür gibt es verschiedene. Wenn du in deinem Leben Traumata erleiden mußtest, wenn du vergewaltigt wurdest oder unter schweren Depressionen leidest, dann kann es sein, daß Wünsche zu formulieren sich für dich »verboten« anfühlt. Bevor wir weitergehen, sollten wir uns also von der Vorstellung befreien, wir *müßten wissen*, was wir wollen. *Wir müssen es nicht wissen!* Ich nicht und du auch nicht.

Wir können Wünsche formulieren, auch wenn wir noch auf der Suche sind. Du kannst dich vorantasten, auch wenn du das Gefühl hast, daß du blockiert oder daß du es nicht wert bist, oder wenn du an der Tiefe deiner Wünsche zweifelst. »Ich hab' mir diese Fragen nie gestellt«, sagt Jackie, in deren Büro wir an einem Nachmittag im Frühling zusammensitzen. *Das* ist die Sünde, die Blockade, der Stolperstein, den wir auf jeden Fall vermeiden sollten. »Ich hab' mich nie gefragt, was ich wirklich will. Ich war zufrieden damit, daß ich einen guten Job hatte, und ich nahm in Kauf, daß ich mich manchmal unwohl fühlte. Aber ich fragte nie: ›Was will ich *wirklich?*‹ Das ist keine leichte Frage, denn ich kann nicht einfach meinen Job hinschmeißen. Ich muß schließlich meine Rechnungen bezahlen. Trotzdem fühlt es sich gut an, wenn ich mir diese Frage stelle.« Stell sie dir. Immer wieder. Hör in dich hinein. So lange, bis sich die aufgeregten Stimmen in deinem Inneren beruhigen und du die Stimme Gottes hören kannst. Diesen Schritt kannst du nicht überspringen. Wenn du deine Sehnsucht kennenlernen willst, dann mußt du immer wieder innehalten und dich fragen: »Was gefällt mir? Was gefällt mir nicht? Wo will ich hin? Wohin zieht es mich?« Das kann Tage, Wochen, Monate und manchmal sogar Jahre dauern. Glaubst du, du könntest die Antwort wissen, bevor du dir die Frage gestellt hast?

Wir begegnen heute häufig einem völlig anderen Bild: die Frau, die sich selbst verwirklicht, die ihre Träume lebt, die tut, was ihr gefällt, und auch genügend Geld damit verdient. Aber ist es wirklich so? Sind sich alle anderen so sicher, was sie wollen? Sind sie frei von dem Hin-und-hergerissen-Sein und den Unsicherheiten, mit denen wir zu kämpfen haben? Ich glaube nicht! Wir sollten uns von solchen Klischeevorstellungen nicht irritieren lassen. Was wir tun müssen, ist, uns zu unseren Wünschen voranzutasten und zu lernen, die Spannung des Noch-nicht-Wissens auszuhalten. Was wir auf keinen Fall tun sollten, ist zu sagen: »Ich weiß nicht, wie ich mein Leben gestalten möchte, also tu ich gar nichts« oder uns ständig beklagen, wie schrecklich alles ist.

Sieh dir noch mal an, was du zu den Fragen aufgeschrieben hast. Du hast dich in letzter Zeit beobachtet, und du hast genug gesehen, um einen Anfang zu machen. Du findest sicher einen Wunsch, einen Hinweis oder vielleicht deinen großen Traum. Fang mit deiner Liste an!

24

Fragen zum Leben

Die Spirale meines Lebens dreht sich weiter, und ich frage mich: Was bin ich hundertprozentig, aus tiefstem Herzen bereit, jetzt loszulassen?

Was kommt dir als erstes in den Sinn? Sag es laut, und stell dir vor, daß es von einem großen Besen aus dir hinausgekehrt wird.

Statt zu _____, entschließe ich mich zu _____.

Statt zu _____, entschließe ich mich zu _____.

Welche Ersatzbefriedigungen oder Zeiträuber machen dir momentan zu schaffen? Schreib sie in die erste Lücke. Dann atme tief durch, und frage dich: »Will ich das wirklich?« Wenn die Antwort »nein« oder »Ich bin mir nicht sicher« lautet, dann frage dich: »Was befriedigt meine Seele?«, oder: »Was will diese Ersatzbefriedigung mir sagen?« Fühl, daß BL in deiner Nähe ist. Vielleicht legt sie dir eine Hand auf die Schulter und flüstert dir ins Ohr: »Alles wird gut, mein Schatz. Alles wird gut!«

Von welchen Gedanken und Gefühlen und Handlungsweisen könnte ich mich in den nächsten Tagen lösen?

BL beugt sich leicht von der Seite in dein Gesichtsfeld. Sie zwinkert dir zu und sagt: »Was traust du dich nicht, nicht mehr zu tun? Was könntest du aufgeben – und wenn auch nur für eine Woche –, damit du Zeit hättest, dich mit deinen Einsichten und mit deiner Sehnsucht zu beschäftigen? Hmm . . .?«

Die Spreu von der Sehnsucht trennen

Egal, ob deine Liste von Sehnsüchten lang und detailliert oder kurz und eher vage ist, jetzt kommt es darauf an, daß du entscheidest, welche Wünsche dir so sehr am Herzen liegen, daß du dich für sie einsetzen und, wenn nötig, auch etwas dafür opfern würdest. Welcher Wunsch ist dir wirklich wichtig? Was bist du bereit dafür zu tun? Auf welche deiner Wünsche kannst du verzichten (vielleicht nach einer kleinen Kostprobe)? Für welche kannst du deine Familie begeistern? Welche kannst du in deiner Arbeit nützen (vielleicht sogar als Basis für eine neue Tätigkeit)? Und welche Wünsche werden ein Eigenleben führen und etwas von dir verlangen?

Achtung: Schwester Sehnsucht interessiert sich nicht für materielle Dinge. Es ist okay, wenn du dir ein neues Auto wünschst, aber wenn du dabei das andere vergißt, dann wird dein Wunsch, mehr zu konsumieren, nur noch verstärkt. Unsere Sehnsucht hat ein anderes Ziel: Sie will unser spirituelles Wachstum fördern. Sie will, daß wir unserer Lebensaufgabe folgen – und nicht den Grillen in unserem Kopf. Unsere tiefsten Wünsche helfen uns, die Frau zu werden, die wir sind. Und das ist eine Frau, die nicht in Marketingkonzepte und Business-Strategien irgendwelcher Firmen paßt. Sehnsucht ist ein Schatz, und wir tun gut daran, bewußt zu wählen, welches Ziel wir anstreben möchten. Das bewahrt uns davor, Dingen nachzulaufen, die das unbändige Verlangen unserer Seele nicht befriedigen.

Die folgenden Fragen helfen dir, die Wünsche, die du aufgeschrieben hast, zu überprüfen:

- Welche Gefühle löst diese Sehnsucht in mir aus? Fühle ich mich angesprochen? Fühle ich mich lebendig, wach und klar? Habe ich das Gefühl, daß ich damit dem Göttlichen oder dem großen Ganzen diene? Spüre ich, daß sie mir hilft, meiner Lebensaufgabe zu folgen?
- Hoffe ich insgeheim, daß sich mein Leben ändern oder stabilisieren wird, wenn ich dieser Sehnsucht folge?
- Worauf bin ich bereit zu verzichten, um die Zeit und die Energie zu haben, diesem Wunsch zu folgen?
- Wie könnte es sich auf die Menschen in meiner näheren Umgebung auswirken, wenn ich dieser Sehnsucht folgte oder mir erlaubte, sie zu haben?
- Welche drei Wünsche sind mir so wichtig, daß ich ohne sie nicht leben kann? Welche Wünsche könnten den anderen Wünschen helfen, sich zu entfalten?

Welche Sehnsüchte haben diesen Test bestanden? Welche sind dir am wichtigsten? Entscheide dich für ein bis fünf von ihnen, formulier sie in Fragen um, und schreib sie auf deine Karten. Hier ist meine Liste:

- Was kann ich tun, um meine Beziehung zu Chris tiefer und befriedigender zu gestalten?
- Was kann ich tun, um mehr darauf zu achten, daß ich Lilly eine gute Mutter bin?
- Wie können wir diesen Sommer als Familie eine Trekking-Tour machen?
- Was kann ich tun, um mit anderen Familien ein Wohnprojekt zu gründen?
- Wie kann ich ein ehrliches, witziges Buch schreiben, das mir und anderen Frauen hilft, den Alltag besser zu bewältigen?

Ich habe »Das Wochenende lebendig und abwechslungsreich gestalten« fallenlassen, weil ich mit meiner Arbeit genug beschäftigt war. Außerdem kann es unter den ersten Punkt, »Die Beziehung zu Chris vertiefen«, subsumiert werden. Dasselbe gilt für den Wunsch, mehr Zeit in der Natur zu verbringen. (Wenn wir gemeinsam draußen sind, fühlen wir uns sehr verbunden.) »Mich gesund, vital und voller Energie fühlen«, und: »Offener und kontaktfreudiger sein« werden von zwei Fragen abgedeckt, die ich zum Thema »Einsicht« aufgeschrieben habe. »Mit anderen Familien ein Wohnprojekt gründen«, wollte ich nicht fallenlassen, obwohl ich weiß, daß ich momentan keine Zeit habe, etwas dafür zu tun – so sehr ich es auch möchte. Später ist mir klar geworden, daß es etwas ist, woran Chris und ich gemeinsam arbeiten können. Es tut mir leid, daß ich den Punkt: »Die Renovierungsarbeiten an unserem Haus fortsetzen« nicht aufgenommen habe. Aber nachdem BL darauf bestand, klare Entscheidungen zu treffen und darauf zu achten, was uns wirklich wichtig ist, wußte ich, daß die Sache mit dem Haus mir zuviel werden würde. Der Gedanke daran genügte, und ich bekam angesichts all der anderen Dinge, die ich mir vorgenommen hatte, das Gefühl, daß es mich zerreißen würde.

Wenn wir bewußt abwägen, was wir wollen, jammern wir nicht mehr: »Ich will, ich will«, sondern wir fangen an, uns zu fragen: »Will ich das wirklich?«, und: »Wann bin ich bereit, etwas dafür zu tun?« Und wir haben auch nicht länger das Gefühl, daß wir nie genug bekommen. Wenn wir uns unsere Wünsche und Sehnsüchte bewußtmachen, führt das paradoxerweise zu mehr Einfachheit und mehr Zufriedenheit.

Zum Teil gibt es auch eine zeitlich bedingte Reihenfolge. Zum Beispiel hatten die beiden Wünsche, eine Trekking-Tour mit meiner Familie zu machen und dieses Buch zu schreiben, Vorrang. Erst mußte der Urlaub gebucht und das Buch beendet werden, und dann würde ich wieder Zeit haben, an anderes zu denken, zum Beispiel an die Renovierung unseres Hauses. Vorher würde ich mir nicht einmal gestatten, über die Farbe für die Teppichböden nachzudenken. Ich richtete meine ganze Aufmerksamkeit und Willenskraft ausschließlich auf das, was unmittelbar bevorstand. (Mehr darüber im nächsten Kapitel.)

Der nächste Schritt ist, unsere Wünsche als Fragen zu formulieren. Das erhöht die Energie und unsere Bereitschaft, zuzuhören und zu handeln. Den Wunsch, mit meiner Familie eine Trekking-Tour zu machen, hatte ich schon früher aufgeschrieben und für eine tolle Idee gehalten. Aber ich hatte nie etwas unternommen, um ihn zu verwirklichen. Die Frage: »Was kann ich tun, um mit meiner Familie eine

Trekking-Tour zu machen?« spornt mich dagegen an und fordert meine Phantasie heraus. Sie sagt: »Na, was fällt dir dazu ein?« Sie inspiriert mich.

Ich habe meine Wünsche auf einzelne kleine Karten geschrieben und insgesamt als Liste, die jetzt an meiner Pinwand hängt. Eines Tages, während ich telefonierte, fiel mein Blick auf diese Liste. Ganz unten stand: »Möge ich ein ehrliches, witziges, schriftstellerisch anspruchsvolles Buch über den weiblichen Alltag schreiben.« *Möge* ich? Ohne es zu wissen, hatte ich diesen Wunsch als Bitte formuliert. Ich bat um Hilfe, um die Erlaubnis von allerhöchster Stelle sozusagen. Mit anderen Worten: Wenn es dem Himmel recht ist, dann werde ich es schreiben. »Dein Wille geschehe.« Ein paar Wochen später las ich in Gary Zukavs Buch *The Seat of the Soul*: »Schließe deine Pläne und deine Vorhaben in dein Gebet ein. Vertief dich in das, was du beabsichtigst, und sag währenddessen: ›Ich bitte um Führung und um Hilfe‹, und vertrau darauf, daß sie dir zuteil wird. Bewußter Umgang mit Energie und wie du sie nutzt, um Dinge zu verwirklichen, ist eine Sache. Eine andere ist, zu beten und dadurch göttlichen Beistand zu erwirken . . . Bitte, und dir wird gegeben.«[26]

Schreib das, was du am meisten ersehnst, in beiden Formulierungen auf deine Karten:

- Was kann ich tun, um mehr darauf zu achten, daß ich Lilly eine gute Mutter bin?
- Möge ich mehr darauf achten, daß ich Lilly eine gute Mutter bin!

Dadurch erhält die Sache eine neue, interessante Perspektive.

Denk daran: Es gibt viele Wege. Wenn du möchtest, kannst du auch andere Ansätze oder eigene Gedanken einbringen. Es ist kein starres Schema, es ist ein Prozeß!

Wahrscheinlich gibt es Überschneidungen zwischen deinen Einsichten und deinen Sehnsüchten. Das ist gut so. Dort, wo sie sich überschneiden, kommt die göttliche Intelligenz ins Spiel. Dort werden die Fragen »Was macht ganz?« und »Wem soll ich dienen?« gefiltert, und wir erhalten keine Antwort, sondern Führung. Es ist Teil des Um-die-Ecke-Denkens: Du brauchst Absicht hinter deiner Sehnsucht; Einsichten, die deine Sehnsucht unterstützen, und Sehnsucht in deiner Absicht. (Schwester Absicht ist die dritte Tante. Du wirst sie in Kürze kennenlernen. Die drei arbeiten Hand in Hand.) Du beschäftigst dich mit deinen Karten, und mit der Zeit (und mit dem Ausprobieren) tritt dir ein lebendiges, klares und *flexibles* Bild vor Augen, das dir zeigt, was du willst und welcher Weg sich vor dir auftut. Du hörst auf zu denken: »Wenn ich das erreiche . . .«, oder: »Wenn das geschieht, dann bin ich glücklich und zufrieden.« Und du fängst an, es so zu sehen: »*Ich bin hier.* Das gefällt mir, das *muß* ich tun, und das werde ich eines Tages auch tun, und gleichzeitig bin ich hier. Ich nehme wahr, wer ich bin und wo ich jetzt stehe. Und ich bin dankbar für das, was ist. Ich höre zu. Ich bin offen für Unterbrechungen und Richtungsänderungen. Und ich versuche, meinen Wertvorstellungen und den höheren Energien treu zu bleiben. Ich sehe das große Ganze und das Hier und Jetzt.«

Das ist der Rahmen, in dem du Führung intuitiv erfassen kannst. Und du bist dabei, ihn aufzubauen.

25

────── *Fragen zum Leben* ──────

**Welcher Sehnsucht will ich mich in den nächsten
Tagen öffnen?**

Wähle eine aus.

**Wie sähe es aus, wenn ich mir vorstellte, diese
Sehnsucht zu leben und zu genießen und ihr Raum zu geben,
sich zu entfalten und zu verändern? Was ängstigt
mich an der Vorstellung? Was finde ich daran aufregend?**

Tip von BL: »Denk daran: Deine Ängste sind der Schlüssel zu deiner
Lebenskraft. Schlag ihnen nicht die Tür vor der Nase zu, aber laß auch
nicht zu, daß sie den Ton angeben. Viele fürchten sich vor Schwester
Sehnsucht, aber sie ist das Herz der Sache.«

**Was könnte ich tun, damit es mir leichter fiele,
loszulassen und zu vertrauen?**

Sabbat halten: Es sollte aber mehr als eine Stunde sein, die du dir
nimmst, um mit dir und mit dem Göttlichen in Kontakt zu treten.

Ein Ritual: »Rituale geben uns das Gefühl, an einer höheren Ordnung
teilzuhaben. Die Antithese dazu ist das Gefühl des Abgetrenntseins . . .
Der einzige Weg, den Göttern zu verstehen zu geben, daß wir sie um
Hilfe bitten, ist das Ritual«[27], sagt die Astrologin Caroline Casey in
Making the Gods Work for You.

Um die Ecke denken und aus Unterbrechungen lernen: Gibt es Momente, in
denen du die Dinge vorantreiben, möglichst effektiv sein möchtest,
aber dich statt dessen entschließen könntest, einfach loszulassen?

Noch ein paar Gedanken zum Thema Wünschen

Hier ist ein Ausschnitt aus den Upanischaden, die als Quelle des Hinduismus angesehen werden, mit dem Carol Lee Flinders ihr Buch *Das innere Feuer* beschließt:

»Hier tun die Leute, was ihnen geheißen wird, werden abhängig von ihrem Land oder ihrem Stück Land oder dem Begehren eines anderen, so daß ihre Wünsche nicht erfüllt werden und ihre Werke zu nichts führen, weder in dieser Welt noch in der nächsten. Jene, die diese Welt verlassen, ohne zu wissen, wer sie sind oder was sie wirklich begehrten, haben keine Freiheit hier oder danach. Doch jene, die hier mit dem Wissen fortgehen, wer sie sind und was sie wirklich begehren, haben überall Freiheit, sowohl in dieser Welt wie in der nächsten.«[28]

Wenn wir uns fragen: »Was will ich?«, oder: »Wonach sehne ich mich?«, dann müssen wir diese Frage letztendlich um der Freiheit willen stellen. Priscilla war lange krank gewesen, und ich fragte sie, was sie zum Thema »Lebensgestaltung« gelernt und welche Rolle ihre lange Krankheit dabei gespielt habe. Sie sagte: »Wir sind hier, um frei zu sein. Was immer in dir das Gefühl auslöst, wirklich frei, wirklich du selbst zu sein, dem sollst du folgen. Und nicht den Erwartungen und den Vorstellungen anderer. Du bist frei, du selbst zu sein und deiner Einzigartigkeit zu folgen.« Wenn wir unsere Sehnsucht leben wollen, müssen wir bereit sein, das Risiko auf uns zu nehmen, der Wahrheit zu begegnen.

Gestern hat mich eine Freundin aus Florida angerufen und mir erzählt, sie habe sich in einen anderen Mann verliebt und werde ihren

Mann nach zwanzigjähriger Ehe verlassen. Sie hat ein Kind, das gerade die höhere Schule abgeschlossen hat. Sie gibt den Komfort und den Luxus auf, in dem sie bisher lebte, und fängt noch einmal von vorne an.

Ich hatte Herzklopfen, noch Stunden später. Ich fühlte mit ihr, war gleichzeitig begeistert und um sie besorgt. Ich fühlte auch mit ihrem Mann, der unter der Trennung leiden würde, und ich hatte das Gefühl, als ob jemand die Büchse der Pandora geöffnet hätte. Ein Zittern lief durch meinen Körper. Sie hatte ihre Sachen gepackt und war gegangen. Sie riskierte alles. Warum reagierte ich so stark? Warum beflügelte es meinen Geist? Wollte ich dasselbe tun? Nein. Was ich wollte, war, wieder dieses Gefühl von Nähe und dieses Prickeln spüren, dieses Zueinanderwollen und Zueinanderstehen – in meiner Ehe und in meinem ganzen Leben. In dieser Nacht warf ich mich im Bett herum und wußte, welche Botschaft die Geschichte meiner Freundin für mich enthielt: Folge der Freiheit. Deine Unzufriedenheit weist dir den Weg.

Eine andere Facette von Schwester Sehnsucht.

Wenn ich mich hier für die Freiheit ausspreche, dann will ich damit nicht sagen: »Mach, was du willst, und laß die anderen dir egal sein.« Das haben wir schon hinter uns. Die sechziger Jahre sind längst vorbei. Es bedeutet vielmehr: zuhören, unterscheiden, beobachten, was du sagst und was du tust, und dich fragen: »Wie kann ich meine Vorlieben und Abneigungen, meine Freuden und meine Sehnsucht als Wegweiser nutzen?« Dann läufst du nicht Gefahr, auf den Egotrip zu kommen. Wichtig beim Thema »Sehnsucht« ist, daß wir uns fragen, woran wir uns ängstlich klammern und was wir fürchten loszulassen.

Oriah Mountain Dreamer erzählt in ihrem Buch *Die Einladung* von einer Zeremonie, die sie mit Frauen auf einem Retreat veranstaltete. Diese Zeremonie gibt jeder Frau Gelegenheit, »sieben Dinge aufzugeben, die ihr in ihrem Leben wichtig waren, sieben Arten, sich selbst zu sehen oder von anderen gesehen zu werden . . .« Eine Frau hatte Angst, sich von der Vorstellung zu lösen, daß Geld und der Wunsch, eine gute Ehefrau zu sein, für sie wichtig waren, weil sie befürchtete, daß sie dann vielleicht ihren Mann verlassen würde. Sie bat Oriah, ihr zu garantieren, daß das nicht geschehen würde. Oriah erwiderte: ». . .

Es gibt keine solche Garantie. Wenn es sie gäbe, dann würde die Zeremonie keinen Sinn machen. Ich kann dir nicht im voraus sagen, ob dir nachher dein Mann und deine Ehe noch als das erscheinen, was du dir wirklich wünschst. Womöglich sind dein Interesse an Geld und dein Idealbild einer guten Ehefrau das einzige, was dich daran festhalten läßt . . .« Auch den anderen Frauen gefiel die Antwort nicht. Eine fragte: ». . . Warum sollten wir das Risiko auf uns nehmen, daß sich dadurch unabsehbare Folgen für unser Leben ergeben? . . .« Oriah dachte eine Weile nach: ». . . Um der Freiheit willen . . . Ich riskiere es, um die Freiheit zu haben und zu sehen, was wahr ist; was ich in meinem tiefsten Inneren wirklich will. Ich kann jede x-beliebige Entscheidung in meinem Leben treffen und mit den sich daraus ergebenden Konsequenzen leben. Aber wenn ich mein Leben in Einklang mit meinen innersten Wünschen führen will, muß ich es riskieren, mich selbst zu erkennen und zu sehen, wer ich wirklich bin und immer war. Erst wenn ich das weiß, kann ich frei entscheiden.«[29]

»Jetzt ist aber mal genug! Genug mit diesen tiefschürfenden Betrachtungen.« BL tritt auf die Veranda, wo ich gerade sitze und schreibe. Sie reicht mir ein Glas Tee und setzt sich neben mich. Sie schließt die Augen, nimmt ein paar tiefe Atemzüge, nippt an ihrem Tee und lächelt: »Ja, das tut wirklich gut. Und es ist rein biologisch! Gott spricht zu uns durch das, was uns gefällt, durch das, was uns fordert, und durch die sogenannten Wachstumsschmerzen. Unsere authentischen Gefühle und unsere authentischen Bedürfnisse, Wünsche und Sehnsüchte mehren nicht die Gier, die unsere Erde zu zerstören droht, sie führen uns nicht in die Irre – wenn wir nur zuhören, was unser Inneres uns sagt. Wenn Frauen mit ihren Sehnsüchten und ihren Träumen (die sich immer wieder ändern können) Freundschaft schließen, dann sehen sie, daß sie nicht zerstörend wirken, sondern schöpferisch. Sie bringen Energie, Schönheit, Gemeinschaft, Liebe und vieles mehr hervor. Es ist das genaue Gegenteil von sinnlosem Konsum. Aber herauszufinden, was authentisch ist, ist harte Arbeit. Und du darfst nicht lockerlassen.«

»Und was meint Oriah, wenn sie sagt, wir müssen uns von unseren tiefsten Wünschen trennen, um herauszufinden, ob sie wirklich unsere tiefsten Wünsche sind?«

BL gibt mir noch eine Tasse Tee. »Das ist dasselbe. Wenn du beginnst, dir ehrlich zu begegnen und deinen Weg zu gehen, dann macht es keinen Sinn, an Wünschen festzuhalten, die dir nicht mehr entsprechen. Deine ›alten‹ Wünsche prallen mit den Wünschen zusammen, die *jetzt* authentisch sind, und sie unterliegen.« Nachdenklich fügt sie hinzu: »Zugegeben, das kann eine ziemlich unangenehme Auseinandersetzung sein.« Dann lächelt sie: »So, jetzt hör auf zu denken, und koste deinen Tee. Mach die Augen zu, und koste.«

Ich schließe die Augen und setze das Glas an meine Lippen. Ich spüre das warme Glas an meinen Lippen und dann den ersten Schluck, der sich in meinen Mund ergießt. Ich spüre, wie meine Zunge sich zusammenzieht, und kurz darauf den herrlichen Geschmack. Mango? Maracuja? Ferne, tropische Plantagen? Exotische Bilder erscheinen vor meinen Augen, so schnell, daß ich sie nicht fassen, sondern nur genießen kann. Ich schlucke, und ein Schauer rinnt durch meine Kehle.

»Siehst du«, flüstert BL, »so einfach kann Vergnügen sein. Rein und unverdorben. Keine Sucht und keine spirituelle Disziplin. Manchmal ist das, was du magst, einfach das, was du magst. Es ist okay, wenn du dein Leben so gestaltest, daß du möglichst viel davon erleben kannst. Das wird nicht immer möglich sein, aber bitte, fühl dich nicht schuldig, wenn du einen Moment erlebst, den du genießt.«

Ein leichter Wind bewegt das Klangspiel, das über der Veranda hängt. »Sei hier, und genieße jeden Schluck. Einfach genießen!«

**Was sind die drei oder vier Dinge, die mich
am meisten beschäftigen?**

Anna stellte diese Frage in unserer Frauengruppe. Ich war nicht sehr
erfreut, als ich erkannte, worum meine Gedanken kreisen: daß Lilly
etwas zustoßen könnte; endlich berühmt und reich zu sein; und die
Angst, schlappzumachen.

**Möchte ich an diese Dinge denken, oder würde ich lieber
an etwas anderes denken? Wenn ja, würde ich dann
versuchen, ein »braves Mädchen« zu sein und den
Erwartungen anderer zu entsprechen?**

Mach dir eine Liste. Womöglich weist sie dich auf geheime Wünsche,
Ängste oder Dinge hin, die du glaubst, tun zu müssen.

Entfalte dich!

**Hilft mein Körper mir, mein Leben zu gestalten,
oder macht er es mir schwer?**

Leidest du unter Stimmungsschwankungen? Hast du genügend Energie? Hast du körperliche Probleme, die dich einschränken? Bist du
innerlich verkrampft? Magst du deinen Körper?

Was ist mit ein, zwei meiner Einsichten zur Zeit los?

BL grinst: »Vielleicht hast du deine Karten nicht mehr angesehen, seit du deine Einsichten notiert hast. Macht nichts! Schau sie dir jetzt an. Es kann gut sein, daß sie in dir gearbeitet haben, ohne daß es dir bewußt war.«

Absichten

Die Absicht gibt dir die Kraft, die du brauchst, um voranzukommen«, rezitiert BL. »Ich muß jetzt fahren. Ich hab heute noch was vor!« BL winkt mir zum Abschied majestätisch mit einer kleinen Handbewegung zu, und braust in ihrem roten Flitzer davon – in Begleitung eines Mannes, der deutlich jünger ist als sie.

Ich bleibe zurück mit Schwester Absicht.

Einsicht lädt dich ein, in die Tiefe vorzudringen, und hilft dir herauszufinden, wo du dich entfalten kannst. Sehnsucht geht in die Breite. Sie ist verwegen, und sie will dir helfen zu entdecken, was dir Freude macht und deine kreativen Kräfte weckt. Absicht ist die Dritte im Bunde, und sie ist die Kraft, die die beiden anderen vorantreibt. Sie weckt ihre Schwestern jeden Morgen auf und erinnert sie daran, was sie sich vorgenommen haben. Sie ist ein Konzentrat. Wenn du Aufmerksamkeit dazu mischst, dann hast du genug Saft für eine ganze Weile. Absicht weiß, daß sie einen Namen hat, dem vieles zugeschrieben wird: gute oder schlechte Absichten, Heiratsabsichten, Absichten aller Art. Aber sie läßt sich dadurch nicht aus der Ruhe bringen, sondern hält sich gegenwärtig, wie sie sich selbst definiert, nämlich als Motiv für unser Handeln«.

Sie weiß, daß unsere Wünsche sich nur dann verwirklichen und unsere Einsichten nur dann Früchte tragen, wenn wir sie mit dem in Einklang bringen, was wir fühlen und denken.

Angenommen, ich mache einen Spaziergang, höre dazu Musik und hänge meinen üblichen Tagträumen nach: wie gut es mir gehen wird, wenn ich endlich meine Diät einhalte oder wenn ich viermal in der Woche laufen gehe, oder wie toll es sein wird, wenn Chris seinen Traumjob findet, wenn unser Haus endlich fertig renoviert ist oder wenn wir nach Afrika in Urlaub fahren. Wenn wir unsere Gedanken beobachten, stellen wir fest, daß ein Großteil von ihnen sich ständig wiederholt, uns langweilt und uns keinen Schritt weiterbringt. Diese Art von Denken – oder Nicht-Denken, um genau zu sein – hilft uns nicht, unser Leben zu gestalten. Sie macht uns höchstens unzufrieden.

Die Akupunkteurin Carolyn Atkinson beschreibt es folgendermaßen: »Unsere Absicht bringt Hoffnung in die Gegenwart. Sie ist Hoffnung im Hier und Jetzt.« Gandhi sagte: »Was du denkst, das wirst du.« Deepak Chopra schreibt in *Die sieben geistigen Gesetze des Erfolgs*: »Absicht . . . transformiert Energie und Information. Sie sorgt für ihre eigene Verwirklichung.«[30] Wenn wir unser Leben gestalten wollen, müssen wir uns darauf konzentrieren, *was* wir gestalten wollen. Vielleicht denkst du dir: »Was soll das heißen?«, oder: »Das hab ich alles schon probiert!« Ich auch! Ich habe visualisiert, ich habe mit Affirmationen gearbeitet, ich habe Wunsch-Collagen angefertigt. Aber es hat nie besonders viel gebracht. Ich war *nie* frei von Zweifeln: »Visualisiere ich auch das Richtige?«, »Ist es das, was ich wirklich will?« Früher schlief ich mit dem New-Age-Satz ein: »Möge dieses oder etwas Besseres geschehen, zum Wohl aller Beteiligten« und machte mir selbst darüber noch Gedanken. Aber das hat mir nicht geholfen, es hat mich eher verwirrt. Meine Freundin Kris drückte es einmal so aus: »Ich glaube, daß wir unser Unterbewußtsein programmieren können. Ich kann mir hundertfünfzigmal am Tag sagen: ›Ich bin schlank‹, und ich *werde* schlank. Es ist anstrengend, das richtig zu machen. Es kostet viel Zeit und Aufmerksamkeit. Ich habe das alles ausprobiert, aber ich will es nicht mehr tun. Es ist, als ob ich meinem Leben meinen Willen oder eine bestimmte Richtung aufzwingen wollte. Ich glaube nicht, daß das gut für mich ist.«

Wichtig ist: Konzentriere dich nicht auf die Einzelheiten, die du gerne hättest (das Wohnzimmer aus *Schöner Wohnen*, knackige Oberschenkel, daß deine Bilder im Museum hängen), sondern darauf, *wie du dich fühlen möchtest, wenn diese Dinge Wirklichkeit geworden sind.* Nur darum geht es Schwester Absicht: um die Gefühle hinter deinen Träumen.

Elia Wise half mir, das klarer zu verstehen. Als ich ihre Frage: »Wie wird es mir gehen, wenn ich diesen Traum verwirklicht habe?« las, wußte ich: »Das ist es!« Ich hatte versucht, mir mein ideales Leben vorzustellen und es mit Hilfe meines Willens zu verwirklichen. Aber es ist mir nicht gut dabei gegangen. Statt dessen sollten wir uns darauf konzentrieren, wie wir uns *fühlen* möchten – und nicht auf die Organisation der Einzelheiten.

Schwester Absicht möchte, daß wir unsere Absicht folgendermaßen verwenden. Welche Einsichten und Wünsche hast du aufgeschrieben? Sieh dir die Liste noch einmal an und frage dich bei jedem Punkt, wie du dich – körperlich und seelisch – fühlen wirst, wenn sich das in deinem Leben verwirklicht hat. Jan erzählte: »Ich las durch, was ich aufgeschrieben hatte – meine Wünsche, mit anderen verständnisvoller umzugehen, meine Kreativität zu leben, geduldiger mit meinen Kindern zu sein –, und nach und nach formte sich in mir ein Bild, wie ich mich fühlen wollte. Am Anfang hatte ich mich auf Äußerliches konzentriert: wie ich mein Leben organisieren wollte, was ich besitzen wollte, was sich verändern sollte. Aber ich hatte das Gefühl, daß ich auf diese Weise zuviel bestimmen und zuviel kontrollieren würde. Ich konzentrierte mich immer wieder auf die Frage, wie ich mich fühlen würde, wenn diese Dinge sich verwirklicht hätten. Natürlich stellte ich mir manchmal auch etwas Konkretes vor, aber ich versuchte, mich nicht auf Einzelheiten, sondern auf meine Gefühle zu konzentrieren. Das, was ich dabei spürte, war so nuancenreich wie eine Symphonie.«

Ich las die Wünsche und Einsichten, die ich mir aufgeschrieben hatte, noch einmal durch:

- Was kann ich tun, um meine Beziehung zu Chris tiefer und befriedigender zu gestalten?
- Was kann ich tun, um mehr darauf zu achten, daß ich Lilly eine gute Mutter bin?
- Wie können wir diesen Sommer als Familie eine Trekking-Tour machen?
- Was kann ich tun, um mit anderen Familien ein Wohnprojekt zu gründen?
- Wie kann ich ein ehrliches, witziges Buch schreiben, das mir und anderen Frauen hilft, den Alltag besser zu bewältigen?
- Was kann ich tun, um langsamer zu machen und regelmäßig in

mich hineinzuhören? Was kann ich tun, um mir meines Weges in stärkerem Maße bewußt zu werden?

- Wie kann ich eine spirituelle Praxis in mein Leben integrieren?
- Wie kann ich jeden Tag mit meiner Kreativität in Verbindung treten, aus Liebe?
- Wie kann ich immer wieder einen neuen Anlauf nehmen, mich mit dem Thema »Gesundheit« zu beschäftigen, anstatt mich der Verzweiflung zu überlassen?

Und während ich das las, erkannte ich, von welchen Gefühlen meine Wünsche und Einsichten begleitet wurden: von Weite, Leichtigkeit und Lebendigkeit, von Engagement und dem Gefühl, das Richtige zur richtigen Zeit zu tun, von Mir-selbst-Vertrauen und von Verständnis. (Zuerst schrieb ich »keine Schuldgefühle haben«, aber ich habe das in »mir selbst vertrauen« umbenannt, weil ich das besser fühlen konnte.) So möchte ich mich also fühlen.

»Wer möchte das nicht?« sagst du vielleicht.

Ich sage nicht, daß wir uns immer so fühlen können oder daß wir unseren Ärger, unsere Schuldgefühle oder unseren Frust hinter diesen positiven Gefühlen verstecken sollten. Das wäre Verdrängung. Es heißt auch nicht, daß wir die Gefühle, die wir uns wünschen, schon morgen verwirklicht haben werden. Es kann lange dauern. Vielleicht wird es auch nie geschehen, weil es nicht das ist, was unsere Seele für uns vorgesehen hat. Aber das Geniale ist: *Das macht nichts!* Es geht um den Prozeß. Es geht darum, daß du auf deine Gefühle achtest, weil sie dir helfen, deinen Weg zu finden. Kennst du den gutgemeinten Ratschlag: »Gib acht auf deine Wünsche, denn sie könnten in Erfüllung gehen«? Er wird überflüssig, wenn wir in uns gehen und lauschen, wie wir uns *fühlen* möchten, und uns davon leiten lassen. Wenn wir uns darauf konzentrieren, verringern wir automatisch unser Tempo, wir atmen, und wir gehen in uns. Und wieder gelangen wir an den Punkt, an dem es heißt, unser Leben von innen heraus zu erschaffen.

Und noch ein Grund, warum du auf Schwester Absicht hören solltest: Sie zeigt dir einen zweiten Weg, wie du zum göttlichen Gleichgewicht gelangen kannst. Wenn wir in uns gehen und uns darauf konzentrieren, wie wir uns *fühlen* möchten, dann spüren wir intuitiv, was wir tun bzw. wie wir unser Leben gestalten müssen, damit wir uns so fühlen *können*.

Ich mache wieder meinen gewohnten Spaziergang, aber jetzt gehe ich anders mit meinen Gedanken um. Wenn ich merke, daß sie in Richtung Zukunft davoneilen, hole ich sie zurück, indem ich mich darauf konzentriere, wie ich mich fühlen möchte: weit, leicht und voller Vertrauen. Ich denke an eine meiner Sehnsüchte oder Einsichten und frage mich, was ich tun kann, um sie mehr zu leben. Und das ruft die Gefühle wach, mit denen sie verbunden sind. An manchen Tagen funktioniert das wunderbar. Dann fühle ich mich plötzlich offen und voll Vertrauen, *ohne* daß sich in meinem Leben äußerlich etwas geändert hätte. Da ist weiterhin alles beim alten, aber *in mir* hat sich etwas verändert. Ich habe jetzt die Emotionen wachgerufen, die ich haben wollten. Und das fühlt sich sehr, sehr gut an. An anderen Tagen gewinnen meine Obsessionen die Oberhand, und ich verliere mich in Phantasien von faltenfreier Haut, einem gepflegten Garten und meinem Namen auf der Bestsellerliste der *New York Times*.

Was tust du, wenn du dir zu viele Sorgen machst, wenn du dich mehr in der Zukunft als in der Gegenwart aufhältst, wenn du dich von Wünschen drangsalieren läßt, die nicht authentisch sind (oder auf deinen Karten stehen), oder wenn du mit deinen Ängsten konfrontiert wirst? Was tust du, um deine Einsichten und Sehnsüchte zu benennen oder um genügend Energie zum Handeln aufzubringen? Ganz einfach: Konzentriere dich darauf, wie du dich *fühlen* möchtest. Das ist dein Zauberspiegel, der dir hilft, deine Vorstellungskraft zu fokussieren.

Schwester Absicht ist das Ziel, das dich zum Handeln führt.

Fragen zum Leben

Welche Wörter beschreiben das Ziel,
das mein Handeln bestimmt?

Unsere Absicht läßt sich nicht in Worte fassen, und wir sollten gar nicht erst versuchen, sie zu definieren. Aber es ist gut, wenn wir uns ein paar Wörter überlegen, die als Auslöser der Gefühle dienen könnten, die wir haben möchten. Du kannst diese Wörter auf die Rückseite deiner Karten schreiben. Ich habe aufgeschrieben: *vertrauen, springen, offen in die Welt hinausschauen, Schultern und Augenbrauen entspannen, innehalten und mit Menschen in Verbindung treten.* Jan hat sich notiert: *lachen, die Welt mit den Augen eines Kindes sehen, im Fluß sein (auch in der Arbeit), das Leben feiern.*

Wo kann ich in den nächsten Tagen Um-die-Ecke-Denken
üben? Wo kann ich versuchen, Unterbrechungen oder
Störungen zu begrüßen?

Wann ist es besser, den längeren Weg zu wählen? Wann ist es besser, nicht zu wissen, wo etwas hinführt? Welche Bereicherung kann eine Unterbrechung bringen? Meine beste Freundin rief vor kurzem am Vormittag an, also während meiner Arbeitszeit, und wollte wissen, wie es mir ging. Zuerst war ich kurz angebunden und wollte nur eins: zurück an die Arbeit. Aber dann überließ ich mich dem Augenblick, und nach unserem Gespräch hatte ich plötzlich einen neuen Gedanken und einen neuen Zugang zu dem Kapitel, an dem ich gerade schrieb.

Was könnte ich tun, um mir selbst und zwei, drei Menschen, die mir viel bedeuten, eine Freude zu machen?

Wo liegen eure Berührungspunkte? Gibt es Dinge, die jeder/m von euch Freude machen? Janice nahm eine CD mit Bach-Konzerten mit zur Arbeit und spielte sie ihren Kolleginnen vor. Michele ging mit ihrer Nichte und ihrem Neffen reiten. Reiten war etwas, das alle drei schon lange ausprobieren wollten. Stephanie ging mit ihren Kindern in einen Eissalon und erlaubte ihnen, so viel zu essen, wie sie wollten. »Süßigkeiten mögen wir alle gerne«, sagte sie. »Der Gedanke, so viel Eis zu essen, wie jeder wollte, machte uns großen Spaß.«

Das Glas ist halb voll

Eines Morgens fragte mich Joanie, die Mutter eines Kindes, das mit Lilly die Vorschule besucht: »Was treibst du so?« Ohne Luft zu holen, fing ich an aufzuzählen, was ich alles vor mir hatte (einer meiner wohlerprobten Abwehrmechanismen): »Diese Woche halte ich vor 300 Leuten einen Vortrag, und nächste Woche nehme ich an einer wichtigen Sitzung teil. Ich überarbeite den Anfang meines neuen Buches gerade zum zehnten Mal, aber ich komme nicht voran, und ich habe Angst, daß ich es nicht schaffe. Chris ist acht Tage beruflich unterwegs, Lilly war krank, und ich spüre auch schon so ein Kratzen im Hals . . .« Joanie wich zurück, als ob sie fürchtete, sich an der Krankheit anzustecken, unter der ich offensichtlich litt. Ich setzte mich ins Auto und fühlte mich ungeheuer wichtig. Auf dem Heimweg bekam ich ein komisches Gefühl. Da stimmte etwas nicht. Ich brauchte eine gewisse Zeit, bis ich herausgefunden hatte, was es war. Ich hatte meine Aktivitäten als negativ, stressig, ungesund dargestellt. Ich hatte mein Leben dramatisiert. Aber so sah ich es gar nicht. Es war zwar manchmal anstrengend, aber ich war froh und glücklich – nach all den Jahren, in denen ich händeringend durch das Haus gelaufen war und gejammert hatte: »Ich werde nie mehr arbeiten!« –, endlich wieder etwas zu tun. Jetzt arbeitete ich wieder, und ich hatte das Gefühl, daß ich das tat, was ich tun wollte. Aber von außen betrachtet, sah es wohl manchmal ziemlich chaotisch aus.

Wenn wir beginnen, unserer Absicht zu folgen, begegnen wir unweigerlich dem einen oder anderen Widerspruch zwischen dem Ziel unseres Handelns und unserer konkreten Handlungsweise.

Das läßt sich nicht vermeiden.

Es ist so, wie wenn du umgezogen bist und eines Tages, ohne es unterwegs bemerkt zu haben, bei deinem alten Haus vorfährst. Der alte Weg ist in deinem Gehirn einprogrammiert.

Ich war in ein altes Muster hineingeraten, das mir sagte: »Ich schaff es nicht. Es ist mir zuviel!« Natürlich machte mich die Vorstellung, vor 300 Leuten zu reden, nervös. Natürlich beschäftigte mich die Frage, ob das, was ich schrieb, gut genug war oder ob ich rechtzeitig fertig werden würde. Das sind Dinge, mit denen ich lernen muß zu leben. Und da ich meinen Perfektionismus noch nicht losgelassen hatte, machte ich mich klein und beschwerte mich über das, was schwierig war, statt zu mir zu stehen und zu sagen: »Ich mache eine ganze Menge, und es macht mir Spaß!« Mit dem, was ich gesagt hatte, schmälerte ich die Kraft, die ich in mir wachsen spürte, und die Absichts-Energie, die in mir keimte. Weil ich weiterhin an alten Mustern festhielt, *obwohl ich nicht mehr an sie glaubte*!

Ein paar Tage später sitze ich mit Kristina an unserem Eßtisch. Unsere Kinder rennen lärmend rein und raus, und Kris erzählt mir, wie schwer ihr der Umzug nach Santa Barbara vor zwei Jahren gefallen war. »Ich habe darüber nachgedacht und mich gefragt, warum ich herziehen wollte. Ich wollte es wegen meiner Kinder, und ich wollte in einer sicheren Umgebung leben und mehr in der Natur sein. Ich dachte, ich würde mich wieder künstlerisch betätigen, und sehnte mich nach Stille und Abgeschiedenheit. Ich habe bekommen, was ich wollte, aber jetzt jammert mein Ego: ›Ich habe zuwenig Freunde! Ich finde hier keinen Anschluß‹«, sagt sie mit weinerlicher Stimme und fährt dann lachend fort: »Mit anderen Worten: Ich sehe, was mir fehlt. Ich sehe, daß das Glas halb leer ist. Aber es ist auch zur Hälfte voll! Wenn ich es genau betrachte, dann habe ich mein Leben so gestaltet, wie ich es mir vorgestellt hatte. Aber ich habe das nicht mehr gesehen, weil ich so sehr damit beschäftigt war, unglücklich zu sein. Dieses stillere Leben, das ich führen wollte, es ist trotz meiner Zweifel Wirklichkeit geworden . . . Eine gute Mutter sein ist nicht das, was mein Ego immer zufriedenstellt, aber es ist das, was *ich* mir vorgenommen hatte.«

Was Kris hier sagt, macht deutlich, wie wichtig es ist, sich die Dinge bewußtzumachen. Es hilft uns, auf unserem Weg zu bleiben und dankbarer zu werden. Ich gehe in mein Büro, um eine E-Mail zu holen, die ich von Kathy, einer Leserin, bekommen habe. Ich gebe sie Kris, und sie liest sie laut vor, was ihr als ausgebildeter Schauspielerin besonders gut gelingt: »Ich glaube, daß Frauen, die keine Kinder haben, ihr Leben bewußt gestalten können. Aber ich? Während ich diese Zeilen schreibe, toben drei kleine Kinder um mich herum, und von Zeit zu Zeit schrei ich sie an, sie sollen endlich leiser sein. Mein Eigenleben findet nur noch in meiner Phantasie statt. Da bin ich eine Mischung aus Emma Peel, Clara aus dem Roman *Das Geisterhaus* und zum Ausgleich noch ein bißchen Martha Stewart. In meiner Vorstellung gehe ich jeden Morgen auf den Markt und kaufe schönes, frisches Gemüse, ohne daran zu denken, daß die Kinder es wieder nicht essen werden. Ich stelle mir vor, in einem Haus zu leben, das nach Bienenwachs und nach Lavendel riecht und nicht nach Kinderpipi und durchgeschwitzten Turnschuhen, und ich sehe mich als eine Frau Anfang vierzig, die trotz des Chaos um sich herum gelassen bleibt, sich täglich Zeit für ihre Gymnastik nimmt und die ohne Fettabsaugung in Emmas schwarzen Lederanzug paßt. Die Realität holt mich jedoch immer wieder ein. Ich bin weder cool noch schick gekleidet, und in meinem Haus stinkt es einfach. Ich träume von dem Tag, an dem mein Leben wieder normal verläuft, und ich endlich der Frage nachgehen kann, in welche Richtung sich meine Seele entwickeln möchte. Aber ich bin mir auch bewußt, daß ich mich vor zwanzig Jahren danach sehnte, genau die zu werden, die ich jetzt bin. Das müßte wahrscheinlich ein beruhigender Gedanke sein.‹ «

Kris nippt an ihrem Tee und sagt: »Vielleicht glauben wir, daß wir immer glücklich und zufrieden sein werden, wenn wir das Leben führen, das wir uns erschaffen. Aber es könnte auch sein, daß der Teil von uns, der früher das Sagen hatte – und es gern hatte – inzwischen abgelöst worden ist.«

Ich grinse: »Wenn dein innerer Kritiker das hört, kriegt er es mit der Angst zu tun und will von der ganzen Sache nichts mehr wissen.«

Kris, Kathy und ich erleben, wie es sich *wirklich* anfühlt, unser Leben bewußt zu gestalten. »Es fühlt sich nicht so gut an, wie man meinen möchte«, bringt Kris es auf den Punkt. Es ist aufregend, wenn wir Pläne schmieden, unsere Sehnsüchte formulieren, uns mit unseren Einsichten befassen und unsere Absicht in uns spüren. Aber es ist wie mit einem Kind: sich nach einem Kind zu sehnen und eines großzuziehen sind zwei Paar Schuhe. Und genauso ist es, wenn du eine Firma gründest, wenn du heiratest, wenn du eine Krise überwunden hast, wenn du einen spirituellen Weg einschlägst. Es gilt für alles, was du gerne tust. Deinem Weg zu folgen heißt auch, daß du Schwierigkeiten auf dich nehmen mußt. Wer das verneint, lebt in einer New-Age-Fiktion. Weise haben es von jeher gesagt: Deiner Seele geht es nicht darum, daß du dich wohl fühlst, sie will, daß du deiner Bestimmung folgst. Darum findest du deine Seele leichter, wenn du für dein Wohlbefinden sorgst!

Wenn wir unserer Vision und der Kraft, die in uns erwacht ist, folgen wollen, dann müssen wir darauf achten, was wir von uns geben. Wir haben unsere Standardsätze, und wie Schauspieler, die ein Stück zum x-ten Male spielen, hören wir uns schon gar nicht mehr zu. Ich wußte, daß etwas nicht stimmte, als ich mich immer wieder sagen hörte: »Wir können uns kein zweites Kind erlauben, weil wir beide berufstätig sind.« Natürlich war da etwas Wahres dran, aber darum geht es nicht. Es geht darum, daß alles, was wir ständig wiederholen, uns sagen will: »Sieh dir das genauer an! Hör auf zu reden. Geh in dich und lausche. Da steckt mehr dahinter. Glaube nicht, daß es die Wahrheit ist. Wenn du nicht aufpaßt, sperrst du dich in ein Gefängnis.« Wenn wir immer wieder dasselbe sagen, dann sagen wir nicht: »Es ist, was es ist«, sondern wir verstecken uns hinter einem Standpunkt und hinter einer Handvoll Glaubenssätze und Befürchtungen. Statt uns zu öffnen, zu lauschen und zu akzeptieren, verteidigen wir unsere Sicht der Dinge und halten an unseren Ängsten fest.

Ein anderer Weg, wie wir unserem inneren Gefängnis entfliehen können, ist, uns auf jene unnennbare Sehnsucht zu besinnen, die so tief ist, daß nicht einmal die drei Schwestern sie aufspüren können. In einer Geschichte schreibt Rumi über einen Mann, der ständig betete, bis jemand zu ihm sagte: » ›Ich habe dich rufen gehört, aber hat man dir je geantwortet?‹ Der Mann wußte darauf nichts zu sagen. Er hörte auf zu beten und fiel in einen unruhigen Schlaf. Im Traum sah er Khidr, den Seelenführer, in dickes, grünes Laubwerk eingehüllt. ›Warum hast du aufgehört, Gott zu lobpreisen?‹ ›Weil ich keine Antwort bekommen habe.‹ Worauf Khidr erwiderte: ›Deine Sehnsucht *war* bereits die

Antwort.‹ « Wenn wir vergessen, daß es diese Sehnsucht gibt, oder wenn wir sie herunterspielen, dann stolpern wir täglich über Kleinigkeiten und regen uns darüber auf. Besser ist, wir schließen unsere Lippen und halten Ausschau nach diesem unbändigen Verlangen in unserem Inneren. Es weist uns den Weg. Gefährlich wird es erst, wenn aus unserer Sehsucht Jammern wird. Daher sagt Rumi augenzwinkernd: »Höre, wie der Hund nach seinem Herrn ruft. Sein Winseln ist das, was sie verbindet.«[31]

Was läßt mir keine Ruhe?
Was will mir zu Bewußtsein kommen?

Sieh dir noch einmal Seite 178 an. Ist es dasselbe, was du dort aufgeschrieben hast? Was will dir zu Bewußtsein kommen? Ein Geburtstag? Daß jemand deine liebevolle Aufmerksamkeit braucht? Oder bist du es vielleicht, die sie braucht?

Wie geht es mir mit den Entscheidungen, die ich in letzter Zeit getroffen habe?

Es ist gut, wenn wir uns entscheiden, unser Leben selbst in die Hand zu nehmen. Aber damit ist es nicht getan. Es gilt, jeden Tag und jede Stunde zu entscheiden: Welche Wahl möchte ich treffen? Wie gehe ich mit meiner Zeit um? Wem oder was möchte ich sie widmen? »Vorsicht mit den großen Zeiteinheiten«, erklingt BLs Stimme. »Du kommst leicht ins Schleudern, wenn du dich das so allgemein fragst. Frag dich lieber: ›Wie gestalte ich die Stunden zwischen Arbeit und Schlafengehen? Was mache ich, wenn die Kinder im Bett sind? Gefällt mir das?‹ Beobachte es einmal. Vielleicht möchtest du etwas daran ändern. Das kann sehr viel bringen!«

Wie könnte ich die gegenwärtige Jahreszeit mit einer meiner Sehnsüchte in Zusammenhang bringen?

Einer meiner großen Wünsche war, mit meiner Familie eine Trek-king-Tour zu machen. Eine Woche lang habe ich jeden Tag am frühen Morgen einen Spaziergang gemacht und dabei zur Abwechslung nicht

auf meine Gedanken geachtet, sondern auf die Natur, die mich um-
gab: die frische Morgenluft, die mein Gesicht berührte; die Vögel und
ihr Zwitschern; und die Blüten, die mir entgegenlachten. Das hat mein
unbändiges Verlangen verstärkt und dafür gesorgt, daß dieser Wunsch
in Erfüllung gehen konnte.

Tu dir gut
Frauen berichten II

Stell dir wieder die Sofas, die Schaukelstühle und die angenehme Atmosphäre vor, in der die Frauen beieinander sitzen, um von ihrem Leben zu erzählen. Der Kerzenschein taucht die Gesichter in ein sanftes Licht. Auf einem kleinen Tisch in der Mitte stehen Tee und Sekt bereit. Pralinen und ähnliche Köstlichkeiten werden herumgereicht und andächtig verspeist. Stille erfüllt den Raum. Wir atmen tiefer.

Gillian setzt sich zurecht und beginnt, ihre Geschichte zu erzählen: »Ich war in einer kleinen Stadt, weit weg von zu Hause, um mich von einem Trauma zu erholen. Ich fühlte mich allein und dachte: ›Was mach ich hier?‹ Ich kannte niemanden, nur den Therapeuten, der mich behandelte. Ich machte mich auf den Weg in die Stadt, um einen Kaffee zu trinken und weil ich unter Leuten sein wollte. Als ich die Straße entlangging, fiel mir eine Frau auf, eine Afro-Amerikanerin, die mir entgegenkam. Sie blieb vor mir stehen und schaute mir in die Augen. Nie werde ich ihren Blick vergessen. Er war so hilfesuchend. Sie sagte: ›Ich habe Angst‹, und ich fragte sie, ob ich ihr helfen könne. ›Kannst du mit mir beten?‹ bat sie mich. ›Ich mache eine Entziehungskur und brauche im Augenblick nichts so dringend wie ein Glas Alkohol. Ich bin aus Sacramento, und ich war noch nie so weit von zu Hause weg. Hier gibt es keine Schwarzen, und ich sollte mich hier mit meiner besten Freundin treffen, aber ich kann sie nirgends finden. Ich habe solche Angst.‹ Ich nahm ihre Hand, und wir beteten. Und so gingen wir durch die Hauptstraße dieser kleinen Stadt. Als wir am Ende der Straße angekommen waren, drehte sie sich zu mir und sagte: ›Ich hatte gebetet, daß ein Engel mir helfen möge, und du bist gekommen. Du bist mein Engel.‹ Den Rest des Tages schwebte ich auf Wolken. Dank ihr. Sie war so tapfer. Sie war für mich ebenso ein Engel wie ich für sie.«

Eine Frau beugt sich vor und schenkt sich eine Tasse Tee ein. Es beginnt zu regnen. Nach einer Weile fängt Susanne an zu sprechen. Der Raum ist erfüllt von Kerzenschein und den Schatten, die sie werfen. »Vor ein paar Jahren verließen wir die Großstadt, weil wir eine dreijährige Tochter hatten und uns ein zweites Kind wünschten. Wir zogen nach New Jersey, weil ich dort eine Stelle hatte. Eineinhalb Jahre später zog meine Firma nach Minnesota um, und ich war immer noch nicht schwanger. Aber ich entschied mich, in New Jersey zu bleiben. Es ging uns gut dort, obwohl ich nie gedacht hätte, daß ich einmal in New Jersey wohnen würde. Ich suchte mir einen neuen Job, und er gefiel mir, bis auf meinen Chef und die Tatsache, daß das Unternehmen nicht besonders gut geführt war. Weil ich immer noch nicht schwanger war, ging ich zu zwei Homöopathen und unterzog mich später auch einer Hormonbehandlung. Mein Gynäkologe meinte, es sei das einzige, was mir noch helfen könnte. Kurz darauf erfuhr ich, daß mein Bruder schwer krank war und nach Aussage der Ärzte nur noch zwei Wochen zu leben hatte. Ich fuhr täglich zu ihm ins Krankenhaus. Wegen der Hormonbehandlungen kam ich später zur Arbeit, und wegen der Besuche bei meinem Bruder ging ich am Nachmittag so früh ich konnte. Meinen Arbeitseinsatz fand also niemand in der neuen Firma sonderlich beeindruckend.

Wie durch ein Wunder erholte sich mein Bruder«, fährt Susanne fort. »Er brauchte nicht einmal die Lungen- und die Herztransplantation, von der die Ärzte gesprochen hatten. Für mich war das wieder einmal ein Beweis dafür, daß die Ärzte auch nicht alles wissen, und ich entschloß mich, die Hormonbehandlung abzubrechen und mich ganz auf die Homöopathie zu konzentrieren. Ich war zu der Überzeugung gelangt, daß die Voraussetzung für ein gesundes Baby ein gesunder Körper ist. Und darauf wollte ich jetzt hinarbeiten. Täglich nach New York zu fahren, um meinen Bruder zu besuchen, und in New Jersey zu arbeiten, war sehr anstrengend für mich, und ich wollte meinen Körper nicht zwingen, schwanger zu werden. Das fühlte sich nicht richtig an. Nach acht Monaten wurde ich entlassen. Mein Ego litt, weil die Firmenleitung den Konflikt zwischen mir und meinem Chef nicht erkannt und nicht nach einem Weg gesucht hatte, mich zu behalten, aber ich entschloß mich, die Zeit, die mir jetzt zur Verfügung stand, dafür zu nutzen, mich mit mir und meiner Seele zu beschäftigen.

Ich begann eine Therapie. Wir fanden heraus, daß ich meinen Plänen folgte, ohne mich zu fragen, ob ich das, was ich mir vorgenommen hatte, immer noch wollte. Ich hatte immer geglaubt, daß mein Beruf an erster Stelle stünde, aber das hatte sich inzwischen geändert. Ich hatte jetzt einen wunderbaren Mann und ein fünf Jahre alte Tochter, und mir wurde klar, daß ich nur eines wollte: zu Hause bleiben und für meine Tochter da sein, Mutter sein und Ehefrau sein, ohne das mit einer Arbeit vereinbaren zu müssen. Statt dessen wandte ich mich einer Frage zu, die ich bisher nicht beachtet hatte: der Frage, was ich brauchte, um mich wohl zu fühlen. Wichtig war für mich, daß ich aufhörte, mich jedesmal, wenn ich glaubte, etwas falsch zu machen, zu bestrafen. Zum Beispiel: Ich wollte abnehmen, ohne viel Geld dafür auszugeben, und da ich keine Lösung fand, unternahm ich einfach gar nichts und blieb dick. Nun erlaubte ich mir, Tennisstunden zu nehmen und einmal pro Woche Tennis zu spielen, was mein Mann schon seit Jahren tat. Und weil mir diese Art von Sport gefiel, nahm ich in kurzer Zeit sechs Kilo ab. Ich erlaubte mir auch, ein Seminar zu besuchen, auf dem ich lernte, mit dem höheren Selbst in Kontakt zu treten. Einfach, weil ich das lernen wollte.

Mit einem Mal war ich mir wichtig, und das tat mir gut. Mein Leben wurde so viel reicher: Homöopathie, Psychologie, Bücher, die mich unterstützten, und meine wachsende Bereitschaft, mich dem Unbekannten zu öffnen. (Zum Beispiel: Gibt es wirklich Engel? War mein Wunsch, daß es welche geben möge, nicht schon genug, um mir die Vorstellung zu erlauben?) Mir wurde auch bewußt, daß ich die Kontrolle, die wir über unser Leben haben − und haben müssen − früher auf die Spitze getrieben hatte. Ich hatte mir die Schuld an allen meinen Unzulänglichkeiten gegeben, und ich hatte mir eingeredet, daß ich keine Belohnung verdienen würde, solange ich sie nicht beseitigt hätte: ›Ich bin zu dick, also ist es Verschwendung, wenn ich mir neue Kleider kaufe. Das darf ich erst, wenn ich abgenommen habe.‹ Aber ich fühlte mich nicht wohl in meinen alten Kleidern, und das machte es mir noch schwerer abzunehmen. Jetzt sage ich mir: Ich bin es wert, neue Kleider zu bekommen, weil ich weiß, daß es mir hilft, die Woche gut zu überstehen. Jetzt sage ich mir, daß ich nicht alles kontrollieren kann und daß es gut ist, wenn ich offen bin für die Möglichkeiten, die eine unerwartete Wende mit sich bringen kann.

Als ich meinen Job verlor, ahnte ich, was der eigentliche Grund war: Es hatte mich geärgert, daß ich nicht schon früher zu Hause geblieben war und mich mehr um meine Tochter gekümmert hatte. Mein Mann und ich konnten schließlich akzeptieren, daß ich vielleicht nie mehr schwanger werden würde. Wir fuhren in Urlaub; wir nahmen an einem Kurs über Fußreflexzonenmassage teil und lernten, wie wir meine Eierstöcke stimulieren konnten; und wir entschlossen uns, einen Hund zu kaufen, damit ich ein ›Baby‹ hatte, um das ich mich kümmern konnte. Eines Tages sagte meine Tochter, daß ich beten müsse, wenn ich schwanger werden wolle. Ich hatte mir nie erlaubt, Gott darum zu bitten, weil es mir zu eigennützig erschienen war. Aber jetzt konnte ich es, zusammen mit meiner Tochter.

Zwei Wochen später war ich schwanger. (Den Kauf des Hundes verschoben wir auf später.) Im ersten Drittel der Schwangerschaft erklärte mir der Arzt, die Untersuchungen hätten ergeben, daß ich das Baby verlieren würde. Ich war sehr traurig, aber ich betete und sagte, ich würde darauf vertrauen, daß es einen Grund gab. Zu meiner Überraschung konnte ich es akzeptieren, ohne zu verzweifeln. Ein paar Stunden später bekam ich einen Anruf, und man sagte mir, daß dem Arzt ein Fehler unterlaufen sei und daß es meinem Baby gutgehe. In diesem Moment begriff ich, worauf es ankommt: Wenn ich etwas haben möchte, dann muß ich bereit sein loszulassen. Nur dann kann ich es bekommen. Das war ein ganz besonderer Moment. Jetzt habe ich zwei wunderbare Töchter, und ich möchte ihnen eines mit auf den Weg geben: daß es den richtigen Weg nicht gibt – und daß Wunder geschehen, jeden Tag, jede Stunde und jede Minute.«

Die anderen nicken zustimmend.

»Meine Geschichte ist lang. Seid ihr sicher, daß ihr sie hören wollt?« schickt Domenica voraus. Einige Frauen stehen auf, um auf die Toilette zu gehen oder sich ein Glas Wasser einzuschenken. Als wieder alle sitzen, und es still im Raum geworden ist, beginnt Domenica zu erzählen: »Ich habe gut zwanzig Jahre meines Lebens im Sozialwesen gearbeitet, und zuletzt war ich Marktforscherin bei einem großen Unternehmen. Vor zehn Jahren arbeitete ich täglich 16 Stunden, und mein Körper signalisierte, daß er dieser Belastung auf Dauer nicht gewachsen war. Ich fing an zu träumen, daß ich sterben würde. Nicht physisch, sondern daß etwas in mir starb. Ich hörte auf die Stimme in meinem Inneren, und ich entschloß mich, das Leben, das ich bisher geführt hatte, hinter mir zu lassen: mein Haus, das ich sehr liebte; eine Arbeit mit hohem gesellschaftlichem Prestige, und das beste Einkommen, das ich jemals gehabt hatte. Ich tat es, weil ich wußte: Wenn ich es nicht tue, werde ich nie erfahren, was ich mir zu tun oder zu lernen vorgenommen habe. Ich ließ also mein gewohntes Leben hinter mir und machte mich auf die Suche. Schließlich führte mich mein Weg nach Santa Fe. Dort traf ich jemanden, der mir von einem Retreat erzählte, das ziemlich teuer war. Eigentlich konnte ich es mir nicht leisten, aber mein ganzer Körper sagte: ›Mach es, egal, was es kostet!‹

Ich nahm an dem Retreat teil und traf dort eine Frau, durch die ich meinen Guru kennenlernte, und durch ihn lernte ich die Art des Heilens kennen, mit der ich seither arbeite. Auf diesem Retreat lernte ich auch einen Mann kennen, der mir eine Arbeit vermittelte. Ich bekam den Auftrag, ein Haus zu hüten, das hoch oben in den Bergen lag. Dort war ich den ganzen Tag allein, und das half mir, die entsagende Einstellung zu festigen, die mein Leben auch heute noch bestimmt. Die Führung, der ich folgte, sagte das Gegenteil von dem, was die Leute einem normalerweise raten. Als ich meinen Job aufgab – und mit ihm alle Sicherheit –, konnten mich die meisten nicht verstehen. Sie sagten: ›Wie kannst du nur? Was soll aus dir werden? Warum gibst du alles auf? Du bist nicht verheiratet. Jetzt bist du ganz allein.‹ Aber solche Bedenken sind verständlich. Sie entspringen unserem Bedürfnis nach Sicherheit.

Zehn Jahre später bekam ich in meinem neuen Leben in Santa Fe dasselbe Gefühl. Ich hatte mittlerweile eine gutgehende Praxis, ein wunderschönes Haus, und ich war Mitglied einer spirituellen Gruppe, die mir viel bedeutete. Aber wieder sagte eine Stimme, der ich mich nicht entziehen konnte: ›Hör auf damit, und geh wieder in die Welt hinaus. Nimm die Arbeit, die du tust, und stell dich als Werkzeug zur Verfügung.‹ Als ich fragte, wohin ich gehen sollte, hörte ich: ›Nach Süd-Kalifornien.‹

Ich zog nach Los Angeles und hatte dort eine Serie von unangenehmen Erlebnissen. Ich war verwirrt und fühlte mich total blockiert. Ich zog wieder fort, und seitdem bin ich sozusagen heimatlos. Seit einem Jahr schlafe ich bei Freunden auf der Couch oder im Ashram. Jedesmal, wenn ich in der Zeitung die Wohnungsanzeigen durchsehe, rebelliert mein Körper und sagt: ›Das ist der falsche Weg. Wenn du versuchst, etwas willentlich herbeizuführen, geschehen die falschen Dinge.‹ Das sind die Stimmen, auf die wir hören müssen. Das ist der Punkt, an dem ich jetzt in meinem Leben stehe: Etwas in mir ist noch nicht reif, den nächsten Schritt zu tun, und ich darf nicht versuchen, es zu erzwingen. Das ist der Unterschied zwischen Gestalten und willentlicher Beeinflussung, und es ist eine Kunst, sich zu beobachten und abzuwarten, bis der richtige Zeitpunkt gekommen ist. Ich rede mit vielen Leuten, ich führe viele Telefongespräche, ich knüpfe Kontakte, ich erzähle, was ich arbeite und was für ein Leben ich gerne führen würde, und ich hoffe, daß ich alles Erforderliche tue, damit sich das Richtige ergibt, wenn die Zeit reif ist.«

Respektvolles Schweigen erfüllt den Raum. Domenicas Geschichte erinnert die Frauen an die Zeiten in ihrem Leben, als sie nicht wußten, wie es weitergehen würde, und sie warten mußten – vielleicht länger, als es ihnen lieb war.

Welche Geschichte würdest du in diesem Kreis erzählen?

Welche Fragen tauchen in mir auf?

Vielleicht ist es an der Zeit, dir selbst ein paar Fragen zu stellen, zum Beispiel: »Warum verliere ich die Nerven, wenn mein Chef in meiner Nähe ist?« Oder: »Was habe ich davon, wenn ich mir einrede, daß ich es als Künstlerin niemals zu etwas bringen werde?« Oder: _____? Welche Fragen sind jetzt für dich aktuell?

Wie rede ich in letzter Zeit mit mir?
Welches Thema beschäftigt mich am meisten?

Wenn uns bewußt wird, welche Absichten wir haben, so heißt das noch lange nicht, daß wir nie mehr schlecht über uns denken oder uns nie mehr Vorwürfe machen werden. Wir können nur eines tun: darauf achten, wie wir mit uns reden, und, wenn nötig, vorsichtig die Formulierung ändern. » ›Vorsichtig‹ ist das Schlüsselwort!« ruft BL aus dem Nebenzimmer. »Laß dich von deinem Kritiker oder von ›Du sollst‹ nicht dazu verleiten, Schwester Absicht in den Rücken zu fallen!«

Wie kann ich mir in den nächsten Tagen liebevoll begegnen?

Ein stärkender Gedanke: »Ich höre auf mein Herz. Ich überprüfe meine Wahrnehmung. Ich folge meinem Weg. Mutig und unerschrocken. Jeden Tag« ist eine Möglichkeit. Folgende Affirmation hat mir Domenica gegeben: »Ich kooperiere mit mir, und ich höre auf die liebevollen Stimmen in meinem Inneren.«

Mitgefühl mit mir: Als meine Freundin anrief und von ihren Angst-Attacken erzählte, sagte sie immer wieder: »Ich weiß nicht, was mit mir los ist. Ich weiß nicht, warum sie immer wieder kommen«, und ich erwiderte: »Sie hören nicht auf, bis du aufhörst, dir dafür Vorwürfe zu machen.«

In eine Angst oder einen Schmerz hineinatmen: Setz dich hin und atme, ohne wegzulaufen, es zu dramatisieren oder deine Angst oder deinen Schmerz zum Mittelpunkt deines Lebens zu machen.

Glaube

Ich frage mich, wann du endlich etwas zum Thema ›Glauben‹
schreibst.«
Ich liege auf unserer kleinen Dachterrasse, die sich in eine Falte
unseres Daches schmiegt. Meine Augen sind geschlossen, und die
Sonne streichelt mein Gesicht. Wir hatten einen langen, kalten Win-
ter, und heute ist der erste schöne Tag seit Wochen. BL beugt sich über
mich, und ich öffne die Augen. Sie zwinkert mir zu und setzt sich in
den Gartenstuhl, der neben meiner Liege steht. Ich mache die Augen
wieder zu und reibe sie, bis ich ein Kaleidoskop bunter Muster sehe.

»Glaube? Was um alles in der Welt habe ich dazu zu sagen? Was ist
los mir dir? Bist du über Nacht kirchentreu geworden?« Ich verdrehe
meinen Hals, um nachzusehen, ob BL immer noch BL ist. Ich bin
erleichtert, als ich sehe, daß sie noch die alte ist.

»Was tust du, wenn du spürst, daß deine Entwicklung zum Stillstand
gekommen ist?« entgegnet sie, ohne meine Anspielung zu beachten.
»Was tust du, wenn du nichts hörst? Was tust du, wenn du allein nicht
mehr weiter weißt? Wenn du so enttäuscht bist oder so viel Angst hast,
daß du es nicht mehr aushältst? Was tust du dann?«

Ich öffne die Augen und sehe sie an. »Ich dachte, wir hätten das
schon besprochen. Es ist nicht alles vorherbestimmt. Es ist das, was
man aus dem macht, was man mit auf den Weg bekommen hat.«

»Ja, das habe ich gesagt. Klingt gut, nicht wahr? Aber was tust du,
wenn du nachts um drei allein in deinem Bett liegst und gestern
erfahren hast, daß du Brustkrebs hast? Was tust du, wenn deine Mutter
stirbt? Oder wenn die Ärzte bei Lilly einen Gehirntumor gefunden
haben? Was kann dir helfen, damit umzugehen, statt daran zu verzweifeln?« BL wirkt jetzt größer, und sie verbreitet einen feurigen Glanz.

Ich setze mich auf und starre sie sprachlos an. »Was ist denn in dich gefahren?«

»So, wie ich jetzt mit dir gesprochen habe, so sprichst du mit dir, wenn in dir die Sehnsucht nach dem Göttlichen erwacht, wenn du mit Gott verschmelzen willst. Dann schneidest du dir den Weg ab. Du schreibst über die höheren Energien, über die unsichtbaren Kräfte, und du schaffst es sogar, mich zu *sehen*. Aber wenn es darum geht, dich dem Göttlichen hinzugeben, wenn es darum geht, deinen Verstand einmal loszulassen, wenn es um den Glauben geht, daß du nicht allein bist, dann versperrst du dir selbst den Weg. Dann wehrst du dich mit Händen und Füßen.«

Mein Herz schlägt schneller. Mir wird mit einem Mal bewußt, daß ich, seit ich BL zum ersten Mal begegnet bin, das Gefühl habe, etwas Bestimmtem aus dem Weg zu gehen. Ich versuche, etwas auszuklammern, mich vor etwas zu verstecken.

Ich überlasse es BL, Licht in diese Angelegenheit zu bringen.

»Ich weiß nicht, warum das Thema hier von Bedeutung ist.«

»Jennifer, bitte sag das nicht.« BL setzt sich zu mir und nimmt mich in den Arm.

Zum ersten Mal habe ich das Bedürfnis, ihr auszuweichen. »Ich möchte mich ein bißchen strecken. Ich bin verspannt, weil ich so viel vor dem Computer sitze.«

»Weißt du, daß es den meisten so geht wie dir? Sogar den Leuten, die in die Kirche gehen. Sogar den Geistlichen! Alle werden immer wieder mit der Frage konfrontiert: ›Gibt es im Universum jemanden oder etwas, das sich meiner annimmt? Bin ich mit etwas Höherem verbunden? Und möchte dieses Etwas mit mir verbunden zu sein?‹ «

Ich richte mich auf und starre sie an. »Es steht mir nicht zu, darüber zu schreiben.« Ich fange an, mich zu ärgern. Mehr noch, ich werde langsam wütend.

»Warum nicht?«

»Weil ich – ich weiß nicht – weil ich zuwenig darüber weiß. Ich habe keine religiöse Ausbildung. Spiritualität ist für mich etwas Spielerisches. Ich betreue keine Sterbenden. Ich kümmere mich nicht um das Elend in der Welt. Ich bin nicht Mutter Teresa.«

»Und worum geht es in dem Buch, das du gerade schreibst?«

Ich nehme einen tiefen Atemzug und genieße meinen Ärger. Ich koste ihn aus. Es ist mein gewohntes Spiel, das ich mit Chris und sogar mit Lilly spiele. Etwas verunsichert antworte ich: »Lauschen, warten, sehen, vertrauen, annehmen, entfalten.«

»Spürst du nicht, daß es die ganze Zeit um nichts anderes geht? Du schreibst über Glaube. Alles, was du bisher geschrieben hast, hängt damit zusammen.«

Glaube. Mein Magen hüpfte bei diesem Wort. So ähnlich, wie wenn ich mit Lilly auf der Schaukel sitze. Das hörte sich viel zu christlich an. Für meine buddhistischen Freunde war Glaube irgendwie kein Thema.

Trotzdem hatte ich das Gefühl, daß die Zeit jetzt reif war, mich damit zu beschäftigen. Ich war auf der Suche, seit ich elf war, aber vor diesem Thema hatte ich mich bisher gedrückt. Angefangen hatte meine Suche damit, daß ich meiner Schwester das Buch *Sei jetzt hier* von Ram Dass entwendete und begann, allein zu meditieren und Yoga-Übungen zu machen. Die Sehnsucht war mir vertraut, die Suche praktizierte ich seit langem, aber mich für einen Weg zu entscheiden war mir bisher nicht gelungen. Mit zwölf waren es die Baptisten, mit 22 die Buddhisten, mit 28 war es die Göttin und mit 33 die unitarische Kirche. Aber ich bin nirgendwo lang geblieben, nur ein paar Monate oder höchstens ein paar Jahre. Überall stellten sich mir Fragen, die mich zweifeln ließen, zum Beispiel: »Kann Jesus mir wirklich ein neues Fahrrad schenken, wenn ich ihn darum bitte?« Oder die Frage, auf die BL mich stieß: »Woran glaube ich?« Die Unitarier stellen sich diese Frage nicht. Und das war für mich ein Grund zu gehen.

BL klettert auf das Dach und macht den Sonnengruß. Den Gesetzen der Schwerkraft zum Trotz bleibt ihre Krone auf dem Kopf, während BL sich vornüberneigt. Die große Meisterin macht Yoga. »Ich verlange von dir nicht, daß du das Glaubensbekenntnis rezitierst, ich frage dich noch nicht einmal, *woran* du glaubst. Ich sage nur: *Glaube*.«

»Was ist der Unterschied?« frage ich gereizt. Ich habe mich immer noch nicht daran gewöhnt, daß sie Gedanken lesen kann.

»Erlaube mir, daß ich meinen Freund Alan Watts zitiere, den Zen-Philosophen. Ich nehme Watts, um dir zu zeigen, daß die Buddhisten sehr wohl über das Thema Glauben nachdenken. Alan sagt, wir müssen unterscheiden zwischen einem Glauben, der den Anspruch stellt, daß die Wirklichkeit so ist, wie wir es gerne hätten, und einem Glauben, der ein bedingungsloses Ja zu dem ist, was ist, auch wenn es schwer ist oder wenig angenehm. Diese Form des Glaubens stellt keine Bedingungen. Sie springt ins Unbekannte, wie die Männer, die sich auf Malta von den hohen Klippen in die Tiefe stürzen. Die erste Form des Glaubens bindet. Die zweite befreit.« BL sieht mir in die Augen.

Ich schlucke. Ich fühle mich wie ein Reifen, der zu fest aufgepumpt war und aus dem dann jemand etwas Luft herausgelassen hat. Es fühlt sich gleichzeitig gut und leer an. Ich spüre, daß ich weicher und weiter werde. Das, was mich zuvor verhärtete, verdampft auf dem heißen Dach.

Ich brauche an nichts Bestimmtes zu glauben, um zu glauben.

Ich brauchte an nichts Bestimmtes zu glauben. Das gefiel mir! In der Wärme, die das Dach abstrahlte, wurde mir zum ersten Mal bewußt, wie sehr ich zwischen diesen beiden Arten des Glaubens gefangen gewesen war: zwischen dem Sichtbaren und dem Unsichtbaren. Ich hatte versucht, einen Weg zu finden, das Unsichtbare in Sichtbares zu verwandeln, und geglaubt, Wissen würde mir da weiterhelfen. Ich wollte meine Spiritualität definieren. Ich wollte sagen: »Ich glaube an . . . Ich habe mich eingehend damit beschäftigt und herausgefunden, daß . . . Und andere Intellektuelle sehen das auch so.« Ich hatte gedacht, ich könne nicht glauben, weil ich mich nicht eingehend mit dem Thema »Glaube« beschäftigt hatte. Achtung, gleich kommt Mister Harold Bloom, mein innerer Kritiker, und stellt mich zur Rede. Was mir denn einfiele, so schlecht informiert zu sein? Wie könne ich es wagen, das Wort »Glaube« in den Mund zu nehmen, von höheren Energien oder von Gott zu sprechen, ohne jedes Buch, das jemals zu diesem Thema erschienen ist, gelesen zu haben? Und überhaupt, ob ich etwas von Quantenphysik, der Chaos-Theorie oder den morphogenetischen Feldern verstehe? (Der zweite Teil stammt von Ken Wilber, meinem top-modernen inneren Intellektuellen.) Ohne solche Vorbereitungen liefe ich Gefahr, in die Falle eines falschen Heiligen zu geraten oder als Zeugin Jehovas mit dem *Wachturm* unterm Arm von Tür zu Tür zu gehen, in dem Glauben, das sei der Weg, um mir einen guten Platz im Himmel zu sichern.

Glauben hatte für mich immer auch bedeutet, mit dem Himmel ein Geschäft zu machen. So wie man sagt: »Das hat hervorragend geklappt. Alles lief wie am Schnürchen, so als ob Gott selbst die Hand im Spiel gehabt hätte, weil er mich liebt.« Aber wehe, wenn etwas schiefging, in meinem Leben oder auf der Welt, dann war ich entmutigt und hoffnungslos. Dann verneinte ich, daß es Gott oder eine höhere Intelligenz gab. Dann verneinte ich alles, auch daß das Leben irgendeinen Sinn hätte. Ich zog mir die Decke über den Kopf, klammerte mich an meine Verzweiflung und fühlte mich wie gelähmt.

Mehr noch, ich empfand große Angst. Ich fürchtete mich vor Gott. Ich hatte Angst davor, das Unsichtbare in mein Leben einzulassen. Es war, als ob ich unter dem grellen Neonlicht eines Einkaufszentrums einen Bikini anprobieren würde (der Gedanke ist schon schlimm genug), und plötzlich würde die Türe zu meiner Kabine aufgestoßen und draußen stünden alle Frauen, denen ich mich jemals unterlegen gefühlt habe, angefangen bei meinen ehemaligen Klassenkameradinnen. Dieses Ausgeliefertsein war es, was ich fürchtete und was mich davon abhielt, an eine höhere Macht zu glauben. Nein, es war sogar noch schlimmer. Gott würde alles sehen, auch meine Wutanfälle, wenn ich schreie und tobe oder wenn ich mit Gegenständen um mich schmeiße. Sie würde meine Gier sehen, meine Schwächen und meine Tendenz, mich vor allem zu verstecken, was mir weh tut oder was mir schwerfällt. Sie würde sogar sehen, wie ich darüber nachdachte, ehrenamtlich im Pflegeheim auszuhelfen, während der Zettel mit der Telefonnummer, der an meiner Pinnwand hing, sich immer mehr verfärbte.

Glaube, und du brauchst dich nicht mehr zu verstecken.

Es war mir ein Trost, daß auch meine Freundin Mary, die sehr gläubig ist, nicht davor gefeit war, sich hier und da vor Gott zu fürchten. Folgendes sagte sie einmal in einer Predigt, als sie noch das Priesterseminar besuchte:

»Was heißt, Gott zu lieben? Wie geht das? Für mich gab es da ein wesentliches Hindernis: Ich fürchtete mich vor Gott.

Ich glaube, ich habe als Kind zu viele Geschichten über Gott gehört, die mir Angst einjagten. Ich hatte Angst, mich Gott zu öffnen, weil ich fürchtete, er würde mich dann nach Timbuktu schicken. Das Wort ›Timbuktu‹ löste jahrelang Angst in mir aus. Aber wenn du dich Gott geöffnet hast, dann findest du Timbuktu plötzlich toll. So ging es mir zumindest.

Dann bekam ich eine neue Angst, die Angst daß man mich als Christin schief ansehen würde. Aber je älter ich werde, desto mehr habe ich den Eindruck, daß es gut ist, anders zu sein. Dann bist du nicht verpflichtet, einer Norm zu entsprechen, weil niemand so genau weiß, was du machst. Warum bin ich Christin? Auf der persönlichen Ebene lautet die Antwort: ›Wegen der Freiheit, die mir hier gegeben ist.‹ Ich kann mir nichts Befreienderes vorstellen, als in dem Bewußtsein zu leben, daß nur Gottes Meinung von mir zählt.

Das ist interessant, denn um ehrlich zu sein ist meine Meinung von Gott nicht immer die allerbeste. Hier ist der Punkt, an dem sich meine Gottesfurcht als Angst um Gott entpuppt.

Ich habe Angst, daß ich ihn beschützen muß. Ich habe Angst, daß er mit der Entwicklung in der Wissenschaft nicht Schritt hält. Ich habe Angst, weil die Philosophie ihn ausgeklammert hat. Ich habe Angst, daß seine Hermeneutik nicht mehr zeitgemäß ist.

Aber ich kann Gott nicht lieben, ich kann ihn nicht kennen, solange ich befürchte, meine Fragen könnten ihn in Verlegenheit bringen. Nicht Gott hat das Problem, sondern ich. Es ist meine Angst.«

Freiheit und Fragen. Und keine Verpflichtung, einer Norm zu entsprechen. Und keine Gefahr, daß ich im behaglichen Gefängnis meines vermeintlichen Wissens Trost suchen könnte.

»Hingabe, Jennifer! Darauf kommt es an. Hingabe!«

Ich schaue zu BL hinüber, und es würde mich nicht überraschen, sie auf einem Besen reiten und »Hingabe, Jennifer!« in großen Lettern in den wolkenlosen Himmel schreiben zu sehen. Aber sie sitzt noch immer neben mir. Sie sitzt ganz still, als ob sie vorhätte, noch eine Weile bei mir zu bleiben.

»Dauernd sprichst du von Hingabe. Ich kann es schon nicht mehr hören! Es klingt so unterwürfig. Ich bekomme eine Gänsehaut. Du weißt, wie sehr ich mich bemühe, meiner inneren Stimme zu vertrauen und meine Einstellung und meine Erfahrungen wertzuschätzen. Und dann sagst du, ich soll das alles aufgeben.« Ich stehe auf, dann setze ich mich wieder hin und drehe den Kopf von einer Seite auf die andere.

»Warum glaubst du, daß Gott das von dir verlangt? Warum siehst du das Göttliche immer noch so dualistisch? Du erzählst deiner Tochter, daß Gott in allen Dingen ist, auch in ihr, aber dich selbst schließt du davon aus.«

»Ich dachte, wenn ich nicht weiß, *woran* ich glaube, dann kann ich an gar nichts glauben. Ich dachte, wenn ich nicht fähig bin, mich hinzugeben, dann kann ich auch nicht glauben.« Ich muß mir Mühe geben, damit meine Stimme nicht wehleidig klingt.

»Hingabe ist unerläßlich. Aber es kommt darauf an, was du hingibst.« BL führt ihre Hände vor der Brust zusammen und verneigt sich.

**Welche zwei, drei Menschen, Orte oder Dinge stressen
mich momentan am meisten?**

Laß dich nicht von dem beeinflussen, was andere dir sagen. Entscheidend ist, was _du_ empfindest. Vielleicht ist es etwas, dem du schon früher in diesem Buch begegnet bist. Es kann auch etwas Neues sein, das mit der nächsten Woche zusammenhängt.

**Wie könnte mein Glaube mir helfen, besser damit umzugehen?
Wie würde es mir gehen, wenn ich der Kraft
meiner Absicht und meiner Beziehung zur göttlichen
oder höchsten Intelligenz vertrauen würde?**

Die Antwort läßt sich womöglich nicht in Worte fassen, aber vielleicht läßt sie sich tanzen. Oder dir fällt ein Bild oder ein Vergleich ein. Bilder sagen oft mehr als abstrakte Worte.

Mit welchem Menschen gibt es etwas zu bereinigen?

Vielleicht ist es derselbe, den du schon genannt hast. Oder jemand anders. Es könnte auch jemand Neues, Überraschendes sein. Vertraue dem, was sich dir zeigt. Atme hinein.

**Was ist nötig, damit diese Beziehung ehrlicher
und ausgewogener wird?**

Was sagt dein Herz? Sag nicht: »Vor diesem Menschen auf die Knie fallen«, oder: »Ihm was Teures schenken.« Denk an etwas Kleines, etwas, das von Herzen kommt – und nicht unbedingt leicht ist.

Glaube II

Gib dich hin wie der japanische Töpfer aus dem 14. Jahrhundert, dessen Glasur nichts werden wollte, bis er in den Ofen stieg und selbst zur Glasur wurde.« BL breitet die Arme aus: »Wie die Novizin, die zu der Äbtissin kommt und klagt: ›Ich tue alles: Ich bete, ich geißle mich, ich lese die Bibel, aber nichts geschieht.‹ Und die Äbtissin breitet die Arme aus und sagt: ›Wie wär's, wenn du versuchtest, dich in Feuer zu verwandeln?‹ Du wirst aufgefordert loszulassen, dich fallenzulassen, *ohne* zu wissen, was dann geschieht, ohne zu wählen und ohne dich an deinen Kopf zu klammern. Sei doch mal ehrlich, das meiste machst du doch mit dem Kopf.«

»Ich bin gern purer Kopf. Es ist eine saubere Sache.« Ich stelle mir vor, als riesiger Kopf umherzuschweben.

»Glaube kannst du nicht in Flaschen füllen und verkaufen. Er besänftigt auch nicht deine Ängste oder lindert deinen Schmerz. Du mußt dich weder mit Henna bemalen noch einen Sari tragen, oder eine erfolgreiche spirituelle Lehrerin werden«, fährt BL fort. »Du kannst mit Gott nicht handeln. Hingabe heißt nicht, daß du bekommst, was du dir wünschst. Du glaubst, wenn du dich mit den Fragen auseinandersetzt, wenn du Dankbarkeit empfindest, meditierst, urteilende Gedanken vermeidest und deinen Glauben erneuerst, dann gingen alle deine Wünsche in Erfüllung oder: ›Dies oder etwas Besseres geschehe jetzt zum Wohle aller Beteiligten.‹ Das hat mit Glaube nichts zu tun. Das ist bestenfalls ein Bet-Geschäft.«

»Darauf verstehe ich mich besonders gut!«

BL findet meine Versuche, vom Thema abzulenken, nicht besonders lustig. Ich versuche, mit gestreckten Beinen meine Zehen zu berühren, um ihrem prüfenden Blick nicht zu begegnen. Sie will, daß ich ihr glaube, daß ich das annehme, was sie über Glaube und Hingabe sagt, ohne zu murren, ohne es an unbeteiligten Personen auszulassen (zum Beispiel an meinem Partner) und ohne mich an irgend etwas festzuhalten, zum Beispiel am Geschäftemachen.

»Weißt du eigentlich, daß du eine Menge von mir verlangst?« frage ich sie.

»Du hast mich gerufen«, entgegnet sie. Sie streckt die Hand aus und berührt meinen Arm so zärtlich, daß es mir durch und durch geht. »Du kannst es!« flüstert sie.

Verzweiflung übermannt mich – und das vertraute unbändige Verlangen nach Süßigkeiten. Selbstmitleid meldet sich zur Stelle und grinst mich an, so verführerisch wie eine Tüte Plätzchen. Ich dachte, ich wäre schon viel weiter, aber tatsächlich bin ich nur auf der Stelle getreten. Mir fiel es wieder einmal leichter, es zu lehren, als es zu leben. Ich renne die Treppe hinunter in Richtung Küche.

BL stellt sich mir in den Weg. »Achtung, *das* ist der Moment, auf den es ankommt. Das ist der schöpferische Augenblick. Gib dich ihm hin. Das ist Glaube! Selbstmitleid ist nett, wenn du einen trinken gehst, aber es setzt wenig in Bewegung – höchstens den Stift, mit dem du auf deinem nassen Bierdeckel herumkritzelst.« Bevor ich etwas erwidern kann, hat BL eine CD aufgelegt, und mitreißende Musik schallt mir entgegen. Durch mein Wohnzimmer wirbelt eine Traumfigur, mit einer Krone auf dem Kopf und mit glitzernden Juwelen geschmückt. Ich kann nur an eines denken: an die große Tüte Plätzchen in der Küche. Trotzdem entschließt sich etwas in mir, hier zu bleiben und ihr zu folgen.

BL tanzt um mich herum. Ihre Füße trommeln einen Rhythmus auf den Holzfußboden, und sie schnurrt mit sanfter Stimme: »*Spüre* dein Verlangen nach den Plätzchen, *spüre* deinen Wunsch, dich in dein Selbstmitleid einzuigeln, ohne dich zu verurteilen, und stell dir gleichzeitig die Frage: ›Womit bin ich verbunden?‹ Suche nicht nach einer Antwort, schon gar nicht mit dem Kopf. Erwarte nichts. Die Antwort interessiert dich überhaupt nicht. Du sehnst dich nach der Frage. Jede Zelle in dir sehnt sich nach der Mystik, die dieser Frage innewohnt: ›Womit bin ich verbunden?‹ «

Ich schaue meinen Füßen zu, wie sie sich auf und ab, vor und zurück bewegen. Ich bin mit dem Fußboden verbunden. Und ich bin es nicht. Ich will mit dem Essen verbunden sein. Mit dem Vertrauten. BL streift mich. Ich bin mit ihr verbunden. Aber eigentlich gibt es sie ja gar nicht. Oder ist sie in Wirklichkeit wirklicher als ich? Ich bin mit diesem Haus verbunden, mit dem, was mir gehört. Ich bewege mich durchs Zimmer und berühre die Couch, den Tisch, die Bücher und die Fotos meiner Angehörigen. Ich bin verbunden. Ich bin gebunden. Ich existiere . . .

Ich bin noch immer in meinem Kopf. BL wirbelt an mir vorbei. »Es gibt keine Antwort. Es ist okay, wenn du keinen Schimmer hast. Spüre das Verlangen. Überlaß dich ihm. Das ist Hingabe! Zu springen, ohne zu wissen, was geschieht.«

Wie von unsichtbarer Hand werden Sessel und Couch zur Seite geschoben, damit wir mehr Platz zum Tanzen haben. Die Musik hallt in mir wider: Didjeridoos, Vogelstimmen, Trommeln, und ich beginne, mich ihr zu überlassen. Ich lasse es geschehen. Ich brauche nichts zu tun. Ich brauche nichts zu wissen. Ich brauche nicht zu fragen: »Wo bist du, Gott?«

Einen Moment lang nehme ich die Hand, die der Glaube mir entgegenstreckt. Einen Moment lang fühle ich mich verbunden.

Fragen zum Leben

Wenn ich wählen könnte, was ich in den nächsten Tagen gerne tun, sein oder fühlen würde, wofür würde ich mich entscheiden?

- in mich verliebt
- eins mit dem Universum
- voll kreativer Energie
- das essen, was meinem Körper guttut
- singen
- mich zurückziehen
- mir einen Wunsch erfüllen, der Einsatz und Entschlossenheit von mir verlangt

- mir verzeihen
- ein Freudenfest für mich veranstalten
- jemandem, die/den ich liebe, nahe sein
- meinen Fähigkeiten eine Liebeserklärung machen
- oder: _____

Bin ich bereit, es zu versuchen? Bin ich bereit, mir zumindest eine Kostprobe von meinem Traum zu gönnen?

BL fragt dich mit sanfter Stimme: »Was steht dir im Weg? Du brauchst es nicht zu benennen, versuch einfach, es zu spüren. Kommst du irgendwie daran vorbei? Kannst du drüber wegspringen? Kannst du dir seine Kraft zunutze machen? Deine Absicht hilft dir weiter.«

Bin ich bereit, in den nächsten Tagen besonders gut auf mich zu achten und dafür zu sorgen, daß es mir gutgeht? Kann ich in meinem Umfeld etwas verändern? Kann ich meine Einstellung zu einer Sache ändern, die mir zu schaffen macht? Kann ich Verspannungen in meinem Körper lösen?

Achte darauf, was geschieht, wenn du die Verantwortung für dein Wohlbefinden übernimmst. Was ändert sich an deinem Tagesablauf?

Wem oder wofür bin ich dankbar?
Wie kann ich meine Dankbarkeit zum Ausdruck bringen?

Wie wär's mit einem Ritual, einem Geschenk oder mit etwas, das du für Gott oder für einen lieben Menschen tun könntest? Denk an etwas Kleines; etwas, das in deinen Möglichkeiten liegt; etwas, das mit Selbst-Liebe zusammenhängt; etwas, das du von deinem inneren Reichtum gibst.

Was die Welt uns sagt

Nichts, was ich für Gruppen, die ich aus einem großen, spirituellen Bedürfnis heraus geführt habe, geplant, organisiert oder inszeniert habe, hat in mir je diese tiefste, seelische Befriedigung ausgelöst«, erzählt Marcie. »Es kostet sehr viel Energie, eine Form zu finden, anderen das zu vermitteln, was wir vermitteln wollen. Und nichts ist so befreiend, wie dem Wind zu lauschen, der in den Bäumen spielt, und es zu schätzen. Wer weiß, woher der Wind kommt? Wenn du auf das Göttliche ausgerichtet bist, dann kannst du nach innen und nach außen lauschen. Und das ist das Befriedigendste und das Befreiendste, was ich mir vorstellen kann. Nichts zu tun und nichts erreichen zu wollen, bis du beides hörst: die innere und die äußere Natur.« Als Marcie mir erzählte, wie ihr spiritueller Zugang sich verändert hatte, seitdem sie nicht nur auf ihr Inneres, sondern auch auf das Äußere hörte, fiel mir ein, daß sich in mir während meiner Schwangerschaft ein ähnlicher Wandel vollzogen hatte. Damals machte ich jeden Tag einen Spaziergang durch den Rattlesnake Canyon, und in mir wuchs das Gefühl, daß die Natur um mich herum lebendig und beseelt war. Es gab da eine bestimmte Gesteinsformation, die sich quer über meinen Weg zog, und ich sah sie – nein ich *empfand* sie – als Rückgrat der Erde.

Solche Eindrücke sind eine wichtige Voraussetzung dafür, daß unser Leben reicher und tiefer werden kann. Die Außenwelt kann uns vieles lehren. Wir müssen unseren eigenen Weg finden, zu sehen, zu empfinden und zu erkennen, was sie uns lehren will – jede auf ihre Art. Wir müssen die Augen öffnen und darauf achten, was uns angeboten wird. Wir sind verbunden mit dem, was uns umgibt, und wir müssen lernen, es staunend wahrzunehmen.

In seinem bemerkenswerten Buch *The Spell of the Sensuous* schreibt David Abram: »Die anspruchsvollste Definition der Magie, die zur Zeit in Amerikas Alternativ-Kultur kursiert, lautet: ›die Fähigkeit oder die Kraft, den eigenen Bewußtseinszustand willentlich zu verändern‹. *Warum* wir unseren Bewußtseinszustand ändern sollten, spielt dabei keine Rolle.«[32] In Stammesgesellschaften bezieht sich das Wort »Magie« auf die Fähigkeit, den alltäglichen Bewußtseinszustand als einen unter vielen möglichen Bewußtseinszuständen wahrzunehmen. Abram betont, daß Schamanen und Vertreter anderer magischer Traditionen ihre Fähigkeit, das Alltagsbewußtsein zu verlassen, dazu nützen, um mit anderen Formen des Lebens in Kontakt zu treten und von ihnen zu lernen. Schamanen können jederzeit einschränkende Begrenzungen wie soziale Normen, Tabus oder die Sprache hinter sich lassen, um »in einen Zustand erhöhter Rezeptivität für die Ausdrucksformen – Gesang, Schreie, Gesten – des größeren, über das Menschliche hinausgehenden Feldes zu treten.« Oder wie Marcie es formuliert: »Als ich dir vom Nach-innen-und-nach-außen-Lauschen erzählte, hörte der Specht vor meinem Fenster auf zu klopfen, drehte sich um und sah mich an. Das bedeutet etwas. Ich werde dem nachspüren.«

Für jede von uns gibt es einen Moment im Leben, in dem wir genug Stärke, Zuversicht und Vertrauen in unseren inneren Prozeß angesammelt haben, um anzufangen, dem größeren Ganzen zuzuhören. Vielleicht tust du das schon lange, aber jetzt kannst du es vertiefen und soviel (oder fast soviel) daraus lernen wie aus deiner Arbeit an dir selbst. Das Innere und das Äußere gehen ineinander über. Viele Kulturen gehen davon aus, daß die Seele über die engen Grenzen des Körpers hinausreicht. Wir wissen, daß Materie weder in fester Form noch getrennt voneinander existiert. Wenn wir uns das vor Augen halten, dann mutet uns die Vorstellung, daß wir von außerhalb Rückhalt und Führung erhalten können, weniger seltsam an. Wenn wir der Welt vertrauensvoll begegnen, dann bietet sie uns ihre Freundschaft und eine wahre Antwort an. Wenn wir warten und uns dem Außen öffnen, entdecken wir den Rhythmus des Universums.

Manchmal geschieht etwas, das dich dazu veranlaßt, den Kopf zu heben, oder ein bedeutsamer sogenannter Zufall übermittelt dir eine klare Botschaft: Es gibt etwas, das durch dich hindurchfließt, das dich inspiriert und dich in Richtung Ganzheit führt. Vielleicht wird ein Gebet so direkt beantwortet, daß du erschrickst, weil Gott so gegenwärtig ist. Oder du beobachtest die Sterne und spürst plötzlich, daß sie *dich* beobachten. Manchmal geschieht auch ein kleines Wunder. Vielleicht suchst du Rat beim Tarot, beim I Ching, oder du suchst eine erfahrene Astrologin auf, die dein Horoskop deutet. Dianne Skafte schreibt in *Die Wiederkehr der Orakel*, daß es in den verschiedenen Kulturen Tausende von Methoden gab und gibt, um Antworten zu erhalten oder die tiefere Bedeutung von Dingen zu erkennen. Entweder sind wir Menschen Verrückte, die es nicht lassen können, im Kaffeesatz oder in anderen Orakeln nach Botschaften zu suchen, oder wir spüren intuitiv, daß uns Führung und Hilfe von einer Quelle angeboten werden, die jenseits unserer selbst liegt. Je mehr sie sich mit Orakeln beschäftigte, schreibt Dianne, desto weniger fühlte sie sich wie jemand, »der in einer öden, von allen Zeichen und Wundern verlassenen Welt sein Dasein fristete. Ich wußte jetzt, daß das orakelhafte ›andere‹ bei uns war und uns niemals verlassen hatte. Und ich erkannte, daß es meine vorrangige Aufgabe sein mußte, mich zu erinnern.«[33] Vielleicht ist das, worauf ich hinauswill, das, was Jung meinte, als er sagte: »Sind wir mit etwas Unendlichem verbunden oder nicht?« Ich hatte diese Frage immer so verstanden, als ob es hier um Glauben und nicht um Wahrnehmen und Sich-dem-Ganzen-Öffnen ginge.«

Erschaffen wir unser Leben oder erschafft unser Leben uns? Wenn wir uns kennen- und lieben gelernt haben, dann gelingt uns der Balanceakt zwischen diesen beiden Polen. Wir können uns hingeben und spüren, daß wir ein Teil des großen Ganzen und mit allem verbunden sind. Wir können unser Mit-uns-selbst-befaßt-Sein ausbalancieren, indem wir die sichtbaren und unsichtbaren Kräfte, von denen wir umgeben sind, anerkennen und würdigen. »Wir beginnen zu erkennen, daß unsere Fragen nicht die einzigen sind. Während wir Fragen stellen, werden Fragen *an uns* gestellt«[34], schreibt Maria Harris in *Dance of the Spirit*. Wer stellt uns diese Fragen? Wer spricht zu uns? Was ist die Botschaft?

Es sind nicht die besonderen Begebenheiten, wie wir sie während einer Krise oder einer Zeit des Wandels erleben, die mich so faszinieren – obwohl das oft die Momente sind, in denen wir wachgerüttelt werden –, es ist das Gefühl des täglichen Verbundenseins, des täglichen Sich-führen-Lassens, das sich manchmal in Form eines Streichelns zeigt und manchmal in Form eines expliziteren Ratschlags, den wir in unser Leben integrieren können. Wir brauchen eine Erfahrung des Göttlichen, die so stark ist, daß wir uns von den Selbstzweifeln, die sich tief in uns hineingefressen haben, vom Auf und Ab des Lebens und von unserer quälenden Einsamkeit lösen können. Wir müssen das üben, was Schamanen tun: Wir müssen lernen, unser Alltagsbewußtsein zu verlassen und uns in das große Netz einzuklinken, dort zu warten und zu lauschen – jede auf ihre Art (nicht so, wie wir es in einem Wochenendseminar gelernt, sondern so, wie wir es durch eigene Erfahrung herausgefunden haben).

Ich kann das Sichtbare und das Unsichtbare einladen, mich durch den Tag zu begleiten. Ich kann am Morgen mit meiner Tasse Tee zu der alten Eiche in meinem Garten gehen, ihr einen Schluck zu trinken geben, mich zu ihr setzen und in die Welt hinausschauen. Vielleicht möchte ich mir auch eine Frage stellen, zum Beispiel: »Wie kann ich die werden, die ich bin?«, und darauf achten, was der Himmel, die Blätter, ein Eichhörnchen oder das sprießende Getreide mir erwidert. Manchmal möchte ich vielleicht nicht selbst die Fragen stellen, sondern sie mir stellen lassen. Oder ich nehme mir nichts Bestimmtes vor und sitze einfach da im Bewußtsein, daß der Garten und ich im gleichen Rhythmus schwingen und wachsen. Dann hebe ich den Kopf und schaue, was sich mir zeigt.

Ich gebe dem Baum einen Schluck von meinem Tee, um zu fühlen, daß ich nicht allein bin. Wenn ich den Weg des Lauschens gehen will, *brauche* ich die Verbindung zu etwas, das weiser ist als ich, das mir seine liebevolle Zuwendung und seine Hilfe gewährt und meine Wange mit seinem Atem streichelt. Ich komme nicht weiter, wenn ich nur meine eigenen Ressourcen nutze. Das weiß ich aus Erfahrung.

Alles, was wir tun müssen – bzw. können –, ist, uns die Erfahrungen dieses »anderen« bewußtzumachen und zu würdigen. Das bedeutet nicht, das »andere« mystisch zu verklären oder nicht mehr aus dem Haus zu gehen, ohne vorher die Tarot-Karten befragt zu haben. Lädst du einen Fremden im lila Hemd, den du auf der Straße triffst, zu dir nach Hause ein, nur weil du letzte Nacht von einem Mann im lila Hemd geträumt hast? Wir dürfen nicht vergessen, daß Gegensätze sich ergänzen: die Wichtigkeit des In-Beziehung-Seins steht mit der Richtigkeit des Handelns in Verbindung, Sein mit Tun, die Magie ergänzt die Wissenschaft, die Intuition die Logik.

Wir lernen, darauf zu vertrauen, daß die uns allen vertraute Sehnsucht nach Einssein nicht dadurch gestillt wird, daß wir Antworten im Außen suchen, und nicht als Entschuldigung dafür dienen darf, daß wir uns hinter Dogmen und Doktrinen verstecken. Es geht vielmehr um die Bereitschaft, es mit unserer Verzweiflung und unserem Gefühl des Alleingelassenseins aufzunehmen, und darum, uns den kalten, meterhohen Wogen zu überlassen und uns zu sagen: »Ich mache weiter, ich werde es spüren, und ich werde in Kontakt kommen« und gleichzeitig danach Ausschau zu halten, wem oder was wir im Ozean begegnen.

**Was ist die eine Sache, von der ich momentan mehr
in meinem Leben bräuchte?**

● Schönheit	● Engagement
● Respekt	● Geduld mit mir selbst
● Organisation	● Vertrauen
● Spontaneität	● Disziplin
● Durchhaltevermögen	● irgendwelche Hilfsmittel
● Gesellschaft	● oder: _____
● eine Richtung	● entscheide dich für *eine* Sache!

Was bin ich bereit zu tun, um mehr _____ zu bekommen?

Was kann ich mir und meiner Seele Gutes tun?

Klanglich: Klavier-, Geigen- oder Flötenunterricht nehmen; ein Klangspiel vors Fenster hängen; entspannt auf dem Sofa sitzen und dir ein Konzert von Bach anhören . . .

Ekstatisch: Lade Weite, Zärtlichkeit, Dahinschmelzen und Wagemut in dein Herz ein; füttere eine/n deiner Lieben mit reifen Trauben; bete, wie du noch nie gebetet hast; lehne dich an einen Baum, und werde eins mit ihm . . .

Mit anderen in Verbindung treten: Lade deine Nachbarn zu einem spontanen Essen ein, zu dem jeder etwas mitbringt; lade Frauen aus deinem Gymnastikkurs zu einem Tee ein; sieh dem Bettler, dem du eine Mark in den Hut legst, in die Augen . . .

Tip von BL: »Diese Fragen können harte Arbeit bedeuten! Ich hoffe, du gönnst dir immer wieder eine Pause und kostest zwischendurch von meiner Suppe. Und, bitte, lobe dich ab und zu dafür, daß du so mutig und so stark bist, dich mit deinem Inneren zu beschäftigen!«

Annehmen

Ein Grund, warum es uns oft nicht leichtfällt, unsere Vision über einen längeren Zeitraum aufrechtzuerhalten, ist, daß wir Probleme mit dem Annehmen haben. Das ist eines unserer größten Hindernisse. Wir sind unglaublich gut, wenn es darum geht, etwas für andere zu tun. Es fällt uns auch schon leichter, uns selbst etwas zu gönnen. Aber was das Annehmen anbelangt, müssen wir noch *vieles* lernen – zum Beispiel Hereinlassen, Loslassen und Um-Hilfe-Bitten.

Eine Freundin, die sich kurzfristig von mir Geld geliehen hatte, wollte mir für die zwei Wochen Zinsen zahlen. Ich sagte ihr: »Wenn du das tust, dann sind wir geschiedene Leute.« Pat bot einer Freundin an, die allein mit ihrem kranken Baby war, sie zum Arzt zu fahren. »Wenn du mein Angebot nicht annimmst, mußt du dir eine neue Freundin suchen«, scherzte Pat. Es zeigt, wie schwer es manchmal ist, Freunde davon zu überzeugen, daß wir ihnen helfen wollen. Es zeigt auch, daß es uns ein Bedürfnis ist, anderen zu helfen.

Und was tun wir, wenn jemand uns geholfen hat? Wir bemühen uns, so schnell wie möglich etwas zurückzugeben, oder wir sagen zehnmal »danke schön«. Amy hatte einer Nachbarin zweimal geholfen, und am nächsten Tag bekam sie einen Strauß Rosen. Anita fragte ihre Freundin Sherry, die an einer Gürtelrose litt, ob sie ihren kleinen Sohn für ein paar Nachmittage nehmen sollte. Am Morgen des ersten Tages rief Sherry an und sagte: »Vielleicht hast du heute doch etwas anderes vor? Es ist okay für mich.« Eine Freundin kam vorbei, um ihre Tochter abzuholen, und wir luden sie zum Abendessen ein. Es war sechs Uhr, ihr Mann war nicht zu Hause, und in ihrer Wohnung gab es einen Stromausfall. Wir mußten sie fast zwingen, bei uns Platz zu nehmen, und sie hat sich mindestens zehnmal bedankt.

Warum fällt es uns so schwer, Hilfe anzunehmen oder gar darum zu bitten? Da gibt es viele Gründe. Hier sind ein paar, denen ich begegnet bin:

- Von einer Frau, und besonders von einer Mutter, wird erwartet, daß sie selbstlos und »gebend« ist, am besten rund um die Uhr. Oder sie gilt als nachlässig und untauglich. Uns wurde beigebracht, für andere dazusein und zuerst an sie zu denken. Viele Frauen identifizieren sich völlig mit dieser »klassischen« Frauenrolle.
- Wir haben hart für unsere Unabhängigkeit gekämpft, und Annehmen verpflichtet – zumindest kommt es uns in unserer hierarchischen Welt so vor. Es ist so, als flüsterte uns jemand ins Ohr: »Vielleicht bist du doch nicht so tüchtig, wie du gerne wärst?!«
- Insgeheim glauben wir, gesunde, starke Frauen bräuchten keine Hilfe. Wir denken: »Es ist okay, wenn andere um Hilfe bitten, aber nicht, wenn ich es tue.«
- Es fällt uns schwer, Hilfe anzunehmen, weil wir Angst haben, daß andere uns zu nahe kommen, daß wir ihnen etwas schuldig sind, daß wir eine Verpflichtung eingehen oder daß wir in eine Gemeinschaft hineingezogen werden, die wir nicht wollen. Es erscheint uns einfacher und »sauberer«, es allein zu versuchen.
- Wir fürchten, daß wir uns an die Hilfe und die Unterstützung gewöhnen könnten und sie dann vielleicht verlieren.

In manchen meiner Workshops mache ich folgende Übung: Die Teilnehmerinnen bilden zwei Gruppen. Die eine sitzt im Kreis, die andere stellt sich dahinter. Die Frauen, die stehen, flüstern denen, die sitzen, eine Affirmation in Ich-Form ins Ohr. Wer sitzt, hört also zum Beispiel: »Ich bin nett zu mir«, oder: »Ich habe Zeit, meiner Lieblingsbeschäftigung nachzugehen«, oder: »Ich habe ein Recht darauf, gesund zu sein, und ich kann etwas dafür tun«. Dann rückt jede weiter zur nächsten Frau und sagt ihr dasselbe, so lange, bis alle Frauen diese wunderbaren, kleinen Sätze gehört haben. (Vor dieser Übung teile ich kleine Pfefferminz-Pastillen aus.) Bevor gewechselt wird, lasse ich den Frauen ein paar Minuten Zeit, um zu atmen und dem Gehörten nachzuspüren. Die, die eben standen, sitzen nun, und alles beginnt von vorn. Bei diesem Ritual fließen meist die Tränen, und auch die Frauen, die vorher eher unbeteiligt oder distanziert wirkten und mir mit verschränkten Armen oder kritischen Blicken gefolgt waren, tauen auf.

Warum? Weil Frauen hier eine sanfte, weibliche Stimme hören, die ihnen nette Dinge sagt. Wir selbst reden oft recht hart mit uns. So würden wir nicht einmal einen räudigen Hund behandeln. Wenn wir hören, was sich die andern erhoffen und was sie ersehnen, wissen wir, daß wir mit unserem Wunsch, uns gutzutun, nicht allein sind. Und das gibt uns sehr viel Kraft! Für ein paar kostbare Sekunden erlauben wir uns, etwas anzunehmen. Endlich haben wir nicht das Gefühl, etwas geben zu müssen – diesmal brauchen wir nur anzunehmen. Den Frauen, die jeweils sitzen, sage ich immer: »Ihr habt den schwereren Part. Ihr müßt die Augen schließen, atmen und annehmen. Laßt die Worte herein.«

Wenn wir gut mit uns umgehen, fällt es uns leichter, etwas anzunehmen. Ebenso, wenn wir uns daran erinnern, wie gut es uns tut, anderen zu helfen. Als meine Nachbarn, die Smiths, sich einmal Nudeln bei mir ausborgten, bat ich sie, sie mir nicht zu ersetzen. Ich wollte ihnen die Nudeln schenken. Gönnen wir einander doch dieses befriedigende Gefühl, statt es uns durch hastige Gegengaben oder dadurch, daß wir nie um Hilfe bitten, vorzuenthalten.

Auch hier gilt es, den Sprung zu wagen und daran zu glauben, daß wir es wert sind, Hilfe zu empfangen. Sie ist ein Geschenk. Und sie löst Gefühle in uns aus, denen wir uns öffnen sollten. Wir müssen springen und hoffen, daß wir den anderen vertrauen können. Und wie geht das? Indem wir den Sprung wagen und indem wir achtsam sind. Und was wir noch tun sollten: unsere Beziehung zum Thema »Annehmen« einmal genauer untersuchen.

- Wo sollte ich um Hilfe bitten?
- Wo sollte ich abwarten und sehen, ob Hilfe kommt?
- Wo gebe ich anderen etwas, das sie nicht wirklich brauchen oder wollen?
- Wie kann ich großzügiger im Geben werden, ohne bei der Empfängerin das Gefühl auszulösen, daß sie mir etwas schuldet oder

verpflichtet ist, mir möglichst schnell einen Gegendienst zu erweisen? (Oft stelle ich diese Frage in meinen Workshops nicht, aus Angst, daß sie mißverstanden wird und Schuldgefühle auslöst. Aber als zukünftige Meisterinnen der Lebenskunst sind wir stark genug, es mit dieser Frage aufzunehmen.)

● Wie oder wen habe ich bisher um Hilfe gebeten? Hat es funktioniert? Von wem verlange ich zuviel?

Trotz allem beinhaltet Um-Hilfe-Bitten auch ein gewisses Risiko, und es heißt natürlich nicht, daß wir nur zu bitten brauchen und schon bekommen wir, was wir haben möchten. »Herauszufinden, was wir wollen, und dann ehrlich darum zu bitten ist eine Leistung«, sagt Elizabeth Lesser in *The New American Spirituality*. »Aber ebensoviel Größe verlangt es, das anzunehmen, was uns gegeben und was uns genommen wird.«[35]

Es gibt verschiedene Arten des Gebens und Annehmens, und das kann, genauso wie unterschiedliche Erwartungen, zu Konflikten führen, und wenn dazu die Schwierigkeiten kommen, mit denen uns das Leben konfrontiert, kann es manchmal schwierig werden, um Hilfe zu bitten oder Hilfe anzunehmen. Als Sherry wieder gesund war, kam es zwischen ihr und ihrer Freundin Anita zu einem Streit. Sherry hatte das Gefühl, Anita habe ihr nicht genug geholfen, und Anita meinte, daß Sherry entweder die ihr angebotene Hilfe abgelehnt oder nicht gesagt hatte, was sie brauchte. »Sherry dachte, ich würde sie gut genug kennen, um zu wissen, was sie braucht«, sagte Anita mit einem Achselzucken. »Aber oft fehlt es mir an Ideen, was ich für andere tun kann. Ich mag es nicht, wenn ich raten muß, was jemand braucht, und ich habe momentan selbst ziemlich viel um die Ohren. Ich konnte ihr einfach nicht so helfen, wie sie es sich gewünscht hätte.« Geben und Annehmen ist nicht immer leicht!

Wie schön, wenn wir jemandem begegnen, der uns das zu geben vermag, was wir annehmen und wertschätzen können! Das begriff ich bei Marcie, als ich im Sommer bei ihr zu Besuch war. Ihre Gastfreundschaft war so natürlich und so unaufdringlich! Sie machte keinerlei Aufwand. Sie versuchte weder, mich zu verwöhnen, noch fragte sie mich ständig, ob ich etwas bräuchte. Sie entschuldigte sich auch nicht dafür, daß ihr Haushalt nicht perfekt war. Sie vertraute darauf, daß ich ihr sagen würde, was ich brauchte, und daß ich selbst auf meine Bedürfnisse achten würde. Ich bin eher in der Tradition der Südstaaten erzogen worden, wo es üblich ist, daß eine Frau ihre Gäste umständlich bewirtet, und so erschien mir Marcies Verhalten geradezu revolutionär. Als ich nach Hause kam, versuchte ich, mich gegenüber meiner Freundin Mary, die am Abend bei uns zu Besuch war, genauso zu verhalten. Und siehe da: Ich konnte mich auf *sie* konzentrieren, statt wie sonst nervös aufzuspringen und meine Gastfreundschaft zu demonstrieren.

Ich möchte noch auf einen weiteren wichtigen, aber leider traurigen Punkt hinweisen – auch wenn es sich vielleicht pedantisch anhört. Wenn wir in der Krise stecken, dann fangen wir allzugern an, unseren Schmerz auf andere abzuladen. Das weiß ich aus eigener Erfahrung. Und ich habe meine Freundin Mina beobachtet, der es ebenso erging. Außenstehende können das nur eine begrenzte Zeit ertragen, dann haben sie genug. Als ich in meiner Krise steckte, formulierte es eine Freundin so: »Ich habe noch nie eine so traurige Freundin gehabt!« Ein Teil von mir wäre ihr am liebsten an die Gurgel gesprungen, aber ein anderer Teil verstand sie ganz genau, denn ich hatte selbst erlebt, wie es ist, wenn jemand gerade mitten in einer Krise steckt. Wenn unser Tief länger anhält, sollten wir unsere Erwartungen anderen Menschen gegenüber zurückschrauben und dazu übergehen, den Großteil unseres Schmerzes dem Göttlichen anzuvertrauen. Er/Sie/Es weiß damit umzugehen.

Meine Eltern sagten immer: »Bleibe niemandem etwas schuldig. Borge nicht und leihe nicht.« Haben wir Angst, ausgenutzt zu werden, wenn wir andere um Hilfe bitten oder uns helfen lassen? Haben wir Angst, dann in der schwächeren Position zu sein? Eine solche Befürchtung ist nicht völlig unbegründet. Manche Leute nutzen tatsächlich andere aus. Und schon manche hat so viel gegeben, bis sie selbst nicht mehr konnte. »Jede Frau braucht eine Botin der Lebenskunst, die ihr von Zeit zu Zeit mahnend die Hand auf die Schulter legt und sagt: ›He du, mach langsam! Jetzt hast du erst mal genug gegeben!‹« Erschrocken nehme ich die Hände von der Tastatur: Sie schreibt allein weiter! Ich sehe mich um und suche nach BL, und plötzlich fällt mir auf, daß die Lautsprecher, die rechts und links neben meinem Bildschirm stehen, mir entgegengrinsen. »Hallo, BL! Wie geht es dir?« tippe ich, um sie zu begrüßen.

Sie schreibt: »Bravo! Du hast mich empfangen. Du hast mich eingelassen.«

»Du bist eine Phantasiefigur, falls du es vergessen haben solltest«, entgegne ich. »Welche Bedrohung sollte schon von dir ausgehen? Echtes Annehmen geschieht in der Gemeinschaft. Und davor hab ich Angst! Es ist mir zu intim, es ist mir unangenehm, ich finde es fast bedrohlich, denn es löst in mir das Gefühl aus, abhängig, verletzlich und hilfsbedürftig zu sein. Weiße aus bürgerlichen Verhältnissen tun sich schwer mit der Gemeinschaft, und es fällt ihnen schwer anzunehmen. Das ist der Grund, warum wir einen solchen Wert auf unser eigenes Auto und unseren Gartenzaun legen.«

BL tippt schnell. Ich beobachte die Tastatur und staune. Ich frage mich, ob ich sie überreden soll, den Rest des Buches für mich zu schreiben. »Mit mir ist es genauso intim, unangenehm und bedrohlich wie mit den anderen«, schreibt sie. »Falls du das noch nicht bemerkt haben solltest, wirst du es bald erkennen.« Ich fange an, nervös zu werden. Nach einer kurzen Pause fährt sie fort: »Du brauchst die Gemeinschaft. Sie ist lebenswichtig. Wir alle sehnen uns nach Zugehörigkeit.«

»Sich danach zu sehnen und sie zu erleben sind zwei verschiedene Dinge. Uns in die Gemeinschaft zu begeben bedeutet, den anderen zu erlauben, uns nackt und ungeschminkt zu sehen.«

»Das stimmt. Du mußt bereit sein, deine Maske abzunehmen. Du mußt darauf gefaßt sein, daß die anderen dich von deiner schlechten Seite sehen. Das ist es, was den meisten von uns schwerfällt: die schlechten Seiten des anderen zu sehen und trotzdem zu bleiben. Viele rennen viel zu schnell davon.«

»Woher soll ich wissen, daß du nicht auch bald davonläufst?« schreibe ich wütend zurück und stelle erst nach einer kurzen Pause fest, was ich geschrieben habe.

Die Tastatur ist eine Weile still. Ich bin in Versuchung, etwas Entschuldigendes zu tippen wie: »Ich weiß, daß du bei mir bleibst«, dann kommt ihre Antwort:

»Ich werde so lange bei dir bleiben, wie du dich selbst nicht im Stich läßt. Dein Inneres hält zu dir, auch wenn die anderen dich verlassen oder du sie verläßt – wenn du dein Leben von innen heraus gestaltest und wenn du dir erlaubst anzunehmen.« BL macht wieder eine Pause. Ich schließe die Augen und atme ihre Worte ein. Dann höre ich die Tasten wieder klicken. »Was wäre, wenn Gott durch deine Freunde und deine Nachbarn zu dir spräche und für dich sorgte? Was wäre, wenn die Hilfe, die dir angeboten wird, nicht anzunehmen bedeutete, Gottes Liebe zurückzuweisen? Wenn du das nicht glauben kannst, dann laß dir zumindest so viel sagen: Wenn du nicht annehmen und nicht um Hilfe bitten willst, dann weist du die Liebe und die Fürsorge ab, die ein anderer dir schenken möchte. Du enthältst dir etwas vor. Und du machst dir das Leben schwerer, als es sein müßte. Jeder hat etwas anzubieten. Auch du!«

Ich schaukle auf meinem Schreibtischstuhl hin und her und lasse ihre Worte auf mich wirken.

»Es ist verdammt eng hier drin, meine Liebe. Ich sag dir jetzt noch eines, bevor ich gehe: In diesem Punkt habt ihr keine Wahl! Ihr schafft es nicht allein!«

Die Tastatur steht still. Ich spüre mittlerweile, wann BL da ist und wann sie plötzlich verschwunden ist. Wo sie wohl hingeht? Ich stehe auf, strecke mich und schaue aus dem Fenster.

Meine Freundin fährt vor. Ich hatte vergessen, daß sie kommen wollte, um sich für eine Hochzeit am kommenden Wochenende etwas zum Anziehen auszuborgen. Sie klopft, öffnet die Tür und findet mich in meinem Büro. Sie sieht mich fragend an: »Bist du okay?«

»Kannst du mich umarmen?«

Laß die Liebe rein, Jennifer. Laß sie rein!

Bevor ich mit ihr nach unten gehe, um meinen Kleiderschrank zu durchstöbern, schreibe ich noch folgendes: »Annehmen ist die Voraussetzung dafür, daß unser Leben sich entfalten kann. Wenn wir nicht annehmen, kommen wir nicht weiter.«

Was habe ich mir in den letzten Tagen erlaubt anzunehmen?

Einen Moment der Gnade; Blickkontakt mit einem Fremden; das gute Gefühl, eine Arbeit beendet zu haben?

Was hätte ich mir gern erlaubt anzunehmen?

»Kannst du mich hören, wenn ich sage: ›Du wunderbares Wesen. Weißt du, daß du einzigartig bist? Warum genießt du es nicht einfach, nicht vollkommen, sondern im Entstehen begriffen zu sein? Mir gefällst du, wie du bist!‹ « BL schickt dir dieses Lob, eingehüllt in einen milden Rosen-Grapefruit-Duft. Es schmiegt sich um deinen Körper und um deine Seele. Atme es ein.

Welche bestimmte Einsicht versuche ich in diesen Tagen in mein Leben zu integrieren? Bin ich für eine neue bereit? Soll ich die, mit der ich bisher gearbeitet habe, neu formulieren, oder soll ich einfach in kleinen Schritten weitergehen?

Was geschieht, wenn du deine Einsicht mit deiner Absicht kombinierst?

Wie oft greife ich zur Zeit zu Ersatzbefriedigungen?

Je mehr sich in deinem Leben ändert, desto mehr wirst du mit den Dingen konfrontiert, die du zu überwinden suchst. Wenn du unter Anfällen leidest, in denen du immer wieder Ersatzbefriedigungen suchst, dann kannst du das als Rückschritt deuten – du kannst es aber auch als Chance sehen, alte Verhaltensweisen abzulegen und dich für den Weg des Lernens und der Selbst-Liebe zu entscheiden. Als ich anfing, es so zu sehen, hat sich eine Menge bei mir getan. Wenn ich etwas aß, das nicht gut für meinen Körper war, sah ich es nicht als Hinweis auf mangelnde Charakterstärke, sondern als Gelegenheit, zu lernen und mich selbst zu lieben. Und das hat gewirkt.

Wie »hungrig« sind meine Zeitkiller?

Im Green River in Utah leben viele große Welse. Diese schnurrbärtigen Ungeheuer kommen in ganzen Schwärmen an die Oberfläche und machen häßliche, schmatzende Geräusche, während sie versuchen, alles Eßbare zu verschlingen. Zeitkiller sind diesen Fischen ziemlich ähnlich.

Fair play in der Beziehung

Für viele Frauen werden Frauenfreundschaften heute immer wichtiger. Mir sind meine Freundinnen und meine Frauengruppe fast genauso wichtig wie die Beziehung zu meinem Partner.

Unsere Freundschaften helfen uns, unser Leben zu gestalten. Sie halten uns, wie Spiegel, unsere Möglichkeiten vor Augen, und sie unterstützen uns, wenn wir in unseren Bemühungen, uns zu entfalten, ins Stolpern kommen. Beziehungen zwischen Mann und Frau können dies auch leisten, tun es allerdings oft auf eine (vorsichtig ausgedrückt) eher beunruhigende und konfliktgeladene Art und Weise. Die Bereiche, in denen unser unbändiges inneres Verlangen mit dem unbändigen inneren Verlangen unseres Partners zusammentrifft, in denen unsere Widerstände und unsere Gleichgültigkeit sich begegnen, sind es, in denen viele von uns ins Stolpern kommen. Nur zwei Dinge fallen uns noch schwerer: Kinder großziehen oder für einen alten Vater oder eine alte Mutter sorgen.

Eine Frau, die von Sherry Anderson und Patricia Hopkins in *The Feminine Face of God* zitiert wurde, sagte über ihre fast vierzigjährige Ehe: »Erst vor kurzem ist mir bewußt geworden, wie subtil und geschickt ich mein Leben eingerichtet hatte, um die Sicherheit dieser Beziehung nicht zu verlieren.« Was Anderson und Hopkins herausgefunden haben, hat mich jahrelang verfolgt. »Obwohl bis auf drei alle Frauen, die wir interviewten, zumindest einmal verheiratet gewesen waren, waren über 70 Prozent der Ehen geschieden worden und lebten weniger als ein Drittel der Frauen zum Zeitpunkt unseres Gespräches in einer ehelichen oder eheähnlichen Beziehung . . . Was geschieht in unserer männlich dominierten Gesellschaft, wenn Frauen sich ihren Männern nicht länger unterordnen wollen oder müssen? Was geschieht, wenn wir nicht länger bereit sind, uns anzupassen oder unserem Partner zuliebe unsere Prioritäten neu zu setzen? Ist das, was Mann-Frau-Beziehungen bisher zusammenhielt, in Auflösung begriffen? Zum jetzigen Zeitpunkt und vor dem Hintergrund unserer Untersuchungen lautet die Antwort ›ja‹.«[36]

Wenn wir unser Leben in die eigene Hand genommen haben, wenn Lauschen für uns zur Selbstverständlichkeit geworden ist, dann kommt der Punkt, an dem wir nicht mehr bereit oder nicht mehr in der Lage sind, unsere Persönlichkeit zurückzustellen oder anzupassen, um besser mit unserem Mann oder mit unserem Partner auszukommen. Wenn wir es täten, wäre es Verrat an uns und unserem Weg, den zu erkennen und treu zu befolgen wir uns so sehr bemüht haben. Wenn die Vorstellung von Mann-Frau-Beziehungen, mit der die meisten von uns aufgewachsen sind, beinhaltet, daß die Frau sich dem Mann – mehr oder weniger offen – unterzuordnen hat, wie können wir dann eine Beziehung zu einem Mann aufrechterhalten? Und wie können wir uns Frauen zum Vorbild nehmen, die ihren Weg gegangen sind, der sie in eine ungewollte Partnerlosigkeit geführt hat?

Ich habe nie geglaubt, daß wir unbedingt einen Partner brauchen, um uns ganz fühlen zu können. Ich verstehe meine Freundinnen, die es vorziehen, allein zu leben. Und manchmal bin ich sogar auf sie neidisch. Aber für alle Frauen, die in einer Beziehung sind und bleiben möchten, gibt es eine Frage von großer Dringlichkeit: »Wie kann ich in der Beziehung bleiben *und* mir und meinem sich entfaltenden Selbst treu sein?«

Ich glaubte, wir hätten diese Frage schon zu Anfang unserer Ehe geklärt. Ich glaubte, ich wäre mir und Chris wäre sich treu. Ich hatte mich nicht untergeordnet. Ich hatte gedacht, wir hätten unsere Beziehung so gestaltet, daß wir beide gleichberechtigt wären und uns beide optimal entfalten könnten.

Aber in den letzten zwei Jahren hat sich herausgestellt, daß wir einfach nur die Rollen getauscht hatten. Chris hatte versucht, sich mir anzupassen, anstatt daß wir *beide* versucht hätten, uns aneinander anzupassen. Chris hat mein großes Bedürfnis nach Gleichberechtigung damit beantwortet, daß er darauf verzichtete, sich beruflich voll zu entfalten und damit auch, zu einem gewissen Grad, seine männliche Identität zu realisieren. Die Arbeit hat für uns beide einen hohen Stellenwert. Sie ist für uns das Mittel, durch das wir mit der Welt in Verbindung treten. Es geht also um einiges. Arbeit ist für uns mehr als Karriere-Machen und mehr als bloß ein Job. Sie ist, neben dem Elternsein, das, was unserem Leben seinen Sinn verleiht. Wir haben beide damit zu kämpfen, das Gleichgewicht zwischen Elternsein, Kreativsein und Geldverdienen zu halten, aber durch meine Arbeit wurde Chris' berufliche Passion auf den zweiten Platz gedrängt – weil ich mehr Geld verdiene.

Verschiedene Faktoren sind hier im Spiel. Die herrschende Vorstellung, daß der Partner, der mehr verdient, an erster Stelle kommt, ist einer davon. Wer mehr verdient, darf sich Ruhe gönnen, wenn die Arbeit erfolgreich abgeschlossen ist. Wer mehr verdient, darf nach einem langen Arbeitstag Fahrrad fahren und das Vater- oder Muttersein als Nebenbei-Verpflichtung ansehen. Ein anderer Faktor ist: Schön, wenn unsere Arbeit uns erfüllt, aber wir müssen auch darauf achten, daß wir genug Geld verdienen, um unsere Rechnungen zu bezahlen. Und noch etwas ist mir klargeworden: Diese Dinge waren nur an der Oberfläche von Bedeutung. Dahinter steckte meine Angst, die ich hinter meinen feministischen Ambitionen zu verbergen suchte. Ich wollte mich vor ihr verstecken. Und was war es, das ich so fürchtete? Daß meine Arbeit nicht wirklich Arbeit sei. Und deshalb mußte ich sie verteidigen, um jeden Preis. Ähnlich wie die Angst, mich hinzugeben, meiner religiösen Entwicklung im Wege stand, ging es mir mit Chris: Was mich davon abhielt, mich auf seine Bedürfnisse einzulassen, war die Angst, daß ich dann meine beruflichen Interessen nicht mehr verfolgen könnte. Nicht, daß er mich daran hindern würde. *Ich* würde mich daran hindern! Ich habe mich in bezug auf meine kreative Tätigkeit von jeher unsicher gefühlt: »Bin ich wirklich eine Schriftstellerin?«, was übersetzt soviel heißt wie: »Bin ich wirklich erwachsen und verantwortlich und fähig, mein Leben zu gestalten? Würde ich es schaffen, einen Sinn in meinem Leben zu erkennen, wenn meine Bücher nicht veröffentlicht würden?« Wenn mich jemand während meiner Arbeitszeit anrief (warum ging ich überhaupt ans Telefon?) oder zum Mittagessen einlud, fühlte ich mich gestört, und oft wurde ich sogar wütend und beschwerte mich bei Chris: »Glauben die vielleicht, ich habe nichts zu tun?« Jennifer, hör auf, dich ständig zu beschweren.

Mein Feminismus hat unsere Beziehung in eine Zwangsjacke gepreßt und dadurch den »Flow« und das ständige Aneinander-Anpassen, das das Kennzeichen jeder festen Bindung ist, erheblich behindert. Und meine legitime Forderung nach Gleichberechtigung hat mich dazu verleitet, mich vor der größeren emotionalen und spirituellen Herausforderung zu drücken, die darin besteht herauszufinden, wann es gut ist, auf den anderen zu achten, und wann es wichtig ist, die eigenen Interessen zu vertreten – und weder die dominante Haltung einzunehmen, noch in die Abhängigkeit zu gehen. Und auch das erfaßt es noch nicht ganz. Am Anfang unserer Ehe habe ich nicht deswegen Gleichberechtigung gefordert, weil ich Angst gehabt hätte, mein Leben nicht in der Hand zu haben. Ich habe sie gefordert, weil ich wußte, daß sie nicht von selbst entstehen würde, weil in unserer Gesellschaft die gleichberechtigte Beziehung noch nicht kulturell verankert ist. Ich hatte das Gefühl, daß es wichtig sei, im Anfang besonders darauf zu pochen. Mein Beharren auf Gleichberechtigung wurde erst dann zum Problem, als ich begann, mehr Geld zu verdienen als Chris (wobei die Arbeit uns beiden gleich viel bedeutete), als die Frage hinzukam, wer wann auf Lilly aufpassen würde, und meine Angst, nicht ernst genommen zu werden.

Ich glaube, daß es einen Sinn hat, daß Chris und ich zusammen sind. Unsere Schutzengel wollten es so. Oder profaner ausgedrückt: Wir sind zusammen, weil wir vieles voneinander lernen können, das uns in unserem Wachstum unterstützt. Daher lerne ich, daran zu glauben, daß die Aufgaben, die unsere Beziehung an uns stellt, genauso wichtig für meine Entwicklung sind wie alles andere auch. In der Vergangenheit habe ich dazu beigetragen, unsere Beziehungsschwierigkeiten zu verstärken, weil ich glaubte, daß die Beschäftigung mit mir und meiner kreativen Tätigkeit wichtiger für meine Entwicklung sei als der Beziehungstango, den Chris und ich miteinander tanzen – das geheimnisvolle Kräftespiel, das sich ergibt, wenn zwei Menschen sich vorgenommen haben, eine bewußte Beziehung einzugehen. Ich mußte tun, was Sheila getan hatte, die ich weiter oben zitierte: »Irgendwann erkannte ich, daß gut zu mir sein mehr bedeutet, als mich ab und zu verwöhnen. Es ist eine Lebenseinstellung. Da war für mich die Zeit gekommen, etwas, das mir guttut, auch mit anderen zu tun, als Teil unserer Beziehung.« Ich mußte lernen, *durch* meine Beziehung zu Chris mit meiner kreativen Quelle in Verbindung zu treten und aus ihr Kraft zu schöpfen, statt wie bisher außerhalb von ihr. Hört sich das nicht an wie ein Rückschritt in jene Zeit, in der Frauen ihre kreativen Bedürfnisse durch ihren Mann befriedigten, und Männer den Zugang zu ihren Emotionen durch die Frauen fanden? Was mich anbelangt, gab es ein paar wesentliche Unterschiede. Ich hatte und habe eine eigene Quelle, aus der meine Kreativität sich speist, und ich spürte, wie sie mir als Ausgangspunkt für einen echten Austausch von Geben und Nehmen in unserer Beziehung dienen konnte. Ich wußte mittlerweile, daß ich gut genug war und daß ich in der Lage war, mein Leben selbst zu erschaffen. Also brauchte ich mich nicht länger ängstlich zu verteidigen. Ich konnte jetzt meine persönlichen Interessen wenn nötig zum Wohl unserer Beziehung zurückstellen. Ich wollte immer noch herausfinden, was richtig oder *fair* war. Aber die richtige Antwort gibt es ja bekanntlich nicht – es ist weder deine noch meine, es sind unsere.

**Wo beschneide und enge ich mein Leben ein,
damit es besser zu dem Leben eines anderen paßt?**

Zum Leben deiner Eltern, deines Chefs, deiner Schwester, deines Bruders, der Kirche, deines Partners, deines Geschäftspartners . . . ?

**Wo enge ich jemanden ein, damit sein Leben
besser zu meinem paßt?**

Geh dieselbe Liste durch.

Welche Absicht verfolge ich damit?

BL flüstert: »Nimm diese Frage nicht zu ernst. Und laß dir Zeit, sie zu beantworten. Laß sie einfach auf dich wirken: ›Warum engst du andere ein? Warum läßt du dich einengen?‹ Vielleicht willst du es so. Vielleicht geht es nicht anders. Was ich von dir will, ist, daß du es dir vorsichtig bewußtmachst.«

**Welcher Sehnsucht gebe ich die Möglichkeit zu wachsen?
Hilft meine Absicht meiner Sehnsucht, sich zu entfalten?**

Geld, Liebe und . . .

Was ich noch lernen mußte: Wer in der Beziehung mehr verdient, trägt die größere Verantwortung, dafür zu sorgen, daß sein unbändiges Verlangen dasjenige des Partners nicht überrollt. Wir leben in einer Welt, in der Geld mehr bedeutet als alles andere, auch wenn wir noch so viele Pressekonferenzen abhalten, um zu demonstrieren, wie wichtig die Familie ist. Die Gleichung ist einfach, gefährlich und trotzdem überzeugend: Wer mehr Geld nach Hause bringt, dessen Zeit ist wichtiger. Wenn uns daran gelegen ist, unser Leben gemeinsam zu erschaffen, müssen wir uns bemühen, diesen Glaubenssatz aus unseren Paar-Beziehungen herauszuhalten.

Die andere Seite der Medaille ist: Wenn du weniger verdienst, mußt du darauf achten, daß du nicht den Glauben in dir nährst, deine Zeit sei weniger wert als die deines Partners – was sich zum Beispiel darin äußert, daß du dir weniger Zeit für dich selbst nimmst oder daß du dich weniger um dein Innenleben kümmerst. Wenn du weniger verdienst, dann übernimm die Verantwortung und sag: »Mein Weg zählt genausoviel wie deiner, auch wenn er zur Zeit vielleicht langsamer und stiller verläuft und weniger oder gar nichts einbringt.« Wir können unsere Zeit gegen Geld eintauschen, wir können sie aber auch darauf verwenden, unsere Kinder oder unsere alte Mutter zu betreuen, unser Haus zu bauen oder die Finanzen zu verwalten. Beides ist gleich viel wert. Und die Zeit, die übrigbleibt, wenn diese Arbeiten getan sind, wird auch gerecht geteilt.

Das hört sich gut an. Aber was ist, wenn die Arbeit so viel Zeit in Anspruch nimmt, daß nichts übrigbleibt, was man teilen könnte? Pamela liebt ihren Mann, sie liebt ihre Kinder, sie schafft es, zwei Jobs unter einen Hut zu bringen, aber sie sieht ihren Mann fast nie, weil sein Beruf ihn so sehr beansprucht. Pamela ärgert sich darüber, es wird ihr zuviel, und sie weiß nicht, was sie unternehmen soll. »Ich will ihn nicht verlassen, nur weil er zuviel arbeitet, aber so weitermachen will ich auch nicht. Ich will anders leben«, sagt sie. Pamela sehnt sich danach, mehr Zeit für sich und mehr Zeit für ihre Kinder zu haben, aber die Arbeit ihres Mannes läßt das nicht zu.

Oder Petra. Sie hatte einen tollen, aber anstrengenden Beruf, und in der Zeit, als sie mit ihrer Tochter allein lebte, litt sie darunter. Als ihre Tochter acht Jahre war, heiratete Petra wieder, und sie bekam ein zweites Kind. Da ihr Mann beruflich ebenso erfolgreich war, entschloß sich Petra, zu kündigen. Sie war froh, sich von nun an ganz ihren Kindern und ihrem Mann widmen zu können. Ihr zweites Kind kommt mittlerweile ins Gymnasium, und inzwischen ist ihr Mann unzufrieden mit seinem Beruf. Er sehnt sich nach einer anderen Tätigkeit, aber er hat Angst, daß er dann weniger verdient und den Lebensstandard, an den sie sich gewöhnt haben, nicht aufrechterhalten kann. (Er ist nicht übertrieben hoch, aber man gibt halt nicht gern etwas auf.) Petra möchte nicht mehr außer Haus arbeiten. Für sie sind Gleichgewicht und spirituelles Wachstum das Wichtigste geworden. Sein unbändiges Verlangen könnte es jedoch eines Tages nötig machen, daß sie sich wieder eine Arbeit sucht. Seine Aufgabe ist es, sich klarzumachen, was er will. Ihre Aufgabe ist es, ihm *und* sich zuzuhören. Gemeinsam müssen sie so stark sein, Antworten wie »Ich sollte dieses oder jenes tun« oder »Ich sollte nicht so fühlen« *nicht* zu akzeptieren und eine Situation zu schaffen, die beiden ermöglicht, sich zu entfalten.

Wessen Weg ist wichtiger? Und wie gelingt es dir, deine Sehnsucht mit den ökonomischen Notwendigkeiten oder mit den Bedürfnissen deines Partners zu vereinbaren? Wenn es eine einfache, konkrete Antwort gäbe, hätte ich dieses Buch nicht zu schreiben brauchen. Wohl aber gibt es gewisse Muster:

- Frauen sind sehr schnell bereit, ihre Interessen und Ziele zurückzustellen.
- Männer und Frauen machen sich oft nicht bewußt, wonach sie sich wirklich sehnen.

- Paare sprechen oft nicht über dieses Thema, was leicht zum Abstumpfen ihrer Beziehung führen kann. Männer sehen sich gern in der Rolle des Ernährers, und es fällt ihnen nicht leicht zu sagen: »Es wäre nötig, daß du auch etwas verdienst.«
- Umgekehrt sind Frauen oft nicht in der Lage zu sagen: »Du bist nicht wichtiger, nur weil du mehr verdienst.«
- Wenn Kinder kommen, stellen wir immer noch die Frage: »Wird Mami weiter arbeiten, oder wird sie zu Hause bleiben?«, und: »Wird unser Kind darunter leiden, wenn Mami arbeitet?« Statt dessen sollten wir uns fragen: »Wer arbeitet wann?« bzw. »Welche Bedingungen müssen geschaffen werden, um Familien zu unterstützen, damit Mütter nicht auf ihre berufliche Entfaltung verzichten müssen?« Wir müssen die Frage, ob Mütter arbeiten oder zu Hause bleiben sollen, überwinden und in einen Dialog eintreten, der der Frage nachgeht: »Wie ist es möglich, Balance und Unterstützung für Mütter *und* Väter herbeizuführen?«
- Und noch ein Muster: »Wir müssen lernen, Opfer zu bringen und uns zu fragen: ›Was ist auf lange Sicht gesehen wichtig?‹ Wir können Pläne und Träume haben und trotzdem dazu bereit sein, sie auf später zu verschieben, um jetzt unsere Familie zu versorgen oder unseren Partner darin zu unterstützen, seine Pläne zu verwirklichen.« In Ordnung, solange dies bewußt geschieht, und zwar auf *beiden* Seiten, und solange es dir nicht das Herz bricht. Zu oft ist es allerdings so, daß Mami immer zuletzt drankommt. Inakzeptabel!

Wir haben uns unsere/n Partner/in ausgesucht. Wir können die Entscheidung rückgängig machen, oder wir können daran glauben, daß es einen Grund gibt, warum wir zusammen sind. Die Arbeit, die wir in die Beziehung investieren, und die Kompromisse, die wir zu schließen bereit sind, tragen wesentlich zu unserer Entwicklung bei. Es so zu sehen heißt, zu glauben – an dich selbst und an deinen Partner. Es heißt daran zu glauben, daß wir unsere Beziehung so gestalten können, daß sie von innen heraus fair ist.

Was sollte ich in den nächsten Tagen tun, um die Frau zu unterstützen, zu der ich mich gegenwärtig entwickle?

Weißt du noch nicht, wohin du dich entwickelst? Glaubst du, daß es ewig dauern wird, bis du diejenige geworden bist, die du werden möchtest? Das ist kein Grund, jetzt nichts für dich und deine Entwicklung zu tun. Würde BL aufgeben? »Du weißt, daß ich es nie tun würde!« erklingt ihre Stimme von Gott-weiß-Woher.

Fällt es mir jetzt leichter, mich zu entspannen und gut zu mir zu sein? Wie steht es mit den Hindernissen, die mich früher davon abgehalten haben? Haben sie sich verändert? Haben sie sich aufgelöst? Haben sie sich verstärkt, oder sind sie gleich geblieben?

Sieh das Buch noch einmal durch, und frag dich: Was hat sich verändert? Was hat mir geholfen? Welchen kleinen Schritt könnte ich jetzt unternehmen, um diese Hindernisse weiter abzubauen?

Was sollte ich mir verzeihen? Was sollte ich jemand anderem verzeihen?

Auch Verzeihen ist ein Prozeß, und manchmal sind viele kleine Schritte nötig, bis wir uns oder einem anderen Menschen wirklich verziehen haben. Wenn du immer wieder einen neuen Anlauf nimmst und die Tür nicht zuschlägst, rückst du dem Verzeihen jedesmal ein Stückchen näher.

35

**Welchen transformierenden »Wohlfühlfee-Gedanken«
kann ich in den nächsten Tagen in meinem Herzen tragen?**

Domenica gab mir folgende Affirmation: »Wann immer ich in eine belastende oder übermäßig aufregende Situation gerate, bete ich und bitte ich um Hilfe.« Auch deine Absicht kann dich zu einem wohltuenden Gedanken inspirieren.

Tu dir gut
Frauen berichten III

Wir zünden die Kerzen an und machen es uns auf der Couch bequem. Wir empfinden tiefe Dankbarkeit, daß wir wieder in die Stille eintauchen und den Geschichten lauschen dürfen. Wir sitzen eine Weile schweigend da und hören uns an, was unser Inneres erzählt. Und wir spüren, daß wir jetzt nur eines wollen: hier sein. Nach einer Weile beginnt eine Frau zu sprechen.

»Wir machten eine Winterwanderung in einem abgelegenen Gebiet, und da haben meine sechsjährige Tochter und ich den Weg verloren. Wir hatten uns von meinem Mann getrennt, um einen kleinen Gipfel in der Nähe zu besteigen. Wir fingen an zu spielen und hüpften zwischen Felsen umher, und dann hatten wir uns plötzlich verirrt. Wir wußten nicht, wie wir den Rückweg finden sollten. Es war schon später Nachmittag, und die Schatten wurden immer länger. In einer Stunde würde es dunkel sein, und die Temperatur würde rapide fallen. ›Wir sind verloren!‹ dachte ich. Und ich hatte meine Tochter bei mir! Wir riefen nach meinem Mann, und ich war wie gelähmt vor Furcht. Trotzdem versuchte ich zu lauschen. Ich wußte,

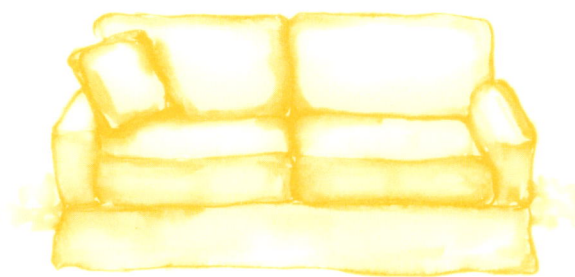

daß es nur eins gab, was uns jetzt noch retten konnte: die Stille, mit der ich mich schon seit einiger Zeit angefreundet hatte, zu verstehen, statt vor ihr davonzulaufen. Ich hatte gelernt, ihr zuzuhören und auf ihre Führung zu vertrauen. Auch wenn ich äußerlich in diesem Augenblick verzweifelt war, spürte ich innerlich den festen Boden meiner Seele unter den Füßen. Langsam drehte ich mich um und spürte, wie der Wind mir ins Gesicht blies. Der Wind . . . Ich stand da und ließ seine stille Kraft in meine Stille sinken. Ich wartete. Ich spürte ihn auf meiner linken Wange, und plötzlich fiel mir ein, daß ich ihn beim Aufstieg auch auf der linken Seite gespürt hatte. Und da wußte ich, daß ich mich nur zu drehen brauchte, bis ich ihn an der rechten Wange spüren würde. Und so fanden wir zurück. Es erfüllte mich mit Erstaunen und mit großer Ehrfurcht, daß meine innere Stille uns den Weg zurück gewiesen hatte. Zum ersten Mal in meinem Leben hatte ich mein Leben und das Leben meiner Tochter meiner inneren Stille restlos anvertraut. Und sie hat uns gerettet.«

Schweigen erfüllt den Raum. Jemand reicht eine Flasche Mineralwasser herum. Wir warten, bis die nächste Frau bereit ist, ihre Geschichte zu erzählen.

»Es war mal wieder so ein Tag, an dem ich mich über alles beschwerte, was mich an meiner Arbeit stört. Das übliche: ›Ich bekomme nichts geschafft‹, ›Es wird mir zuviel‹ «, beginnt Anna und schiebt die Kissen hinter sich zurecht. »Ich lief einer Klientin nach, die etwas liegengelassen hatte. Es war ziemlich windig draußen, und die jungen Bäume wurden hin und her gepeitscht. Als ich zurück zum Haus ging, fiel mir auf, daß einer der Bäume sich nicht vom Wind verbiegen ließ, sondern ihm trotzte. Er ragte heraus. Er hielt dem Wind stand, obwohl er heftig wehte. Dieses Bild löste etwas in mir aus, und ich spürte: Das kann ich auch. In diesem Moment entschloß ich mich, zu der Ruhe in mir zurückzufinden und sie zu bewahren, auch wenn es draußen stürmisch zuging, ob es die Kinder waren, die sich gegenseitig fast den Hals umdrehen, oder ein Berg schmutziger Wäsche. Ich war sehr dankbar, als ich ins Haus ging und die Tür hinter mir schloß.«

In diesem Augenblick versetzt der Wind, der schon den ganzen Abend an den Fenstern gerüttelt hatte, der Verandatür einen Stoß. Die

Frauen lachen, und eine sagt: »Heute ist der Abend der Wind-Geschichten.«

»Ich habe erst kürzlich eine Wind-Geschichte gelesen«, erzähle ich. »Es ist eine Sufi-Geschichte aus Idries Shahs Buch *Das Geheimnis der Derwische.* Es ist die Geschichte von Fatima, die folgendes erlebt: Fatima hatte viele Jahre gemeinsam mit ihrem Vater gearbeitet und Wolle gesponnen und mit wunderschönen, exotischen Farben gefärbt. Eines Tages sagte ihr Vater: ›Fatima, du hast viel gearbeitet. Jetzt müssen wir uns auf die Reise machen und deine Ware verkaufen. Vielleicht finden wir auf dieser Reise einen netten jungen Mann für dich.‹ Voller Hoffnung stachen sie in See. Kurz vor der Küste Kretas gerieten sie in einen Sturm, und das Schiff zerschellte an einer Klippe. Alle kamen dabei ums Leben – bis auf Fatima, die in der Nähe von Alexandria ans Ufer gespült wurde. Sie wurde von einer Weberfamilie aufgenommen, und dort erlernte sie die Webkunst. Ein paar Jahre später hatte sie sich ihr Leben wieder eingerichtet. Doch eines Tages, als sie am Strand war, wurde sie von Sklavenhändlern entführt und nach Istanbul gebracht. Zum zweiten Mal hatte sie alles verloren.

Ein Mastbauer, der es gut meinte, erbarmte sich ihrer und kaufte sie, weil er dachte, daß sie es bei ihm besser haben würde als bei einem anderen. So erlernte Fatima das Mastbauer-Handwerk.

Fatima arbeitete so hart, daß der Mastbauer ihr bald die Freiheit schenkte. Wieder richtete sie sich in einem neuen Leben ein. Eines Tages sagte der Mastbauer: ›Fatima, nimm diese Schiffsmaste, und verkaufe sie in Java um einen guten Preis.‹ Sie machte sich auf den Weg, aber vor der Küste Chinas geriet ihr Schiff erneut in einen Sturm und sank. Fatima beklagte ihr Schicksal und daß ihr nichts gelingen wolle, wie sehr sie sich auch bemühe.

Was sie nicht wußte, war, daß es in China eine Sage gab, die davon berichtete, daß eines Tages eine außergewöhnliche Frau die Küste erreichen und ein außergewöhnliches Bauwerk errichten würde, wie es noch niemand je gesehen hatte, nämlich ein Zelt. Von Zeit zu Zeit sandte der Kaiser Kundschafter an den Strand, die nach der Frau suchen sollten, von der die Sage sprach. Einer dieser Kundschafter beobachtete, wie Fatima dem Meer entstieg und ihre Faust gegen Gott erhob. Er eilte zu ihr und sagte: ›Komm mit an den Hof des Kaisers.‹

Als sie den Palast erreichten, sprach der Kaiser: ›Kannst du dieses wunderbare Bauwerk errichten, von dem wir schon so viel gehört haben? Es wird Zelt genannt.‹ ›Natürlich kann ich das‹, sagte Fatima, die auf ihren Reisen schon viele Zelte gesehen hatte. ›Dann tu es‹, sagte der Kaiser. ›Ich brauche einen festen Stoff‹, antwortete Fatima. ›Den haben wir nicht!‹ erwiderte der Kaiser. Fatima erinnerte sich daran, was sie bei den netten Webern in Alexandria gelernt hatte, und webte den Stoff selbst. Dann sagte sie: ›Ich brauche starke Seile.‹ ›Die haben wir nicht!‹ erwiderte der Kaiser abermals. Fatima erinnerte sich daran, was sie bei ihrem Vater gelernt hatte, und machte die Seile selbst. ›Nun brauche ich nur noch ein paar lange Stangen, dann kann ich das Zelt aufstellen‹, sagte sie. Aber erneut erwiderte der Kaiser: ›Die haben wir nicht!‹ Und Fatima erinnerte sich daran, was sie bei dem Mastbauer gelernt hatte, und machte die Stangen selbst.

Fatima, die auf ihren Reisen viele Zelte aufmerksam betrachtet hatte, errichtete das schönste Zelt, das man sich nur vorstellen konnte. Und der Kaiser sprach: ›Du hast eine große Tat vollbracht! Was wünschst du dir als Lohn?‹ Sie heiratete einen schönen Prinzen, bekam Kinder und erkannte: An jeder schwierigen Station ihres Lebens hatte sie etwas neues dazugelernt, das ihr schließlich ermöglichen sollte, ihr wahres Glück zu finden.«

Worüber denke ich nicht nach, weil mir die Zeit dazu fehlt?

Vielleicht ist es: »Soll ich mein Haus umschulden?«, oder: »Liebe ich meinen Partner noch?« Was immer es ist, wenn du möchtest, kannst du es jetzt beim Namen nennen.

Verursacht es Probleme in meinem Leben, daß ich keine Zeit habe, über _____ nachzudenken?

 BL bringt dir eine Tasse duftenden Tee. »Du weißt: Wenn du dein Leben von innen heraus gestalten möchtest, mußt du immer wieder innehalten, atmen und in dich gehen. Laß dich auf diese Frage ein, und denk daran, daß deine Ängste gute Freunde sind. Bleibe einfach eine Zeitlang in der Stille.«

Was kann ich für mich tun?

Kreativ: Wie wär's mit Blumenbinden; einer Collage aus Schlagzeilen, Ausschnitten aus Zeitschriften oder alten Horoskopen; oder einem Wohlfühl-Tagebuch, in dem du alles aufschreibst, was du gerne tust?

Kulturell: Wie wär's mit einem Besuch in der Bibliothek, einem Vortrag, einer Dichterlesung, einem Gesangsabend, einem Kellertheater, einem Messebesuch oder einer interessanten Biographie?

Freundschaft: Vielleicht hast du Lust, fünf FreundInnen eine Postkarte zu schreiben und ihnen für ein Geschenk zu danken. Oder vielleicht möchtest du eine Freundschaft beenden, unter der du angefangen hast zu leiden . . .

Die Kunst, deine Grenzen kreativ zu nützen

Ich stehe nackt im Badezimmer, weil ich unter die Dusche möchte. Ich betrachte mich in den beiden großen Spiegeln, die dazu dienen sollten, unser kleines Badezimmer geräumiger wirken zu lassen, die aber nur eins erreichen: daß ich dicker wirke.

Ich betrachte mein Knie, das zweimal operiert wurde, meine Schulter, einmal operiert, und meine Nebenhöhlen, die auch zum Ziel ungewollter chirurgischer Eingriffe geworden sind. Ich sehe, daß ich mich immer noch etwas auf die Seite lehne, um mein operiertes Knie zu schonen.

Die Badezimmertür öffnet sich einen Spalt und ein Zettel wird hereingeschoben, auf dem in goldenen Buchstaben geschrieben steht: »Nütze deine Grenzen.« Entweder hat Lilly über Nacht schreiben gelernt, oder BL spielt mal wieder einen ihrer Streiche.

Ich sehe in den Spiegel und erwidere: »Ich dachte, du würdest sagen: ›Liebe den Körper, den du bekommen hast.‹«

»Das ist dasselbe.«

Nach der Dusche steige ich in meine übliche Kleidung: eine bequeme Trainingshose und ein weißes Baumwoll-T-Shirt, heute eins, das lediglich zwei Flecken hat.

Als ich aus dem Badezimmer komme, sehe ich, daß BL mein Bett macht. »Was meinst du mit ›Nütze deine Grenzen‹?«

»Was machst du aus dem, was du mitbekommen hast? Ob es dir gefällt oder nicht: Deine Möglichkeiten sind begrenzt. Ich meine nicht Grenzen, die du dir selbst durch dein Denken setzt – die kannst du überwinden, wenn die Zeit reif ist und der Wille vorhanden (das heißt, wenn unbändiges Verlangen im Spiel ist). Deine Grenzen sind das, was deine Realität ausmacht. Du bist eine Frau. Du bist Mutter und

Ehefrau. Du hast einen bestimmten Körper, bestimmte Fähigkeiten, ein bestimmtes Maß an Intelligenz und einen bestimmten Vorrat an Energie. Es gibt Dinge, die werden sich niemals ändern. Wenn du das ignorierst, dann lebst du in der Verleugnung und übersiehst, wer du in Wahrheit bist.«

Ich lasse mich auf das frisch gemachte Bett fallen. »Das hört sich so unamerikanisch an! Ich bin überzeugt, Anthony Robbins und Stephen Covey würden uns verhaften lassen, wenn sie das wüßten. Ich will nicht an Grenzen denken, ich will von unbegrenzten Möglichkeiten träumen!«

BL legt sich neben mich. »Rabbi Akiba war ein legendärer Thora-Gelehrter des 1. Jahrhunderts«, sagt sie mit leiser, melodischer Stimme. »Er glaubte, eine der Kernaussagen der Bibel sei: ›Alles ist vorbestimmt, aber Erlaubnis wird erteilt.‹ Denk an letztes Wochenende, als Chris und Lilly weg waren. Du fandest die Vorstellung, endlich Zeit für dich zu haben, wunderbar. Du hast gedacht, du würdest zweieinhalb Tage ununterbrochen schreiben. Und was war?«

»Ich habe weniger geschrieben als normalerweise. Ich konnte es nicht mal genießen, allein zu sein. Aber so ist das eben mit uns Schriftstellerinnen: Wir wünschen uns, ungestört zu sein, und dann zupfen wir uns die Augenbrauen.«

»Neben deinem Bedürfnis nach regelmäßiger Schönheitspflege gibt es da noch ein Problem: deine unrealistischen Erwartungen!« BL beugt sich zu mir herüber und sieht nach, ob ich auch kein Härchen übersehen habe. Sie findet eins und reißt es aus. Sie hat eine gute Technik, denn es tut fast gar nicht weh. »Du hast dich daran gewöhnt, dich innerhalb der Grenzen zu bewegen, die dir dein Leben setzt: fünf Stunden Lilly, ständige Unterbrechungen, Chris' Stimme, die du aus seinem Arbeitszimmer hörst. Es hilft dir bei der Arbeit.«

Ich ziehe *Flow: The Psychology of Optimal Experience* von Mihaly und Isabella Csikszentmihalyi aus einem Stapel Bücher, der auf meinem Nachttisch liegt. »Ich lese hier über einen Professor Fausto Massimini, der sich mit dem Thema Querschnittlähmung beschäftigte, hauptsächlich bei jungen Unfallopfern. Er hat herausgefunden, ›daß eine große Anzahl der Betroffenen den Unfall, der die Querschnittlähmung verursachte, sowohl als eins der negativsten als auch als eins der positivsten

Ereignisse in ihrem Leben nennt. Der Grund, warum solche tragischen Ereignisse als positiv angesehen werden, ist, weil die Betroffenen sehr klare Zielvorstellungen entwickeln und sich die Zahl widersprüchlicher oder unwesentlicher Wünsche deutlich verringert. Die Patienten, die lernten, die Herausforderung ihrer Behinderung anzunehmen, fühlten einen so klaren Sinn in ihrem Leben, wie nie zuvor.[37]« Ich schließe das Buch. »Ihre Behinderung half ihnen, sich auf das Wesentliche zu konzentrieren, und machte sie zielstrebiger und geduldiger. Ein junger Mann sagte, er fühle sich wie neu geboren.«

»Paß auf, das klingt zu sehr nach Heilsarmee! So als ob es einfach super wäre, in einem Rollstuhl zu sitzen.«

»Das ist es natürlich nicht! Mir ist bewußt geworden, daß Grenzen oder, besser gesagt, die Einsicht, daß uns Grenzen gesetzt sind, uns helfen kann, etwas zu erschaffen oder zu gestalten.«

BL sieht sich in unserem halb renovierten Schlafzimmer um, das seit fast einem Jahr in diesem halbfertigen Zustand ist. »Grenzen helfen dir nicht nur, etwas zu erschaffen, sie sind die Bausteine, aus denen du etwas erschaffst. Sie sind Wegweiser. Sie sind die Form, in die du dich hineingießt.«

Ich fühle mich nicht besonders wohl. Ich liege still, atme und versuche, dem Gefühl zu folgen. »Und was ist mit den Milliarden Menschen auf der Welt, die in Not und Armut leben, in Kriegsgebieten oder in Flüchtlingslagern? Und mit den Menschen, die von ihren Eltern oder Ehepartnern mißhandelt werden, und den Kindern, die an Webstühle angekettet werden? Sind das auch Grenzen, die ihre Kreativität erhöhen?« frage ich mit vorwurfsvoller Stimme.

BL dreht sich auf die Seite und sieht mich an. »Die Mehrzahl der Menschen, die auf Erden lebt, hat keine Wahl. Sie können ihr Leben nicht gestalten, weil sie nicht genug zu essen haben. Millionen Menschen werden ausgebeutet von gigantischen internationalen Wirtschaftskonglomeraten, die sich auch von den Regierungen nichts mehr sagen lassen. Wir gestalten nicht alles, was uns das Leben bringt, ebensowenig aber ist alles vorherbestimmt. Wenn du dich von deinen Grenzen leiten lassen willst, dann mußt du lernen, zwischen Grenzen, Anschauungen und sozialer Benachteiligung zu unterscheiden. Deine Grenzen zeigen dir den Rahmen, innerhalb dessen du schöpferisch tätig werden kannst: deine Fähigkeiten, deine Interessen, deine Familie, deine Intelligenz. Deine Anschauungen sind innere Begrenzungen, mit denen du dich auseinandersetzen und die du oft auch überwinden kannst. Soziale Benachteiligungen sind Begrenzungen, die dir von einer ungerechten und gierigen Gesellschaft aufgezwungen werden, und wir müssen versuchen, sie zu überwinden – uns selbst *und* anderen zuliebe. Dr. Alison Eastbrook, die Ärztin, von der du erzählt hast, die Schwierigkeiten mit ihren männlichen Kollegen hatte, weil sie zur Leiterin der Frauenklinik ernannt worden war – das ist eine Schein-Grenze, die ihr von einem frauenfeindlichen männlichen Umfeld auferlegt wurde. Sie muß lernen, zu kämpfen und ihre Talente innerhalb ihrer Grenzen zu nutzen. Die Frau im Flüchtlingslager ist nicht wegen ihrer Grenzen dort. Die Frage lautet: Kann sie etwas daraus machen? Was können wir tun, damit etwas Tragisches sich zu etwas Gutem wendet? Wie können wir anderen helfen, etwas wiedergutzumachen? Wir haben viel, und wir tragen die Verantwortung gegenüber denen, die nichts besitzen. Eine Frau, die unter einem gewalttätigen Ehemann leidet, wird nicht versuchen, ihre seelischen und körperlichen Verletzungen kreativ zu nutzen, und sie wird auch nicht behaupten: ›Ich brauche das, weil das mein Weg ist.‹ Das wäre Masochismus. Aber sie kann wählen, welchen Sinn sie darin sieht, daß sie in dieser Beziehung war. Was zählt, ist, daß sie sie beendet und sich damit auseinandersetzt. Wenn sie glaubt, es sei ihr Schicksal, mißhandelt zu werden, verliert sie ihren freien Willen. Dann hat sie aufgegeben.«

»Ich verstehe, was du meinst«, sage ich. »Aber was mache ich damit?«

»Hier ist eine weitere Grenze: Jeder Tag hat 24 Stunden, und wir haben nur eine bestimmte Menge an Energie zur Verfügung. Ein grundlegender Aspekt der Aufgabe, dein Leben zu gestalten, ist, deinen Energiefluß kennenzulernen und zu lernen, wie du deine Energie immer wieder regenerieren kannst. Wir sind energetische Wesen. Das ist keine spirituelle Wunschvorstellung, das ist eine wissenschaftliche Tatsache. Wir müssen unseren Körper und seine Bedürfnisse respektieren. Wir müssen uns von den unrealistischen und abstumpfenden Forderungen, die wir uns selbst auferlegen, lösen. Es kann sein, daß du nur lernen mußt zu akzeptieren, daß die Dinge doppelt so lange dauern, wie du es gerne hättest, oder einzusehen, wieviel Schlaf du brauchst.«

»Die Frauen werden dieses Buch entsetzlich finden!« entgegne ich. »Sie wollen nicht hören, daß sie weniger tun sollen, sie wollen wissen, wie sie mehr tun und sich dabei super fühlen können.«

»Wenn du ständig versuchst, dein Bestes zu geben, wenn du dich ständig antreibst oder unter Druck setzt, dann wirst du nie das Leben finden, das dir entspricht. Du weißt aus eigener Erfahrung, was passiert, wenn du deine physischen Grenzen ignorierst. Und viele der Frauen, die du interviewt hast, haben dieselbe Erfahrung gemacht. Du kannst dein Leben nur dann gestalten, fruchtbringend gestalten oder ›manifestieren‹, wie es im New-Age heißt, wenn du deine Grenzen akzeptierst und ihnen bei der Gestaltung deines Lebens Rechnung trägst.«

»Was sind meine Grenzen?«

»Du brauchst ein bestimmtes Quantum Ruhe und Zeit für dich und deine Übungen. Du solltest bestimmte Nahrungsmittel meiden. Du hast ein Kind, also ist deine Arbeitszeit begrenzt. Du hast eine bestimmte Ausbildung und eine bestimmte Gehirnkapazität. Du hast bestimmte Schuldgefühle, und du bist leicht verletzlich. Du brauchst acht Stunden Schlaf und, und, und. Willst du mehr hören?«

Ich schüttle meinen Kopf. »Ich habe genug gehört. Ich verstehe, was du meinst.«

»Nein, du hast noch nicht genug gehört. Du kritisierst dich, weil du Grenzen hast. Warum? Deine Seele braucht sie, um die zu werden, die sie werden will. James Hillman sagt: ›Du findest dein Genie im Spiegel deines Lebens.‹ Manche Leute wissen das. Sie haben sich genau beobachtet, und sie haben ihr Leben so gestaltet, wie es zu ihnen paßt. Wenn du dich nach äußeren Kriterien richtest – weil deine Eltern es so wollen; weil es dumm wäre, wenn du nicht versuchen würdest, viel zu verdienen, oder weil du dich mit einem Filmstar vergleichst, der jede Menge Geld verdient, zwei Kinder hat und mit einem angesehenen Gehirnspezialisten verheiratet ist – und dir immer wieder sagst: ›Das will ich auch‹, dann wird es dir nie gelingen. Weil das nicht *dein* Weg ist! Versuch einmal, deine Schwächen und deine Grenzen nicht als

Behinderungen, sondern als Wegweiser anzusehen, die dir die Richtung zeigen. Wenn du dich mit anderen vergleichst, dann verläßt du deinen Weg. Respektiere, was dein Körper dir sagt, und laß dich davon leiten. Freude und Befriedigung sind die Zeichen, daß du deinem Weg folgst. Nicht Geld oder Ansehen, sondern ein intensives, beglückendes Gefühl des Gegenwärtigseins.«

Von BLs Ausführungen schier erschlagen, lasse ich den Kopf in mein Kissen sinken. Die Vorstellung, daß es Grenzen gibt, ist mir zuwider! Fast alles, was ich in meinem Leben zustande gebracht habe, habe ich getan, weil irgend jemand sagte: »Das kannst du nicht!«

Das ist kein leichtes Thema. Was sollen wir versuchen anzunehmen, und was sollen wir versuchen zu verbessern? Ich muß an Priscilla denken, die mir folgendes erzählte: »Ich bin anders. Ich entspreche nicht der Norm. Ich habe lange damit gekämpft, während meiner College-Jahre, und danach ist es mir klar geworden. Wie die Leute leben, wie sie arbeiten, das schien alles nicht zu mir zu passen. Ich war einfach anders. Stück für Stück begann ich zu entdecken, was für mich richtig war, und ich fing an, die einzelnen Teile zu verbinden. Zum Beispiel: Mir entsprach es, allein in einem kleinen Raum zu arbeiten, in einem Büro oder in einer Bibliothek. Das gefiel mir. Das war für mich ein Punkt, an dem ich mich orientieren konnte, welche Arbeit für mich in Frage kam. Es war ein Ausdruck meiner Einzigartigkeit. Ein anderer war, daß ich nicht zu den Leuten zähle, für die 8.00 bis 17.00 Uhr die richtige Arbeitszeit ist. Was für andere okay sein mag, machte mir Probleme. Ich litt darunter, vor allem psychisch. Es hat Jahre gedauert, bis ich das alles akzeptieren konnte. Aber das ist wichtig! Das an dir, was nicht der Norm entspricht, ist deine Besonderheit, deine Einzigartigkeit, und sie zeigt dir, was du brauchst und was dich glücklich macht. Mit den Jahren erkannte ich, daß ich mich selbständig machen wollte.«

Ich mußte daran denken, was James Hillman in *The Soul's Code* über Schicksal und Fatalismus schreibt: »Den Wink des Schicksals zu erkennen ist ein bewußter Akt. Es ist ein Akt des Denkens, während Fatalismus eine Haltung ist, die Nachdenken und Sich-Auseinandersetzen ausschließt . . . Fatalismus wirkt beruhigend, weil er keine Fragen stellt. Wir brauchen uns keine Gedanken zu machen, warum etwas geschieht.« Hillman will uns daran erinnern, daß das, was wir Schicksal nennen, nur einen Teil unseres Lebens ausmacht und daß es uns nicht besitzt, sondern ruft. Um welchen Teil es sich dabei handelt, das können wir nur erahnen, durch Kontemplation, Meditation und durch Lauschen. Hillman sagt weiter: »Das Schicksal enthebt mich nicht meiner Verantwortung, es fordert mich vielmehr auf, mehr Verantwortung zu übernehmen.«[38]

Ich wende mich BL zu, die neben mir tief atmet. »Ich habe immer versucht, das zu erreichen, was ich erreichen wollte, und mich dabei auf das konzentriert, was mich zurückhielt. Aber ich habe nie daran gedacht, mich umzudrehen und zu fragen, ob das, was mich zurückhielt, mir vielleicht eine bessere Richtung zeigen wollte.«

Nach einer kurzen nachdenklichen Pause sagt BL: »Versuch es! Es ist sehr befreiend. Zuerst mußt du natürlich deine süßen, kleinen Grenzen annehmen und lieben lernen. Und sagen lernen: ›Ich bin, die ich bin‹, und es *gerne* sein. Das ist das Schwierige daran. Wenn wir mit unseren Schwächen konfrontiert werden, denken wir meist sofort daran, wie sie sich ändern oder etwas erweitern ließen. Wie wäre es, wenn wir unsere Grenzen und unsere Schwächen wertschätzen würden; wie wäre es, wenn wir sie lieben und sie bitten würden, uns den Weg zu weisen? Wie wäre es, wenn wir mit ihnen wie mit Freunden reden würden – mit unseren Allergien, unserer Erschöpfung, unserem Schweigen, unserer Ungeduld?« BL grinst. »Aber das gelingt dir nur, wenn du aufhörst, dich ständig mit anderen zu vergleichen.«

Als sie nicht hinschaut, schiebe ich heimlich mit dem Fuß eine Ausgabe des *Wall Street Journal* unters Bett. Ich hebe sie auf, weil mich die Geschichte von Marlene Krauss fasziniert. Sie war eine der ersten Frauen, die 1965 die Harvard Business School besuchten. Nachdem sie an der Wall Street Karriere gemacht hatte, entschloß sie sich, daß sie lieber mit Menschen arbeiten wollte. Mit 30 begann sie, Medizin zu studieren, und wurde Augenchirugin. Sie heiratete mit 39, bekam mit 44 ihr erstes Kind und gründete wenig später eine Risikokapital-Gesellschaft im Bereich Gesundheitswesen. Vor kurzem hat sie mit 53 Zwillinge zur Welt gebracht.

»Weißt du, erwachsene Frauen vergleichen sich nicht miteinander.«
Wir sehen uns an und fangen an zu lachen.

**Gibt es eine persönliche Grenze, die ich ignoriere
oder gegen die ich unermüdlich ankämpfe?**

Eine *kleine* Grenze. Jennifer Freed erzählt: »Ich habe lange gebraucht,
bis ich erkannte, daß meine Energie gewissen Schwankungen unterworfen ist. Ich habe regelrechte Energieschübe, aber danach muß ich
mich hinlegen und ausruhen. Als ich jünger war, habe ich darauf nicht
geachtet. Ich wurde krank, um Zeit zu haben, mich auszuruhen. Jetzt
weiß ich, daß ich mich hinlegen muß, damit ich nicht krank werde.
Ich habe meinen Rhythmus akzeptiert, und ich fühle mich ihm nicht
mehr ausgeliefert.« Für Anna war es die Tatsache, daß sie nicht genug
verdiente, um ihre monatlichen Ausgaben abzudecken.

Worauf weist mich diese Grenze hin?

Jennifer wurde darauf hingewiesen, daß sie sich öfter Ruhe gönnen
muß. Für Anna gab es zwei Möglichkeiten: sich ein preiswerteres
Haus zu suchen oder ihre Praxis (sie ist selbständige Krankenschwe-
ster) auszubauen.

Bitte ich oft genug um Hilfe?

Folge der Freude!

Es gibt Grenzen, die wir überwinden können. Wir können uns operieren lassen, wenn wir anders aussehen wollen. Wir können sogar unser Geschlecht umwandeln lassen. Wir können in den Weltraum fliegen und die Schwerkraft überwinden. Wir können eine Diät einhalten, jeden Tag zwei Stunden Fitneßtraining machen und uns die ersehnte Traumfigur zulegen. Und wenn du willst, kannst du in die Volkshochschule gehen und lernen, wie man Proust liest.« BL springt auf und stellt sich vor mich hin. »Aber versuch einmal statt dessen dein Verlangen, deine Grenzen und deine Glaubenssätze in einen Topf zu geben. Rühr gut um, warte ein wenig, beobachte, warte wieder, und achte darauf, was an die Oberfläche kommt. Was mußt du versuchen aus dem Weg zu räumen, und was weist dir den Weg? Um das herauszufinden, brauchst du Zeit, Wachsamkeit, Ehrlichkeit und viel Nach-innen-Hören.«

Ich stehe auf, um eine Waschmaschine zu füllen. Das Waschzimmer befindet sich bequemerweise in einer Ecke unseres Schlafzimmers. »Wie anstrengend! Das ist alles so viel Arbeit!«

Mit einem lauten Stöhnen bricht BL auf meinem Bett zusammen. Besorgt laufe ich zu ihr hinüber. Sie öffnet die Augen, und ich sehe, daß sie weint. »Du machst es so viel schwerer, als es ist. Hör auf, dir einzureden, du müßtest es allein schaffen. Das mußt du nicht! Folge der *Freude*! Wenn du dich nur mit meinen Augen sehen könntest! Wenn du nur sehen könntest, was ich sehe!«

Ich sehe ihr in die Augen, in denen schwarze Flecken sich zu Blüten rund um die Pupille formen. Ich sehe, wie sie um mich weint, um meine Härte und um meine Unnachgiebigkeit.

Ich falle in ihre Barmherzigkeit.

Was kann ich heute aus den Gaben machen, die ich mitbekommen habe?

Denk daran: Es geht darum, was du *kannst* und was dir wichtig ist, nicht darum, was du nicht kannst oder was du gerne können würdest.

Welche Veränderungen haben sich durch meine Einsichten, meine Sehnsucht und meine Absicht in meinem täglichen Leben ergeben?

Halte nach kleinen, subtilen Veränderungen Ausschau. Wo helfen dir die drei Schwestern?

Was braucht eine Beziehung in meinem Leben diese Woche, um erblühen zu können?

Aufmerksamkeit	Zuhören
Zeit füreinander	ein Opfer
einen »unbeteiligten Dritten«, der uns hilft, einander zuzuhören	die Berührung des Göttlichen
	Loslassen
Anerkennung	Spielen
Dankbarkeit	gemeinsam die Natur erleben
Humor	eine Massage

Hier sind noch ein paar Beispiele: Sara schenkte ihrer Freundin, die eine harte Woche hinter sich hatte, ein Körbchen mit einer kleinen Seife, einer Probe Badeöl, einem Mini-Shampoo und einer lieben Karte. Naomi schickte an drei Freundinnen Ansichtskarten, auf denen sie ihnen für Geschenke dankte, die sie vor Jahren erhalten hatte, und ihnen sagte, wie gut es ihr tue, durch diese Geschenke immer wieder an ihre Freundschaft erinnert zu werden. Als Lilly mich bat, mit ihr Ball zu spielen, spielte ich mit ihr, bis es dunkel wurde – und nicht wie sonst nur zwei Minuten lang, mit der Ausrede, ich hätte doch so viel zu tun.

Und was nimmst du dir vor? _____

Ein Fenster öffnet sich, Gott weht herein

In dieser Nacht konnte ich nicht einschlafen. Ich lag im Bett und dachte darüber nach, was BL gesagt hatte. Sie hatte recht. Ich machte mir das Leben unnötig schwer. Das hatte man mir schon oft gesagt. Folge der *Freude!* Fast alle Schriftsteller schreiben, um sich selbst zu finden. »Zeile für Zeile erschaffen mich die Worte«, wie Nancy Mairs in ihren Memoiren schreibt. Ich lag da und dachte an den Weg, den mein Leben im letzten Jahr genommen hatte, und ich begriff, daß ich dieses Buch vor allem aus einem Grund geschrieben hatte: um – Frage um Frage – herauszufinden, ob *ich* mich lieben kann.

Wie es ihre Art ist, ließ BL nicht locker. Mit ihren Tränen hatte sie mich darauf gestoßen, daß ich mich immer noch an meinen Selbsthaß klammerte.

War ich bereit, ihn loszulassen? War ich bereit, der Freude zu folgen?

Während meiner College-Zeit und noch mindestens zehn Jahre danach hatte ich einen immer wiederkehrenden Traum. Ein Mann ohne Gesicht, der Ketten an den Händen und den Füßen trug, erschien in meinem Zimmer – egal, wo ich gerade schlief, in jeder Wohnung, in der ich damals wohnte. Stets war es der gleiche Traum: Ich lag wach, und der Mann ohne Gesicht kam aus meinem Schrank oder aus dem Badezimmer heraus. Und immer wieder schrie ich entsetzt aus: »Er ist hier! Er ist wirklich hier!« Während all der Jahre, in denen mich dieser Traum verfolgte, haben mich unter anderem mein Vater, mein Mann, meine Nachbarn und ein Polizeihubschrauber aufgeweckt, und einmal in Irland eine ganze Jugendherberge. Als ich schwanger wurde, ließ der Traum von mir ab und kehrte später nur noch von Zeit zu Zeit zurück, wie eine erstickende Dunkelheit, die mir entgegenstürzte.

Würde es mir je gelingen, mich davon ganz zu befreien? Würde es mir je gelingen, mich von der negativen Überzeugung zu befreien, daß ich, egal, was ich tat, dachte, versuchte oder schrieb, niemals gut genug sein würde? Eine Freundin, die sich vor kurzem frisch verliebt hat, erzählte mir mit Tränen in den Augen: »Er liebt mich so sehr. Für ihn bin ich die schönste, klügste und wunderbarste Frau, die es gibt. Wie kann er mich nur so lieben?« In ihrer Stimme hörte ich die gleiche Sehnsucht, die auch mich mein Leben lang begleitet hatte: Wie konnte irgend jemand mich so lieben – Chris, Lilly, meine beste Freundin Barbara, meine Schwester, BL?

Die Regale in meinem Arbeitszimmer waren voll von Büchern und Kassetten, die alle nur einen Zweck hatten: mir zu helfen, mich selbst zu lieben. Ich konnte Geneen Roth sagen hören: »Deine Aufgabe ist, dir stets dein Bestes zu geben: neugierig zu sein, liebevoll mir dir umzugehen und zu dir zu stehen.« Ich konnte Thich Nhat Hanh mit seinem vietnamesischen Akzent murmeln hören: »Unsere Fähigkeit, uns selbst zuzuhören, ist die Grundlage unserer Fähigkeit, anderen zuzuhören. Unsere Fähigkeit, andere zu lieben, hängt ab von unserer Fähigkeit, uns selbst zu lieben.«

Mir ist kalt, und ich suche nach dem Heizkissen, das unter meinem Bett liegt. Ich lege es mir unter die Füße und breite noch zwei Decken über mich. Ich höre, wie Lilly im Schlaf aufstöhnt, und möchte auch am liebsten stöhnen.

Ich kann sie spüren, die Härte, die sich irgendwo unter meinen Versuchen verbirgt, mich dem Leben hinzugeben. Ich habe es noch nie geschafft, mich der Dunkelheit in mir, dem Mann ohne Gesicht, wirklich zu stellen, aber ich fühle, daß sie da ist und daß sie mich belastet. Ich will aufstehen, das Licht anschalten, lesen und diese Frage auf ein anderes Mal verschieben, doch plötzlich höre ich Marcies Worte auf dem moosumsäumten Pfad: »Es ist, was es ist.« Ich halte inne. Warum davonlaufen? frage ich mich. Wie weh kann es mir schon tun? Ich war schon öfter an diesem Punkt. Ich spüre, wie in mir das unbändige innere Verlangen erwacht, mein Leben in die Hand zu nehmen und tiefer zu gehen, als je zuvor. Ich atme und erinnere mich an meine Absicht, daran, wie ich mich fühlen möchte: lebendig und in Kontakt, geliebt und den Menschen, die ich liebe, nah. Ich versuche, diese Gefühle in mir wachzurufen, aber alles, was ich spüre, ist das Hämmern meines Blutes in den Ohren. Ich bin in einem kleinen U-Boot tief im Meer, und der Druck beginnt, den Rumpf zu zerquetschen.

Und wie wäre es mit Glauben?

Ich richte mich auf, sehe mich nach BL um, aber sie ist nicht da. Ich ziehe mir die Decke über den Kopf. Wie wäre es mit Glauben? Ich spüre, wie sich meine Wadenmuskeln spannen. Spring, Mädchen!

Nimm die Dunkelheit in deine Arme, Jenny. Versuche nicht, sie abzuschütteln. Nimm sie, halte sie, und entscheide dich trotzdem für das Leben. Das ist die Liebe, die du dir geben kannst. Auch unter meiner Decke suche ich weiter nach BL, obwohl ich weiß, daß sie nicht da ist. Ich spreche mit mir, wie sie mit mir sprechen würde.

Hast du den Mut, die Mittel und die Entschlossenheit zu tun, was zu tun ist? Schau tiefer, Jennifer, schau tiefer. Was siehst du?

Ich sehe, wie ich einen langen, dunklen Gang entlanggehe und unter die verhornte Stelle schaue, wo sich die Dunkelheit verbirgt. Ich kämpfe gegen den Schlaf an, der mich zu übermannen droht, und schließlich sehe ich mich ihm gegenüber, dem Mann ohne Gesicht, dem Dunkel, das mir entgegenstürzt.

Wellen der Erschütterung schlagen mir entgegen, Worte treffen mich wie Messerstiche, eine schmerzliche Mischung all dessen, was ich mir selbst und anderen jemals angetan habe, rast an mir vorüber: meine Härte, meine Schwächen, die Liebe, die ich weggestoßen, die Urteile, die ich über mich und andere gefällt habe, der unbarmherzige Druck, den ich stets auf mich ausgeübt habe, um etwas zu erreichen – all das rast an mir vorüber, und es drückt mich fast zu Boden. Es raubt mir den Atem. Warum setze ich mich all dem aus? Meine Absicht gerät ins Wanken, und sofort nimmt meine Panik zu. Es ist mir zuviel, das alles mitanzusehen. Wie oft habe ich schon versagt! Ich sehe meinen Mund, der Lilly anschrie, als sie als kleines Baby vor Bauchweh schrie. Ich sehe, wie ich es genoß, meine Wut an Chris auszulassen. Und dann kommt eine Welle der Langeweile auf mich zu, die so dicht und so trostlos ist, daß ich mich abwenden muß und verzweifelt nach Luft ringe.

»Wie wäre es mit Glauben?« höre ich meine Stimme fragen. »Wie wäre es mit Glauben?«

Mir fällt ein, daß ich es nicht allein schaffen muß. Ich habe die Wahl. Ich kann um Hilfe bitten. Mit diesem Gedanken verwandelt sich das, was zuvor salzige Langeweile war, in kalten intellektuellen Spott. »Glaube, Glaube, Glaube«, hallt es in meinen Ohren wie ein wilder Fluch.

Was würde BL jetzt tun, frage ich mich in meiner Angst. Was würde sie tun? »Tanzen, Jenny. Ich würde tanzen.«

Aus dem Hallen wird ein Dröhnen. Es verschlägt mir fast den Atem. »Das ist der Moment, auf den es ankommt, der schöpferische Augenblick«, geht es mir durch den Kopf, und aus irgendeinem Grund bringt der Gedanke mich zum Kichern. Und dieses Kichern gibt mir gerade genügend Raum, um mir vorzustellen, daß mein Körper sich in Bewegung setzt. In Gedanken wiege ich mich, und meine Füße versuchen den Rhythmus meines Schmerzes zu finden. Einen Rhythmus, kann mir jemand einen Rhythmus geben? Ein Strom verzerrter Schnappschüsse der tanzenden Jennifer erscheint vor meinen Augen, vom Schulball bis hin zu meiner Hochzeit – alle aus einer schlechten Perspektive aufgenommen. Ich strecke die Hand aus und schnappe mir das Hochzeitsbild. Ich drehe es so lange, bis ich es von seiner guten Seite sehen kann, bis ich die Liebe in meinen Augen sehe. Ich höre den Strauß-Walzer, zu dem wir tanzten. Dann fange ich an, mich wirklich zu bewegen. Den Kopf gebeugt, die Arme ausgestreckt, folge ich dem Rhythmus in meinem Inneren. Ich sehe das junge Gesicht vor mir, das so voller Hoffnung war. In mir ist nur ein Gedanke: »Ich gebe nicht auf. Ich gebe nicht auf. Ich gebe nicht auf.«

Mit jeder Bewegung werden die eisigen Windstöße erträglicher. Mit großer Mühe hebe ich die Arme über den Kopf, und in diesem Rhythmus gelingt es mir, um Hilfe zu bitten. Es ist kein weinerliches, verzweifeltes »Rette mich!«, es ist nicht das Flehen eines Kindes, sondern die Bitte einer Frau, die Beistand braucht, um sich selbst sehen zu können.

Irgendwo am Ende des langen, dunklen Ganges öffnet sich ein Fenster. Nur einen Spalt. Gerade weit genug, um eine frische Brise einzulassen, die meine erhobenen Arme streichelt, meine Hände, die sich zum Himmel öffnen, und meinen geneigten Kopf. Die Brise streichelt auch die Dunkelheit in meinem Inneren, meine eisige Wut, mein schwarzes Versagen. Sie füllt unsere Lungen, sie macht unseren Atem tiefer, und dann hebt sie die Dunkelheit und mich empor. Sie hebt uns auf und drückt uns an sich. Auge in Auge verschmelzen wir.

Ich liege im Dunkeln und atme begierig in dieses Gefühl hinein, eins mit dieser undurchdringlichen, unverwandten Dunkelheit zu sein. Ich zittere, aber es ist ein Zittern von Entdeckerlust, fast ein Genuß. Mit jedem Atemzug spüre ich tieferen Genuß und größere Erleichterung, bis ich schließlich lachen muß. Und es ist, als lachte meine Dunkelheit zurück.

Aha, das ist also Gnade.

Plötzlich steht Lilly in der Türe. »Mami«, haucht sie und klettert in mein Bett. Sie schlüpft unter meine Decke und berührt mein Gesicht mit ihrer kleinen Hand, bevor sie sich auf das Kopfkissen wirft und sofort in ihren tiefen, hingebungsvollen Schlaf sinkt.

Ich sehe ihr Gesicht in dem matten Schein des Nachtlichts, und ab und zu muß ich noch einmal lachen. Ich streichle meinen dunklen Punkt, bis der Schlaf mich schließlich übermannt.

Fragen zum Leben

Was hält sich schon seit längerem an der Schwelle meines Bewußtseins auf und möchte jetzt ans Licht?

Jedesmal, wenn du dir eine dieser Fragen stellst, kommst du deiner Wahrheit ein Stück näher. Harte Arbeit, zugegeben, aber ehrlich und notwendig.

Wie kann ich mich in den nächsten Tagen den höheren Energien, dem Göttlichen und dem Mysterium des Lebens öffnen?

Laß diese Frage wie ein Gleichnis auf dich wirken. Erwarte keine direkte Antwort. Nimm diese Frage mit in deinen Alltag.

Spürst du den Fluß?

Der Sufi-Dichter Rumi sagt: »Wenn du das tust, was dir die Seele sagt, dann spürst du einen Fluß in dir, eine Freude.« Spürst du diesen Fluß momentan in dir?

Endlich Sommer

Heute ist bei uns der erste Ferientag. Wir sitzen auf der Veranda und frühstücken, und ich spüre die Freude der Kinder und ihre Freiheit, als um 8.20 Uhr nicht wie gewöhnlich die Glocke der Schule am Ende unserer Straße läutet. Ich fühle etwas von dieser Aufregung in mir, über die wunderbaren Möglichkeiten, die sich vor mir auftun.

Öffne dich

Heute Morgen fand ich neben meiner Teekanne eine Nachricht von BL. »Liebe Jennifer, ich mach mich auf den Weg, um bei Teilhard de Chardin ein bißchen nachzugraben. Sobald du mich brauchst, komme ich zurück. Ich habe dir hier und da ein paar Notizen zurückgelassen, weil ich weiß, wie sehr du Konzepte magst. Aber ich glaube, letzte Nacht hast du gelernt, daß es eigentlich ganz einfach ist: öffne dich, atme, frage, lausche. Dann laß alles hinter dir, und geh ins Feuer, mit einem strahlenden Lächeln auf dem Gesicht. Bis bald, BL.«

Lausche

Mit einem strahlenden Lächeln auf dem Gesicht sehe ich dem Spiel des Windes in den Bäumen zu.

Fragen zum Leben

Was brauche ich momentan am nötigsten?

Hat sich diesbezüglich etwas geändert, seit du angefangen hast, dich mit den Fragen zu beschäftigen? Hat sich ein bißchen oder hat sich viel verändert? Hier noch eine Frage von BL: »Erlaubst du dir zu wissen, was du wirklich am allermeisten brauchst? Willst du es einmal versuchen? Es zahlt sich aus!«

Was bin ich bereit, zumindest jetzt, in diesem Augenblick, an mir zu akzeptieren, wirklich und ehrlich von ganzem Herzen zu akzeptieren?

Eine Frau schrieb: »Ich bin jetzt bereit zu akzeptieren, daß ich meine Stieftochter nicht so lieben kann wie meine Tochter.« Jan sagte ja zu ihrem Ehrgeiz. Nikki akzeptierte, daß sie mit einem bestimmten Computer-Programm, das sie für ihre Arbeit brauchte, einfach nicht zurechtkam. Alle Frauen fanden etwas, das sie an sich akzeptieren konnten, zumindest für einen Augenblick, ohne zu versuchen, etwas daran zu ändern oder Kompromisse einzugehen. Finde dieses Gefühl in dir, und öffne dich ihm!

Was könnte ich in den nächsten Tagen tun, um meinen Körper bewußt in die Erschaffung meines Lebens mit einzubeziehen?

Eine kleine Sache. Versuche nicht, von heute auf morgen deine gesamte Ernährung umzustellen. Das ist zuviel. Ein gesundes Frühstück mit einem ausgewogenen Gehalt an Fett, Proteinen, stärkefreier Rohkost und komplexen Kohlenhydraten wäre eine gute Sache.

BLs Spickzettel

BLs Spickzettel hilft dir an den Tagen, an denen dir mehr Herausforderungen entgegentreten, als dir eigentlich lieb ist, oder an denen du einfach eine kleine Gedächtnisstütze brauchst.

- Achtsamkeit ist das A und O. Beobachte dein Leben. Frage dich: »Was ist der nächste Schritt? Versuche ich, die Dinge voranzutreiben, oder lasse ich sie geschehen? Worauf weisen meine Charakterzüge mich hin? Was kann ich aus meinem Verhalten lernen?«
- Gut zu dir zu sein ist keine Belohnung, es ist kein Geschenk, das du dir gönnst, weil du mal wieder durch dick und dünn gegangen bist: Es ist die Basis deines Lebens, der Stoff, aus dem du dir dein Leben erschaffst. Es ist eine *Lebenseinstellung*!
- Richte dein Leben nach dem aus, was dir am meisten bedeutet.
- Hilfe bekommst du nur, wenn du darum bittest. Stell dir vor, du hast eine himmlische Telefonkarte, die dir ermöglicht, mit deiner Führung in Kontakt zu treten. Ein Gespräch kostet dich nicht mehr, als es bewußt zu wollen. Benützt du sie? Oder läßt du sie einfach verfallen?
- Das Lebensgefühl, das du anstrebst, ist der emotionale Fokus, auf den du dich immer und immer wieder besinnen mußt. Ohne Fokus drehen wir uns im Kreis.
- Wenn du nicht weiterkommst oder wenn dich etwas schmerzt, dann halte inne. Atme. Stell dir eine Frage. Lausche.
- Sei offen für die Möglichkeit, daß das, was du *nicht* wolltest, dir etwas sagen will. Vielleicht will es dir sagen, daß du deine Richtung

ändern solltest, vielleicht will es deine Wahrnehmung erweitern, vielleicht will es, daß du jemandem begegnest.

- Heiße alle Stimmen in dir willkommen, und schenke ihnen allen Gehör. Urteile nicht, und weise keine zurück, nur weil du nach der authentischen Stimme suchst. Höre ihnen allen zu – was *nicht* heißt, daß du auch tun mußt, was sie sagen.

- Du spürst, welchen Stimmen, Gedanken und Bildern du vertrauen kannst. Dein Körper spürt es. Es ist wie das helle Klingen eines Glöckchens, das in deinem Körper widerhallt.

- Beschäftige dich mit deinen Einsichten und mit deiner Sehnsucht, sooft du kannst. Laß sie auf dich wirken, wie ein Gleichnis oder ein Koan. Was sagen sie dir über dich?

- Warte nicht darauf, daß sich dein Leben »endlich ordnet«. Dieser Tag wird niemals kommen. Darauf zu warten ist pure Energieverschwendung. Fang lieber an zu springen.

- Deine Wahrnehmungen, deine Ängste und deine Glaubenssätze verzerren deine visionäre Kraft. Sie sind unsichtbar, und trotzdem stehen sie dir im Weg. Menschen sind Gewohnheitstiere. Wir geraten immer wieder auf die alte Schiene, und wir bleiben dort. Dein Leben gestalten heißt, alte Muster zu sehen und zu umgehen. Eine Möglichkeit, wie du das lernen kannst, ist, daß du dich täglich neu dafür entscheidest, die Verantwortung für dein Leben zu übernehmen. Warte nicht, urteile nicht, und mach dir keine Sorgen.

- Der Moment, in dem deine Angst, deine Sucht oder dein Bedürfnis zu kontrollieren die Oberhand gewinnt, ist der Moment, auf den es ankommt. Er birgt das größte kreative Potential in sich. Es ist der Punkt zwischen den Hälften des Stundenglases. Jedesmal, wenn du mit ihm konfrontiert wirst, hast du die Chance, dich für Weisheit und Wachstum zu entscheiden und dafür, dein Leben voll und ganz zu leben.

- Hör nicht auf zu lauschen, sobald es dir wieder gutgeht. Gott spricht nicht in klingender Münze, sie spricht in Sehnsucht. Achte auf das nächste Zeichen, und behalte deinen Weg im Auge.

- Du bist gut genug! Wage den Sprung ins Vertrauen, bade darin, schwelge in diesem wunderbaren Gefühl, es zu verdienen. Dann wird es unerschütterlich und felsenfest.

- Hast du Angst, egoistisch zu sein oder zuviel an dich zu denken? Höre auf deine Ängste. Was möchten sie dir sagen? Bluffen sie, wie der Zauberer von Oz, der sich hinter einem Vorhang versteckt und keine wirkliche Macht besitzt? Oder sind sie Vorboten der Veränderung?
- Wenn du dein Leben gestalten willst, dann lerne, achtsam und liebevoll mit dir umzugehen und deine authentischen Bedürfnisse zu befriedigen.
- Du bist nicht allein.
- Leide nicht grundlos, indem du dir einredest, du seist es!

Während du in dich gehst, hörst du BLs Stimme, die dir sanft ins Ohr flüstert: »Wir nähern uns dem Ende dieses Buches. Du hast viel für dich getan! Ich bin stolz auf dich!«

Was kann ich tun, um frischen Schwung in mein Leben zu bringen? Welchen Sprung möchte ich wagen? Was wirkt transformierend? Was inspiriert mich?

Für Jan war es Karate. Deborah kaufte eine Antiquität und verkaufte sie übers Internet. Das war ihr erster Schritt zur Verwirklichung ihres Traums, ein eigenes Geschäft zu besitzen.

Statt zu _____, könnte ich _____.

Statt zu _____, könnte ich _____.

Welche Ersatzbefriedigungen und Zeitkiller gibt es derzeit in deinem Leben? Was könntest du in der nächsten Zeit statt dessen tun?

Was kann ich für mich tun, das mich gleichzeitig fordert und bereichert?

Beziehungen vertiefen: Welche Beziehung braucht deine Aufmerksamkeit, deine Liebe? Wie schenkst du ihr die Aufmerksamkeit, so daß du gleichzeitig dem Göttlichen dienst *und* dir selbst nicht schadest?

Nahrung für den Geist: Wie wär's mit einem Buch über die Chaostheorie, mit japanischer Kunst, Altgriechisch lernen, selbst ein Kreuzworträtsel schreiben, Schach spielen – oder mit einem Besuch in einer Abteilung deiner Buchhandlung, in die du sonst nie gehst? . . .

Du bist nicht allein

Je mehr dein Leben zu *deiner* Schöpfung wird, desto weniger entspricht es dem Leben, das die anderen führen.

Ich bin jahrelang durch die USA gereist, und ich habe auch einen Abstecher nach Europa gemacht, und überall habe ich sie gesehen: die Frauen, die ihr Leben so gestalten, wie es zu ihnen paßt – hinter Kinderwagen oder Einkaufswagen, hinter Ladentischen oder im Büro, ältere, mittelalte, manchmal auch ein paar junge Frauen. Von Zeit zu Zeit geraten wir ins Schwanken, und manchmal geben wir fast auf, weil es nicht angenehm ist, aufzuwachen und sich umzuschauen. Wir sehen Ungerechtigkeit, Gier und Rücksichtslosigkeit, und das belastet uns. Es ist nicht leicht, all das zu sehen und trotzdem rund und ganz bei sich zu bleiben.

Jennifer Freed erzählte mir, wie viele Frauen sie schon in diesem Zwiespalt erlebt hat. Ein Teil ihres Selbst will nach innen gehen, ein anderer ist den weltlichen Verführungen verhaftet. »Es gibt viele Vierzig- bis Fünfzigjährige, denen es so geht«, sagt sie. »Die Hälfte entscheidet sich für die Seele, die andere für die Schönheitsfarm. Wir werden sehen, wem es nachher besser geht. Was hilft uns, uns in der eigenen Haut wohl zu fühlen? Die Arbeit an uns selbst erfordert Beharrlichkeit, denn sie findet in der heutigen Gesellschaft wenig Unterstützung. Wenn wir in Äußeres investieren, in unsere Person, werden wir dagegen reich belohnt – zumindest eine Zeitlang.« Das ist natürlich nichts Neues. Nur, daß die Mystikerinnen der Vergangenheit nicht über Lifting nachdachten. Sie hatten weniger Möglichkeiten.

»Ich leide jeden Tag darunter«, sagte meine Freundin Deborah, als ich sie anrief, um mit ihr über diesen Zwiespalt zu sprechen. »Aber ich glaube, das ist gar nicht schlecht, denn dadurch wird meine Achtsamkeit erhöht. Ich weiß zum Beispiel nicht, warum Erleuchtung besser sein soll als weltlicher Genuß. Vielleicht, weil ich dann wählen kann.«

Ich glaube auch, daß unser Leiden etwas Positives hat. (Sehr buddhistisch von mir!) Das Unbehagen, das wir fühlen, ist wie ein Sandkorn in unserer Seelen-Auster. Zugegeben, es ist schmerzlich und irritierend, aber es bringt etwas hervor. Es erzeugt einen Reiz, der uns veranlaßt, unbändiges inneres Verlangen auf einer globalen Ebene zu gebären.

Es ist in Ordnung, wenn wir nicht der Norm entsprechen. Es macht uns angst, und wir leiden von Zeit zu Zeit darunter, aber so ist das eben. Es hilft zu wissen, daß wir nicht allein sind. Es gibt Millionen von Frauen, denen es so geht wie dir und mir. Sie sind Meisterinnen oder Adeptinnen der Lebenskunst. Wir alle versuchen unser Leben zu erschaffen, Spiralwindung um Spiralwindung. Sherry Anderson und Paul Ray bezeichnen uns als die »neuen Kulturschöpfer«. Die beiden haben zehn Jahre intensiv geforscht, und sie vermuten, daß es allein in den USA 48 Millionen Frauen und Männer gibt, in deren Denken sich eine entscheidende Wende vollzogen hat und die sich zu »neuen« Werten bekennen – wie spirituellem Wachstum, Abkehr vom Konsumverhalten, Vertiefung zwischenmenschlicher Beziehungen, politischem Engagement und Liebe zur Natur, um nur ein paar zu nennen. In einem Vortrag hob Paul Ray hervor, daß weit mehr Menschen in diese Richtung gehen, als wir ahnen. Wir arbeiten in kleinen Gruppen und glauben, wir seien allein, aber in Wirklichkeit sind wir bereits so viele, daß wir tatsächlich die Welt verändern könnten.

Aufruf an alle Gleichgesinnten

Das hört sich an, als ob ich eine neue Partei gründen und dich als Mitglied gewinnen wollte. Aber keine Sorge! Alles, was ich jetzt erreichen möchte, ist, dir klarzumachen, daß du nicht allein bist. Vielleicht glaubst du, daß du nur ein paar Freunde hast, die dich und deinen außergewöhnlichen Lebensstil unterstützen. Vielleicht glaubst du, daß deine Bemühungen, dein Leben zu erschaffen, zu lauschen und dem zu folgen, was du hörst und fühlst, dich zu einer Außenseiterin stempeln. Das ist *nicht* der Fall. »Ausgeflippt« mag vielleicht sein, aber bestimmt nicht allein! Es gibt Millionen andere, die wie du versuchen, eine neue Lebens-Kultur zu schaffen. Du bist Teil eines gewaltigen Netzes von Menschen, die deine Sehnsucht, deine Werte und deinen Mut teilen. Und dieses Netz umspannt die ganze Welt! So wie du, stehen sie jeden Morgen aus ihren Betten auf. Sie erheben sich von ihrem Futon, sie rollen ihre Grasmatte zusammen, oder sie klettern aus ihrer Schiffskoje, und sie beginnen den neuen Tag so voller Tatendrang, so unvollkommen und so hoffnungsvoll wie du.

Hast du Lust, ein Experiment zu versuchen? Kauf dir ein paar Päckchen bunte selbstklebende Punkte, wie man sie benützt, um Aktenordner zu kennzeichnen, steck sie in die Tasche, und nimm sie mit, wenn du das Haus verläßt. Klebe sie an verschiedenen Stellen auf: auf der Toilette an deinem Arbeitsplatz, in der Esoterik-Ecke deiner Buchhandlung, an der Kühltruhe in deinem Bioladen, in der Schule deiner Kinder. Was das soll? Vielleicht kommst du in ein paar Wochen oder Monaten wieder an einem der Punkte vorbei und siehst, daß neben deinem jetzt ein zweiter Punkt klebt. Oder hast du solche Punkte schon einmal irgendwo kleben sehen? Dann weißt du jetzt, was sie bedeuten.

Lebenskünstler, die einander Rauchsignale schicken.

Fragen zum Leben

**Wo brauche ich Unterstützung, um mein Leben
auch in Zukunft aktiv zu gestalten?
Wo brauche ich den Schutz Gleichgesinnter?**

BL nickt wissend: »Wir müssen uns mit Menschen umgeben, die auf dasselbe hinarbeiten wie wir. Menschen, die sagen: ›Ich bin, was ich bin‹, und: ›Es ist, was es ist‹, und die dich dabei unterstützen, das gleichfalls zu tun.«

**Mit welchen meiner Einsichten, Sehnsüchte und
Absichten möchte ich mich weiterhin beschäftigen?**

Sieh dir deine Karteikarten noch einmal an. Schreib sie um, wenn nötig. Wo hat sich etwas verändert? Was ist wahr geworden? Was ist uninteressant geworden? Was ist nicht länger relevant? Was willst du mitnehmen? Werden die Anti- oder »Tanten«-Ziele auch in Zukunft eine führende Rolle für dich spielen?

**Wenn ich in ein, zwei Zeilen sagen sollte, welche Botschaften
ich während der Arbeit mit diesem Buch ins Universum
geschickt habe, wie würden diese Zeilen lauten?**

**Mach noch einen letzten Schnappschuß von
deinem Herzen: Was will ich von dem Prozeß,
den ich durchlaufen habe, mitnehmen? Welche
Erinnerung hilft mir, mein Leben
auch weiterhin von innen heraus zu leben?**

Gibt es etwas an der Arbeit mit diesem Buch, für das ich mir verzeihen sollte?

Hast du das Gefühl, daß du irgend etwas hättest anders oder besser machen sollen? Warst du an der einen oder anderen Stelle mit dir unzufrieden? Mach dich davon frei! Verzeih dir, was immer du dir vorwerfen magst. Du bist genug! Und du hast es gut genug gemacht! Es gibt ihn nicht, den »richtigen« Weg. »Es gibt viele Wege!« ruft BL dir zu und winkt zum Abschied.

Achte auf das nächste Zeichen

Hier

Ich erinnere mich noch gut: Als ich den letzten i-Punkt in der endgültigen Druckvorlage meines letzten Buches, *Zeit für dich. Neue Kräfte schöpfen aus der Stille*, gesetzt hatte und mich vom Stuhl erhob, hatte ich plötzlich das Gefühl, daß etwas von mir abfiel. »Geschafft! Beendet! Abgeschlossen!« Ich brauchte drei Jahre, um zu *hören*, was dieses Gefühl bedeutete, und ihm bis hierher zu folgen.

Wo ist »hier«? Nicht da, wo ich es mir in meinen melodramatischen Phantasien ausgemalt hatte. Ich habe weder mein Haus verkaufen und in einen Wohnwagen umziehen müssen, noch mußte ich in einer Frittenbude arbeiten, um meine Rechnungen bezahlen zu können. Äußerlich hat sich nicht viel verändert. Ich bin immer noch verheiratet, immer noch Mutter, immer noch dabei zu lernen, in dem ständigen Wandel zu leben, den die Selbständigkeit mit sich bringt. Hierher zu gelangen brauchte seine Zeit, und es ging allmählich, fast unmerklich. Es vollzog sich in meinem Inneren.

Wie geht es weiter? Ich wage den Sprung im Vertrauen darauf, daß sich schon zeigen wird, was mein nächster Schritt ist.

Und das solltest du auch versuchen. Wenn du möchtest, kannst du die Fragen noch einmal durchgehen. Du kannst sie so oft wiederholen, wie du willst. Vielleicht möchtest du auch eigene Fragen formulieren oder deinen eigenen spirituellen Lebensplan entwerfen. Was du auch tust, wichtig ist, daß du es bewußt und achtsam tust . . .

. . . und daß du dich dafür belohnst, daß du es bis hierher geschafft hast. Das könnte beispielsweise dadurch geschehen, daß du dir den bislang zurückgelegten Weg noch einmal in aller Ruhe vor Augen führst. Dazu ist ein – selbst nur einstündiges Retreat die beste Gelegenheit. (Ich könnte dir dafür ein gutes Buch empfehlen!) Geh dieses

Wohlfühlbuch noch einmal durch. Vielleicht nimmst du dir auch einen Kalender oder dein Tagebuch vor und blätterst zu dem Tag zurück, an dem du begonnen hast, mit diesem Buch zu arbeiten. Kannst du dich noch an den Brief erinnern, den du dir geschrieben hast? Laß Erinnerungen aus den letzten Monaten oder Jahren an dir vorüberziehen. Erinnerst du dich an Momente, in denen du dich anders verhalten hast als sonst? Wo ist es dir gelungen, von innen heraus zu leben? Wo warst du besonders nett zu dir? Hat sich in deinem Leben etwas verändert? Vielleicht hast du gekündigt oder einen neuen Job angefangen. Vielleicht hast du ein Kind bekommen, dich verliebt oder dich künstlerisch betätigt. Toll! Aber denk auch an die kleinen, weniger auffälligen Veränderungen, zum Beispiel eine Einstellung, die sich verändert hat, oder eine veränderte Atmosphäre. Wo hat sich die Spirale weiter gedreht? Wo hast du begonnen, die Dinge – zumindest ein bißchen – anders zu sehen als bisher?

Du trägst jetzt eine Krone, und während du diesen Fragen nachgehst, möchtest du vielleicht einen Moment lang innehalten, um sie zu betrachten.

Wir stehen Seite an Seite, unzählige Frauen in unzähligen ineinander verwobenen Kreisen. Wir tragen alle unsere Kronen und rücken sie uns zurecht, während wir versuchen, einen Mittelweg zu gehen zwischen Selbstbejahung und Selbstverneinung, zwischen Unseren-Passionen-Folgen und Dem-großen-Ganzen-Dienen, zwischen Unser-Leben-Gestalten und Uns-von-ihm-gestalten-Lassen.

In *Snake Talk* gibt Naomi Newman uns ihr eigenes Resümee: »Du gräbst, du bückst dich, du schmeißt weg, du gehst im Kreis, du verlierst den Weg, du wartest, du horchst, du tust nichts. Du fällst-hin-du-stehst-auf und entfaltest dich in deinem Innern. Das ist es in Kurzform.«[39]

Wir reichen uns die Hände. Wir sind nicht allein. Wir haben uns. Namaste.

Was ich noch sagen wollte . . .

Hast du Lust, mit mir Kontakt aufzunehmen? Bitte tu es! Ich freue mich, wenn ich von LeserInnen höre. Das gibt mir neue Impulse, und es inspiriert meine Bücher. Ich würde mich freuen, von dir zu erfahren, wie du dein Leben gestaltest. Vielleicht findet deine Geschichte Eingang in ein neues Buch oder meine Website, die ich einmal im Monat aktualisiere.

Wenn du mir eine E-Mail schicken, meinen E-Mail-Newsletter beziehen oder mich einladen möchtest, auf einer Veranstaltung zu sprechen, dann wende dich bitte an folgende E-Mail Adresse:

jennifer@loudenbooks.com

Wenn du Seminartermine wissen oder mit anderen Wohlfühlfeen und Botinnen der Lebenskunst in Verbindung treten möchtest, dann surfe zu

www.comfortqueen.com

Oder schick ein adressiertes Antwortkuvert (bitte mit internationalem Antwortschein) an PO Box 3584, Santa Barbara, CA 93108, USA, und ich sende dir gerne Informationsmaterial und ein paar Tips, wie du dir guttun kannst.

In den USA gibt es jetzt auch die *exalted comfort collection* – das sind Ansichtskarten, Notizkarten, Tagebücher, Poster, Teekannen, Teetassen, Magnete, Bilderrahmen, Kalender und vieles mehr, die von mir inspiriert und von Cleo Papanikolas, die auch dieses Buch illustriert hat, künstlerisch umgesetzt wurden. Wiederholt hatten mich LeserInnen gebeten, ein paar Tu-dir-gut-Artikel herzustellen. Und als ich Cleo traf, habe ich mich entschlossen, dieser Bitte nachzukommen. Cleo ist eine wunderbare Künstlerin, und sie hat zur gleichen Zeit zum selben Thema Bilder gemalt, als ich darüber schrieb. Es ist wahr, wir brauchen ein paar Gedächtnisstützen, die uns daran erinnern, achtsam und liebevoll mit uns umzugehen. (Ich am allermeisten.) Und ist es nicht wunderbar, wenn wir uns mit Hilfe schöner Dinge, die wir jeden Tag sehen und gebrauchen, daran erinnern können, liebevoll und achtsam mit uns umzugehen?

Ich hoffe, bald von dir zu hören.

Sei gut zu dir!

Anmerkungen und Zitate

1 Monk Kidd, Sue: *When the Heart Waits.*
2 *In Their Own Words.* Auf dieser Audio-Kassette sind Interviews mit spirituellen Meistern zu hören, unter anderem eines mit Thich Nath Hanh.
3 Harris, Maria: *Dance of the Spirit.*
4 zitiert nach Jennifer Louden: *The Comfort Queen's Guide to Life,* S. 20.
5 McKenna, Elizabeth: *When Work Doesn't Work Anymore. Women, Work, and Identity.* New York, Bantam Books, 1997.
6 Hopcke, Robert: *There Are No Accidents.* New York, Riverhead Books, 1997.
7 Dreamer, Oriah Mountain: *Die Einladung,* S. 50.
8 Johnson, Robert, und Ruhl, Jerry M.: *Contentment.*
9 O' Faolain, Nuala: *Ar You Somebody?*
10 zitiert nach Jennifer Louden: *The Comfort Queen's Guide to Life,* S. 62.
11 Johnson, Robert, und Ruhl, Jerry M.: *Balancing Heaven and Earth.*
12 Maisel, Eric: *Fearless Creating.*
13 Johnson, Robert, und Ruhl, Jerry M.: *Contentment.*
14 Galland, China: *The Bond Between Women.*
15 zitiert nach Jennifer Louden: *The Comfort Queen's Guide to Life,* S. 72.
16 Bateson, Mary Catherine: *Composing a Life.*
17 Moore, Thomas: *The Care of the Soul. A Guide for Cultivating Depth and Sacredness in Everyday Life.* Harper Pennerial, 1994.
18 Borysenko, Joan: *Das Buch der Weiblichkeit,* S. 191–192.
19 Hillman, James: *The Soul's Code.*

20 Lesser, Elizabeth: *The New American Spirituality.*

21 zitiert nach Jennifer Louden: *The Comfort Queen's Guide to Life,* S. 89.

22 Wise, Elia: *Letter to Earth.*

23 Luke, Helen M.: *The Way of Woman.*

24 Flinders, Carol Lee: *Das innere Feuer,* S. 345.

25 Sands Miller, Debra: *Independent Women.*

26 Zukav, Gary: *The Seat of the Soul.*

27 Casey, Caroline: *Making the Gods Work for You.*

28 Flinders, Carol Lee: *Das innere Feuer,* S. 382.

29 Dreamer, Oriah Mountain: *Die Einladung,* S. 46–48.

30 Chopra, Deepak: *The Seven Spiritual Laws of Success. A Practical Guide to the Fulfillment of your Dreams.* Amber-Allen Publishers, 1995.

31 zitiert nach Jennifer Louden: *The Comfort Queen's Guide to Life,* S. 141.

32 Abram, David: *The Spell of the Sensuous.*

33 Skafte, Dianne: *Die Wiederkehr der Orakel,* S. 21.

34 Harris, Maria: *Dance of the Spirit.*

35 Lesser, Elizabeth: *The New American Spirituality.*

36 Anderson, Sherry Ruth, und Hopkins, Patricia: *The Feminine Face of God.*

37 Csikszentmihalyi, Mihaly und Isabella: *Flow: The Psychology of Optimal Experience.*

38 Hillman, James: *The Soul's Code.*

39 nach Newman, Naomi: *Snake Talk.* Hierbei handelt es sich um ein Video von Naomis Stück, das vom Travelling Jewish Theater aufgeführt wurde.

Literatur

Abram, David: *The Spell of the Sensuous*. New York, Vintage Books, 1996.

Anderson, Sherry Ruth, und Hopkins, Patricia: *The Feminine Face of God. The Unfolding of the Sacred in Women*. New York, Bantam Books, 1991.

Bateson, Mary Catherine: *Composing a Life. Life is a Work in Progress*. New York, Penguin Books, 1990.

Borysenko, Joan: *Das Buch der Weiblichkeit. Der 7-Jahre-Rhythmus im Leben der Frau*. München, Kösel, 1999.

Casey, Caroline W.: *Making the Gods Work for You: The Astrological Language of the Psyche*. New York, Harmony Books, 1998.

Chopra, Deepak: *Die sieben geistigen Gesetze des Erfolgs*. München, Heyne, 1996.

Covey, Stephen: *Die sieben Wege zur Effektivität*. Frankfurt am Main, Campus, 2000.

Csikszentmihalyi, Mihaly u. Isabella: *Flow: The Psychology of Optimal Experience*. New York, HarperCollins, 1991.

Dreamer, Oriah Mountain: *Die Einladung*. München, Goldmann, 2000.

Epstein, Mark: *Gedanken ohne Denker*. Frankfurt am Main, Fischer, 1998.

Fisher, M.F.K.: *The Gastronomical Me*. New York, North Point Press, 1989.

Flinders, Carol Lee: *Das innere Feuer. Der weibliche Weg zur Freiheit*. Frankfurt am Main, Wolfgang Krüger, 1999.

Gallagher, Nora: *Things Seen and Unseen. A Year Lived in Faith*. New York, Alfred A. Knopf, 1998.

Galland, China: *The Bond Between Women. A Journey to Fierce Compassion*. New York, Riverhead Books, 1998.

Harris, Maria: *Dance of the Spirit. The Seven Steps of Women's Spirituality*. New York, Bantam Books, 1991.

Hillman, James: *The Soul's Code. In Search of Character and Calling*. New York, Random Hose, 1996.

Hopcke, Robert: *Zufälle gibt es nicht. Die verborgene Ordnung unseres Lebens*. München, dtv, 1999.

In Their Own Words. Boulder/Colorado, Sounds True, 1999.

Johnson, Robert, und Ruhl, Jerry M.: *Balancing Heaven and Earth. A Memoir of Visions, Dreams, and Realizations*. San Francisco, Harper San Francisco, 1998.

Johnson, Robert, und Ruhl, Jerry M.: *Contentment. A Way to True Happiness*. San Francisco, Harper San Francisco, 1999.

Lesser, Elizabeth: *The New American Spirituality. A Seeker's Guide*. New York, Random House, 1999.

Louden, Jennifer: *The Comfort Queen's Guide to Life. Create All That You Need With Just What You've Got*. New York, Harmony Books, 2000.

Louden, Jennifer: *Tu dir gut! Das Wohlfühlbuch für Frauen*. Freiburg, Hermann Bauer, 1995.

Louden Jennifer: *Zeit für dich. Neue Kräfte schöpfen aus der Stille. Das große Retreat-Buch für Frauen*. Freiburg, Hermann Bauer, 1998.

Luke, Helen M.: *The Way of Woman. Awakening the Perennial Feminine*. New York, Doubleday, 1995.

Maisel, Eric, Ph.D.: *Fearless Creating. A Step-by-Step Guide to Starting and Completing your Work of Art*. New York, Tarcher/Putnam, 1995.

McKenna, Elizabeth: *Wenn Arbeit nur noch Arbeit ist. Frauen, Beruf und Identität*. München, Piper, 1998.

Monk Kidd, Sue: *When the Heart Waits. Spiritual Direction for Life's Sacred Questions*. San Francisco, Harper San Francisco, 1990.

Moore, Thomas: *Der Seele Flügel geben*. München, Knaur, 1995.

O'Faolain, Nuala: *Are You Somebody? An Accidental Memoir*. New York, Henry Holt, 1996.

Ram Dass: *Sei jetzt hier*. Berlin, Sadhana, 1996.

Roth, Geneen: *Gönn dir, was dir gut tut. 50 Tips, sich alle Diäten zu ersparen*. Freiburg, Herder, 2000.

Sands Miller, Debra: *Independent Women. Creating Our Lifes, Greating Our Visions*. Berkeley, Wildcat Canyon Press, 1998.

Shah, Idries: *Das Geheimnis der Derwische*. Freiburg, Herder, 1995.

Sher, Barbara: *Live the Life You Love. In Ten Easy Step-By-Step Lessons*. New York, Bantam Books, 1997.

Skafte, Dianne: *Die Wiederkehr der Orakel. Praktische Weissagung in Geschichte und Gegenwart*. München, Knaur, 1998.

Walsh, Elsa: *Divided Lives. The Public and Private Struggles of Three American Women*. New York, Anchor Books/Doubleday, 1996.

Wise, Elia: *Letter to Earth*. New York, Harmony Books, 2000.

Zukav, Gary: *The Seat of the Soul. Fireside Books, 1990.*

Jennifer Louden im Verlag Hermann Bauer

Tu dir gut! Das Wohlfühlbuch für Frauen
256 S. kart.; ISBN 3-7626-0497-5

Tut euch gut! Das Wohlfühlbuch für Paare
340 S., kart.; ISBN 3-7626-0525-4

Wir tun uns gut! Das Wohlfühlbuch für Schwangere
372 S., kart.; ISBN 3-7626-0562-9

Zeit für dich. Neue Kräfte schöpfen aus der Stille
Das große Retreat-Buch für Frauen
432 S., kart.; ISBN 3-7626-0588-2

Tu dir gut! Wohlfühlmusik für Frauen
MC: ISBN 3-7626-8742-0; CD: ISBN 3-7626-8743-9

In der Reihe NAHRUNG FÜR DIE SEELE

Das »kleine« Wohlfühlbuch für Frauen
112 S., geb.; ISBN 3-7626-0553-X

Das »kleine« Wohlfühlbuch für Paare
112 S., geb.; ISBN 3-7626-0590-4

Das »kleine« Wohlfühlbuch für Schwangere
112 S., geb.; ISBN 3-7626-0744-3

Verlag Hermann Bauer · Freiburg im Breisgau